中国国际组织
战略研究

——以政府间国际组织为例

董川 著

天津出版传媒集团

天津人民出版社

图书在版编目（CIP）数据

中国国际组织战略研究 ： 以政府间国际组织为例 /
董川著． -- 天津 ： 天津人民出版社，2025. 4. -- ISBN
978-7-201-21049-0

Ⅰ．D813

中国国家版本馆CIP数据核字第2025NW6316号

中国国际组织战略研究：以政府间国际组织为例
ZHONGGUO GUOJI ZUZHI ZHANLUE YANJIU：YI ZHENGFUJIN GUOJI
ZUZHI WEILI

出　　版	天津人民出版社
出 版 人	刘锦泉
地　　址	天津市和平区西康路35号康岳大厦
邮政编码	300051
邮购电话	（022）23332469
电子信箱	reader@tjrmcbs.com

责任编辑	孙　瑛
封面设计	汤　磊

印　　刷	天津新华印务有限公司
经　　销	新华书店
开　　本	710毫米×1000毫米 1/16
印　　张	16
插　　页	1
字　　数	260千字
版次印次	2025年4月第1版　　2025年4月第1次印刷
定　　价	88.00元

前　言

习近平总书记多次强调,人类生活在同一个地球村,乘坐在同一条大船上,面对扑面而来的各种全球性挑战,各国理应超越历史、文化、地缘、制度等方面分歧,共同呵护好、建设好这个人类唯一可以居住的星球。近年来,世界经济增长动力明显不足,不稳定、不确定、难预料因素增多,各种形式的单边主义和保护主义盛行,逆全球化、泛安全化挑战加大,发展不平衡、不充分、不安全问题日益突出。尽管主权国家依然是国际关系的主体和推动世界发展的主要力量,但面对前所未有的发展挑战和难题,单靠主权国家不能全面地解决自身生存和发展面临的各种问题,国际组织在国际关系中的作用遂日益凸显。国际组织所具备的规范性价值、协调性功能、公共性平台促使世界各主要国家均十分重视国际组织,制定相应国际组织战略,并希望通过国际组织平台实现国家利益最大化,加强自身在全球事务中的话语权和影响力。

本书对国际关系中现实主义、自由主义和建构主义理论中有关国际组织的部分进行分析,认为现有的国际组织理论只是为分析国家参与国际组织的战略提供了一个理论基础,但是国家究竟如何参与国际组织的运作,还要同时考虑国家实力、国家体制与国际规则之间的关系等相关问题。通过对战略、大战略、国家战略等概念的梳理,本书试图给国际组织战略作一个简单界定,即国际组织战略是国际关系主要行为体——主权国家为了维护和拓展自身利益,在国家与国际组织关系层面做出的长远、系统的设计和规划,是国家基于自身国情和实力,从经济、政治、军事、文化等方面,运用消极、搭便车、积极参与等方式和手段,在全球层面、地区层面和国家层面谋划国家与国际组织的关系,其核心任务是维护和拓展国家利益。国际组织战略的主要目标可以简要概括为推动国际规则体系朝着更加有利于本国方向发展,提升本国在国际组织体系中的制度性话语权,通过国际组织践行真正的多边主义,切实推进国际关系民主化。国际组织战略的主要内容则包括国际组织战略指导思想、战略形势判断、战略目标假设和战略效果评估等。

一个国家采取什么样的战略实施方式,既要考虑该国的相对实力,即有多大的能力去参与国际组织运作,也要考虑国家与现存国际秩序的关系。考虑到中国实力增长的具体情况及中国与国际秩序的关系,本书对中国的国际组织战略目标提出两个假设。假设1:随着国家的实力不断增长,中国参与多边外交和国际组织运作越来越积极,承担更多的国际公共产品,正在成为许多国际组织中的重要成员。因此中国的国际组织战略目标应该是恪守联合国宪章宗旨和原则,践行真正的多边主义,确保多极化进程总体稳定和具有建设性。假设2:中国国内的改革开放进程,以及中国重返联合国并在国际体系内崛起,使得中国已经成为国际秩序的维护者,而不是挑战者。大多数国际组织的规则和权力分配对中国都是合理的,但是中国在国际经济组织中相对发言权较小。因此,中国国际组织战略目标是获得更多的制度性话语权,而不是挑战和改变现有的国际组织。要通过参与国际组织提高我国的国际影响力、感召力和塑造力。

围绕上述两个目标假设,即国家实力增长决定中国希望推动国际组织践行真正的多边主义,确保多极化进程总体稳定和具有建设性,国际秩序现状决定中国希望加强制度性话语权。本书分别从历史梳理、现状评估和未来设计进行论述。因为国家实力和国际秩序是动态变化的,中国国际组织战略的目标和手段也相应处于动态变化中。战略目标分为革命型、融入型和积极有为型,战略手段分为不积极参与和积极参与。在对中国国际组织战略历史演变的梳理过程中,本书通过对1992年以前、1992年至2002年、2002年至2012年及新时代四个不同阶段的分析,得出中国国际组织战略目标从革命、融入逐步发展为新时代的争取主导国际组织发展,战略手段从不积极参与到积极参与,与前文的两个假设逻辑相吻合。本书重点对新时代中国国际组织战略进行了评估,这一评估围绕战略形势判断、战略指导思想、战略目标的达成度和战略手段的有效度等方面进行。在战略形势判断上,中国作为世界第二大经济体,经济体量上已经是世界大国,外交理念上也逐渐走向积极有为,但需要关注一些不利因素。战略指导思想则需坚定地以习近平新时代中国特色大国外交思想为指引。在战略目标的达成度上,中国国际组织战略促进了中国改革开放进程,提升了中国的国际影响力和国际地位,有效维护和拓展了中国国家利益。在战略手段的实施方式上,不积极参与和积极参与都是中国国际组织战略的实现手段,但中国对待国际组织最终目的是获得更多的制度性话语权,践行真正的多边主义,提高我国的国际影响力、感召力和塑造力。因此,积极参与是中国的主要手段。

本书对新时代中国国际组织战略作了进一步设计,战略设计主要是围绕战略指导思想、战略目标设计和战略手段设计展开的。中国国际组织战略目标可总结为两个:其一是推动国际规则体系朝着更加有利于中国和多数发展中国家的方向发展,践行真正的多边主义,确保多极化进程总体稳定和具有建设性;其二是增加中国在国际组织体系中的制度性话语权,尽量在大多数中国可以参与、与中国利益紧密相关的国际组织中都成为核心成员,提高我国的国际影响力、感召力和塑造力。在战略手段选择上,中国应选择积极参与的方式,从全球层面、地区层面和国家层面进行战略手段设计和规划布局,形成科学系统的国际组织战略体系。

目录
Contents

导　论

第二次世界大战以来，以联合国为核心的国际组织系统在全球治理领域发挥了重要作用。尽管各国对联合国等国际组织的诟病一直存在，但我们仍然无法想象一个缺少联合国等国际组织系统的世界会是什么样子。联合国和其他国际组织一起为世界建立规则、共同应对全球问题，为二战以来长达七十余年的世界总体和平与社会长期发展做出了重要贡献。中国与国际组织的关系，尤其是中国采取何种手段来促进中国的国际战略，已经成为中国外交战略的一个关键组成部分。

第一节　研究缘起与选题意义

一、研究缘起

当前，中华民族伟大复兴战略全局与世界百年未有之大变局历史性交汇，中国与世界的关系发生深刻变化。中国对世界的影响，从未像今天这样全面、深刻、长远；世界对中国的关注，也从未像今天这样广泛、深切、聚焦。一方面，世界经济之所以能取得今天的发展成就，全球化功不可没。通信、信息、人工智能等新技术的广泛应用，世界变得"触手可及"。世界相互依赖的加深，让各国越来越成为你中有我、我中有你的命运共同体，中国提出了"构建人类命运共同体"这一国际关系理念。但是，在中国等国家积极倡导自由贸易和全球化的同时，我们也看到个别国家却举起了贸易保护主义、逆全球化和单边主义的大旗，美国先后退出联合国教科文组织、联合国人权理事会、《巴黎协定》《中导条约》等国际组织和国际机制,抹黑世界卫生组织并中止缴纳世界卫生组织的会费,还不断要挟退出联合国,大肆抨击世界贸易组织(WTO)。美国奉行逆全球化,逆世界潮流而行。

习近平主席曾经说过:"这个世界,各国相互联系、相互依存的程度空前加深,人类生活在同一个地球村里,生活在历史和现实交汇的同一个时空里,越来越成为你中有我、我中有你的命运共同体。"①新技术革命的发展,世界地理和空间距离都被大幅缩短,经济全球化大发展带来的人员流动和资源消耗,使世界出现了环境污染、难民问题、毒品交易、跨国犯罪、流行病与传染病等复杂的全球性问题。这些全球性问题的解决离不开主权国家的积极参与和努力,但仅凭主权国家力量又无法彻底解决上述问题,各国相互依赖程度的加深更增加了解决全球性问题的难度。世界面临的新形势需要非国家行为体参与并发挥作用,国际组织的作用凸显。

国际组织的数量也在快速增长,成千上万的国际组织涵盖了政治、经济、社会、文化、体育、安全、环境、犯罪等方方面面,它们与主权国家、跨国公司等国际行为体一起越来越深入到世界事务和全球治理中,成为维护世界和平、促进人类进步的重要力量。二十国集团(G20)领导人峰会除了邀请各重要经济体外,每年还会邀请联合国、世界银行、国际货币基金组织、亚洲开发银行、世界卫生组织等国际组织负责人参加。可见,在讨论世界经济发展的重要议题上,除了主权国家外,国际组织不可或缺。

对主权国家而言,要想在世界舞台上有一席之地,需要对国际形势、世界格局和全球化进程有清醒的认知和判断。国家既要利用各种有利条件发展壮大本国经济,增强国家综合实力,也要精准洞察和准备把握国际秩序的变化和规律,将自身发展融入世界大格局中,特别是要充分利用好国际组织平台,积极参与国际组织活动,发展与国际组织关系,拓展国际空间和影响力。

---

① 习近平.习近平在莫斯科国际关系学院的演讲[N].人民日报,2013-3-24(1).

改革开放四十余年来,中国已经从最初与国际组织的初步接触,到现在全方位参与各类国际组织;从当初国际组织里缺乏影响力的国家,到今天各大国际组织纷纷发展与中国关系,并希望中国在其中扮演重要角色。中国与国际组织的互动已经不单是国家和国际组织之间的互动,而是影响世界格局和国际关系变化的互动。因此,中国需要认真审视国际组织的作用及与国际组织关系的未来发展,要对如何发展与国际组织的关系进行系统性规划与设计。这正是本书的写作缘起。

二、研究意义

本书聚焦在中国国际组织战略研究。研究意义体现在以下几个方面:

一是尝试填补国内学界对这一领域的研究不足。现有研究多集中在国际制度、国际机制、中国与国际制度或国际机制的关系、单一国际组织研究、中国与单一国际组织互动关系研究,等等。目前国内聚焦中国国际组织战略层面的研究不多。因此,本书试图在增强这一研究领域方面做出稍许努力。

二是具有较强的理论意义。本书试图建立一个有关中国国际组织战略研究的理论和分析框架。在对已有主流国际关系理论关于国际组织的内容进行分析基础上,提出现有国际关系理论尚无法完全解释国家与国际组织战略之间的互动关系的判断,进一步提出有关国际组织战略的含义、可行性与必要性等。书中还将对两个不同类型的联合国安理会常任理事国进行比较研究,提出一般意义上的国际组织战略研究框架。在一般意义研究框架基础上,通过对中国国际组织战略的历史梳理和现状评估,进而提出中国国际组织战略设计框架。可以说,本书试图通过对国家与国际组织战略二者间关系的研究,找到中国参与国际组织、制定国际组织战略的理论依据和战略路径。

三是具有较强的现实意义。政府间国际组织对中国的发展和国际利益拓展起到了重要作用,这种作用体现在政治、经济、安全等各个领域。

在政治领域,国际组织提高了中国的国际地位。在第三世界国家帮助下,中国1971年重返联合国,利用联合国打破了西方国家对中国的封锁。恢复在联合国合法席位意味着新中国在国际社会有了正式的"身份证",是联合国主权国家大家庭的正式成员和代表。中国还积极发展与欧盟、东盟、非盟、阿盟等地区性国际组织及联合国系统内专门性机构的关系,为中国和平发展创造良好的外部条件。在经济领域,以世界银行为首的金融机构为中国发展提供了大量贷款,在中国援助并支持了一大批项目。国际货币基金组织为中国金融领域发展提供了国际经验和参考,也间接为中国培养了一批了解国际金融和经济规则的人才。加入世界贸易组织使中国深度参与全球贸易,在经济上全面与世界接轨,提升了中国经济国际竞争力。联合国粮农组织从1978年起为中国提供贷款,帮助中国粮食生产和农业发展。中国也从其他国际组织获得资金援助,如红十字会、亚洲开发银行等。在安全领域,国际组织对中国也至关重要。中国是联合国安理会常任理事国。中国作为维护世界和平的重要力量,坚持独立自主的和平外交政策,坚持和平共处五项原则,反对霸权主义和强权政治。中国还发起创建了上海合作组织,为世界和平与稳定贡献自身力量。中国重视发展与东盟的关系,通过东盟组织平台加强与东盟国家的互信往来,与东盟国家携手打造命运共同体。

中国与国际组织互动关系对国际组织本身和国际关系民主化产生积极影响。作为一个有14亿人口的世界大国和联合国安理会常任理事国,中国加入国际组织可以增强国际组织的代表性和权威性。中国坚定地支持联合国维和行动,承诺设立为期10年、总额10亿美元的中国—联合国和平与发展基金,并建立8000人规模的维和待命部队;积极参与应对全球气候变化事业,坚守对《巴黎协定》的减排承诺,展现了大国责任和担当;在脱贫攻坚领域取得了显著成绩,对联合国2030可持续发展目标做出了重要贡献。中国促进了国际组织的改革和发展,增强了国际组织的代表性和公正性,促进了国际关系民主化。中国提出的"构建人类命运共同体"理念,被写入联合国多个会议决议和文件中。无疑,中国参与国际组织既是对中国自身发展的有效促进,也是对世界和平与发展的贡献。

综上,本书无论是从填补学术研究领域不足出发,还是从理论与现实层面考量,都具有十分重要的意义。

第二节 国内外研究现状综述

一、国内研究现状

(一)国内研究成果总体情况

从研究框架和研究目的上讲,本书属于战略研究特别是国际战略研究层面。从研究载体上说,本书以国际组织为研究对象,对国际组织相关文献的梳理必不可少。笔者搜索读秀数据库,发现以"战略"为主题的著作共19343本(统计1981年以后出版的著作),著作主要以人文社会科学为主,有少量自然科学总论的著作;关于"国际战略"的著作共764本,学科上以政治、经济、法律、文化为主;以"国际组织"为主题的著作共925本。"中国国际组织战略"主题的著作很少,表明学术界对"中国国际组织战略"的专门研究还不够。这体现了本书的创新性和研究价值。

期刊方面,当将搜索条件和范围同时限定为"1990年以后""人文社会科学学科""核心期刊+CSSCI期刊"时,从CNKI知网数据库搜索以"战略"为篇名的文章共61956篇;搜索以"国际战略"为篇名的文章共506篇;搜索以"国际组织"为篇名的文章共365篇;以"中国国际组织战略"为篇名和主题的文章寥寥无几。这一结果与著作类搜索情况一致,表明本书在研究内容上的创新。

搜索与本书研究题目一致的博士论文,目前尚无有关博士论文。鉴于此,笔者在进行文献梳理时,将根据与本书研究密切相关的"中国国际制度(国际机制)""中国国际战略""世界各国参与国际组织""中国与国际组织关系"这几个主题进行分别梳理。

（二）中国与国际制度、国际机制研究

国际组织从属于国际制度，在研究中国与国际组织的关系时，应该先对中国与国际制度的研究进行梳理。本书主要聚焦中国与国际组织关系，因此在文献选择上没有单独去整理有关国际制度本身的研究文献，偏重于中国与国际制度研究。笔者查阅读秀数据库，将中国国际制度研究的著作按引用率排序如下：

表1　"中国与国际制度"相关中文著作

序号	书名	作者/编者	出版社	年份	引用次数
1	构建中国大战略的框架：国家实力、战略观念与国际制度（第二版）	门洪华	北京大学出版社	2017	424
2	国际气候制度与中国	庄贵阳 陈迎	世界知识出版社	2005	313
3	外交战略中的声誉因素研究——冷战后中国参与国际制度的解释	王学东	天津人民出版社	2007	44
4	国际制度环境下中国政府与非政府组织关系研究	崔开云	南京师范大学出版社	2011	17
5	制度性权力：国际规则重构与中国策略	赵龙跃	人民出版社	2016	12
6	中国参与国际合作的制度设计	田野	社会科学文献出版社	2016	6
7	中国和平发展与国际制度	蒲俜	社会科学文献出版社	2016	4

资料来源：读秀学术搜索。

王学东从国家声誉切入，试图解释冷战后中国参与国际制度的动力和原因、参与程度如何、获得了什么收益等，聚焦中国为什么要参与国际制度，以及国际声誉因素在中国参与国际制度中的作用。[①]蒲俜的《中国和平发展与国际制度》主要探讨中国和平发展与国际制度之间关系，特别是详细论述了中国与国际军控、金融、安全、经济、人权、环境等各种制度

---

① 王学东.外交战略中的声誉因素研究——冷战后中国参与国际制度的解释[M].天津：天津人民出版社,2007:1.

的关系,分析了中国与国际制度之间的矛盾及中国能否和平构建国际制度。该书还探讨了中国与不同类型国际制度的关系。朱杰进的著作《国际制度设计:理论模式与案例分析》主要研究了规范和理性与国际制度设计之间的关系,并探讨了中国应如何进行国际制度设计,从而更广泛、更深刻地参与国际合作,引领国际合作,为民族复兴创造良好的外部环境。王杰主编的《国际机制论》①是学界早期一部系统且全面介绍国际机制的书籍,焦世新的《利益的权衡——美国在中国加入国际机制中的作用》、刘杰的《多边机制与中国的定位:国际关系研究·第4辑》都是讲述中国与国际机制关系的著作,前者聚焦中美两国围绕国际机制的互动,后者是论文集合,涵盖有关美国、欧盟、东盟、中东等多篇文章。

　　论文方面,从知网数据库搜索主题为"中国与国际制度"的论文共有312篇。门洪华将中国参与国际制度分为孤立、消极、部分及全面参与四个阶段。国内外的压力是推动力,规范和认同成为中国参与国际制度的基础,国际形象的提高是目的和效果。②苏长和强调在国际规范结构国内影响的前提下,将中国和国际制度放在国际政治和国内政治分析框架下,探讨国际制度对中国内政外交等的影响,将国际规范结构当作变量,解释中国对国际制度的承诺程度,强调国际规范的作用。③苏长和在《发现中国新外交——多边国际制度与中国外交新思维》④和《中国的软权力——以国际制度与中国的关系为例》⑤两篇文章中探讨外交新思维中的中国更加注重国际制度的功能和作用,主张在多边制度中处理全球问题,作者特别关注中国如何发展出独特的地区治理模式,即关注中国周边地区和亚洲地区的制度合作;从中国与国际制度关系的角度研究软权力,认为国际

---

　　① 王杰.国际机制论[M].北京:新华出版社,2002.

　　② 门洪华.压力、认知与国际形象——关于中国参与国际制度战略的历史解释[J].世界经济与政治,2005(04):17—22.

　　③ 苏长和.中国与国际制度[J].世界经济与政治,2002:(10):5—10.

　　④ 苏长和.发现中国新外交——多边国际制度与中国外交新思维[J].世界经济与政治,2005(04):11—16.

　　⑤ 苏长和.中国的软权力——以国际制度与中国的关系为例[J].国际观察,2007(02):27—35.

制度是一种软权力,是重要的战略资产,呼吁中国今后要更加重视制度的作用,将中国制度设计与全球治理相结合。陈寒溪则针对王学东的观点,发表了论文《中国如何在国际制度中谋求声誉——与王学东商榷》,对其著作中关于国家声誉概念界定、国家声誉和国际制度相关性等问题提出了商榷意见。

综上所述,经过国际关系学界不断努力,中国与国际制度、国际机制研究成果越来越多,一些知名学者在核心期刊上发表了多篇引用率较高的文章。国内学者的研究主要集中在中国参与国际制度的历史发展过程、中国与国际制度的互动关系、中国参与国际制度的路径选择等方面。很多学者关注参与国际制度对中国的积极意义,并探讨了如何利用国际制度维护中国国家利益。

研究的不足在于,绝大多数已有研究都是关注对国际制度本身的理论研究和作用介绍,以及中国与国际制度、国际机制关系问题。相关研究并没有形成系统性的理论解释,对中国参与国际制度也缺乏全面、宏观的战略性谋划。简单地说,已有成果对国际制度的研究多,对国际制度战略的研究少。这一方面是因为国际制度研究内容庞杂、涉及面广,仅中国与单个国际制度的研究就需要下很大功夫,对涉及全部国际制度的整体战略研究更是一项复杂工作;另一方面也表明有关中国与国际制度的战略和规划研究较为薄弱,需要加强。

值得关注的是,国内学界研究国际制度的学者,如朱杰进、刘宏松、王明国、李巍、田野等,已经开始关注并研究国际制度的设计、国际制度的规范传播、国际制度与国际法的交叉融合及国际制度竞争等问题。上述学者对国际制度研究进行了拓展,特别是开展了跨学科研究,对国际制度研究更为深入,理论性更强。这些成果值得借鉴和学习。

(三)中国国际战略研究

搜索读秀数据库,有关"中国国际战略"研究书籍引用率较高的有:

表2　"中国国际战略"相关中文著作

序号	书名	作者/编者	出版社	年份	引用次数
1	构建中国大战略的框架:国家实力、战略观念与国际制度(第二版)	门洪华	北京大学出版社	2017	424
2	国际战略报告:理论体系、现实挑战与中国的选择	李少军	中国社会科学出版社	2005	330
3	中国国际战略	倪健民 陈子舜	人民出版社	2003	107
4	世界、美国和中国——新世纪国际关系和国际战略理论探索	楚树龙 耿秦	清华大学出版社	2003	91
5	中国国际战略导论	门洪华	清华大学出版社	2009	69
6	中国不当"不先生" 当代中国的国际战略问题	沈骥如	今日中国出版社	1998	65
7	大合作:变化中的世界和中国国际战略	杨洁勉	天津人民出版社	2005	63
8	新世纪初期中国的国际战略环境	丁诗传	四川人民出版社	2001	54
9	中国和平发展与国际战略	李慎明	中国社会科学出版社	2007	54
10	新世纪机遇期与中国国际战略	陈佩尧 夏立平	时事出版社	2004	52

资料来源:读秀学术搜索。

　　李少军从国际战略理论篇、国际环境篇和中国战略选择篇三部分阐述了国际战略基本概念,美国、欧盟、俄罗斯等国的对外战略,中国战略文化传统和战略选择等问题。①门洪华较为全面、完整地介绍了国际战略研究的方法论、国家实力的衡量、中国国家战略体系的建构及中国在全球层面和地区层面国际战略的谋划。②楚树龙、耿秦主编的《世界、美国和中国——新世纪国际关系和国际战略理论探索》一书收录了三十多位国际问题和战略研究学者的文章,涵盖了21世纪国际关系、美国国际战略及中国外交战略思考等,从理论上和战略上探讨了21世纪国际关系和国际

---

① 李少军.国际战略报告:理论体系、现实挑战与中国的选择[M].北京:中国社会科学出版社,2005.

② 门洪华.中国国际战略导论[M].北京:清华大学出版社,2009:13.

战略领域的重大问题。①中央党校国际战略研究院康绍邦、宫力主编的《国际战略新论》认为,为了实现中华民族伟大复兴,中国要提高应对国际局势和处理国际事务的能力,从国内与国际相联系的新视角思考和研究问题,要秉持对内和谐与对外和平相结合的战略思想。②时殷弘、宋德星在《21世纪前期中国国际态度、外交哲学和根本战略思考》(《战略与管理》2001年第2期)一文中指出,21世纪初中国应该选择"搭车"和"超越"作为世纪性对外战略,在实施战略时要特别注意大战略及其分支战略的决策机制调整。③王缉思的论文《中国的国际定位问题与"韬光养晦、有所作为"的战略思想》(《国际问题研究》2011年第3期)对中国国际定位进行了界定,认为中国是国力最雄厚的发展中国家、具有重要影响的亚洲大国,但还不能主导亚洲、政治体制独特的社会主义大国,以及现存国际秩序的受益者和改革者,主张中国要继续采用"韬光养晦、有所作为"的战略指导思想。④唐永胜认为加强对当前国际局势变化规律的研究应该是中国国际战略研究领域最为紧迫的任务,他在《当代中国的国际战略研究:进展与创新》一文中全面阐述了中国国际战略研究的概况、如何看待中国国际战略研究、中国国际战略研究现状和创新之处、当前中国国际战略研究存在的突出问题,以及中国国际战略研究的发展前景等方面,有助于了解中国国际战略研究的现状和存在的问题。⑤王红续认为独立自主、和平为上、和平发展及和谐世界等理念,构成了中国特色社会主义外交的基本价值体系,也将成为未来中国外交和国际战略的指南。⑥

---

① 楚树龙,耿秦.世界、美国和中国——新世纪国际关系和国际战略理论探索[M].北京:清华大学出版社,2003.

② 康绍邦,宫力等.国际战略新论[M].北京:解放军出版社,2010.

③ 时殷弘,宋德星.21世纪前期中国国际态度、外交哲学和根本战略思考[J].战略与管理,2001(2):10—19.

④ 王缉思.中国的国际定位问题与"韬光养晦、有所作为"的战略思想[J].国际问题研究,2011(3):4—9.

⑤ 唐永胜教授专访.当代中国的国际战略研究:进展与创新[J].国际政治研究.2015(6):132—150.

⑥ 王红续.新中国外交的价值取向与战略抉择[J].国际关系学院学报,2011(06):9—16.

综上所述,近年来中国国际战略研究的重要性日益凸显,这与中国国际地位上升和实力增长密不可分。地位的提升和实力的增长需要相应的国家战略谋划,国际体系变迁也要求中国制定科学的国际战略。当前中国国际战略研究主要集中在国际体系变迁对中国的影响、中国国家利益拓展与对外战略关系、中国国际战略研究的议程和方法介绍、中国国际战略的文化基础和根源、中国与世界主要大国的战略关系等。

不足之处在于,中国国际战略研究对现实问题关注更多,如现有研究中有大量国家领导人战略思想的研究,但对中国国际战略学科建设和理论总结不够。中国国际战略研究要注重系统性和全面性。对西方的国际战略理论要在继承的基础上实现突破和创新。在研究角度上除了文化和外交角度,也要考虑经济角度。应该加强对国际局势发展和演变规律的研究,特别是探讨以中国传统文化为根基,以国际体系和国际秩序为切入点,以促进经济发展为核心任务,以维护国家利益为目的的中国国际战略体系构建。

(四)世界各国与国际组织研究

武心波在《大国国际组织行为研究》[①]一书中分九章梳理了中国、美国、俄罗斯、英国、法国、德国、日本、印度、巴西等九个国家的国际组织外交行为和战略,概括了当今世界主要大国的国际组织战略。各国国际组织外交对中国制定国际组织战略有一定的参考意义。门洪华《霸权之翼:美国国际制度战略》[②]和刘铁娃《霸权地位与制度开放性——美国的国际组织影响力探析(1945—2010)》[③]是研究美国国际制度战略和美国在国际组织影响力的著作。李巍著作《制度变迁与美国国际经济政策》介绍了美国国家政治制度如何影响美国的国际经济政策,进而影响全球政治经济

---

① 武心波.大国国际组织行为研究[M].上海:上海人民出版社,2010:2.
② 门洪华.霸权之翼:美国国际制度战略[M].北京:北京大学出版社,2005:309.
③ 刘铁娃.霸权地位与制度开放性——美国的国际组织影响力探析(1945—2010)[M].北京:北京大学出版社,2013:25.

格局。①王玲通过各国对全球性国际组织和地区性国际组织参与程度及不同国家在同一个国际组织内参与行为的比较分析，探讨了各国参与国际组织的差异性和权力不平衡性，认为法国、德国和英国参与全球性政府间国际组织较为积极，其他欧洲国家参与区域性国际组织更为积极。②王联合在《美国国际组织外交：以国际刑事法院为例》一文中认为，美国一度非常重视国际组织外交，二战后主导创建了一系列国际组织，确立了以联合国为核心的国际组织全球治理体系。但是随着时间的推移和国际形势的发展，美国对国际组织态度不再积极，不希望被国际组织所束缚，对国际组织开始不满并经常拖欠和拒缴国际组织会费。美国的国际组织外交还经常受到美国国内政治因素的牵制。③从美国在特朗普政府时期退出联合国教科文组织、万国邮联、联合国人权理事会等机构可以看出，美国对国际组织的态度随着其政党轮换和国内政治变化而变化。在美国放弃或不重视国际组织的背景下，中国怎么做值得关注和研究。汪宁在《俄罗斯国际组织外交的几个特点》一文中认为，联合国外交是俄罗斯外交战略的重点，俄罗斯重视参与经济类国际组织，积极融入世界经济并申请加入世界贸易组织。俄罗斯还特别重视经社理事会的作用。但是俄罗斯在区域国际组织外交上成效不算突出。④俄罗斯作为世界主要大国，是很多国际组织的成员，并在部分国际组织中享有主导权或领导权。在参与国际制度竞争时，俄罗斯形成了本国的思路和方式，重视制度间竞争，维护本国独享领导权和处于优势领域的国际制度，不支持有可能增加他国影响力的制度改革。受2022年乌克兰危机升级影响，国际制度竞争形势发生变化，俄罗斯也相应调整了参与策略。俄罗斯优先开展国际制度的制度内竞争，甚至主动退出部分国际制度，在战事长期化后，转而重视本国领

① 李巍.制度变迁与美国国际经济政策[M].上海：上海人民出版社，2010.
② 王玲.世界各国参与国际组织的比较研究[J].世界经济与政治，2006(11)：47—54.
③ 王联合.美国国际组织外交：以国际刑事法院为例[J].国际观察，2010(3)：21—27.
④ 汪宁.俄罗斯国际组织外交的几个特点[J].国际观察，2010(2)：36—47.

导的国际制度,并为后续的制度竞合和推动国际体系变革奠定基础。^①

世界各国参与国际组织关系论文列表如下:

表3 "世界各国与国际组织"相关论文

序号	书名	作者	期刊	年份	引用次数
1	美国设计和领导联合国教科文组织何以失败	刘莲莲 吴焕琼	国际展望	2022(5)	1
2	论美国退出国际组织和条约的合法性问题	伍俐斌	世界经济与政治	2018(11)	16
3	美国国际组外交:以国际刑事法院为例	王联合	国际观察	2010(3)	5
4	国际组织与美国的理想主义和现实主义	刘传春	华中科技大学学报(社会科学版)	2004(2)	4
5	美国与联合国安理会扩大议题基于国家在国际组织中决策权的视角	毛瑞鹏	世界经济与政治	2010(12)	1
6	论英国国际组织外交的特点	张芃菲	学理论	2014(5)	0
7	试论英国国际组织外交的演变	叶江 徐步华	国际观察	2010(02)	5
8	浅析俄罗斯重视国际组织的原因	祁迹	理论界	2010(12)	0
9	俄罗斯国际组织外交的几个特点	汪宁	国际观察	2010(02)	5
10	法国的国际组织外交	李云飞	国际观察	2009(06)	5
11	日本在国际组织中推动知识产权保护措施研究	彭霞	北京理工大学学报(社会科学版)	2010(12)	185

资料来源:中国知网(CNKI)。

综上,从知网搜索国际关系领域的论文,研究美国与国际组织的论文14篇、俄罗斯与国际组织的论文9篇、英国与国际组织的论文2篇、法国与国际组织的论文1篇、日本与国际组织论文5篇。对世界主要大国与国际组织的研究集中在各国国际组织外交行为研究,且多数是关于各国与国际经济组织关系。关于美国与国际组织关系的研究成果最多,这反映出美国与国际组织的关系最为密切。另外,中国学者对各大国参与国际组织的横向比较研究较少,战略层面研究更少。

----

① 顾炜.乌克兰危机与俄罗斯国际制度竞争策略的调整[J].俄罗斯东欧中亚研究,2023(1).

（五）中国与国际组织关系研究

搜索读秀数据库，中国与国际组织关系的著作如下。

表4 "中国与国际组织"相关中文著作

序号	书名	作者/编者	出版社	年份	引用次数
1	磨合中的建构：中国与国际组织关系的多视角透视	王逸舟	中国发展出版社	2003	352
2	中国与国际组织	仪名海	新华出版社	2004	72
3	国际体系转型和多边组织发展——中国的应对和抉择	杨洁勉	时事出版社	2007	43
4	区域性国际组织与中国战略选择	成键	贵州人民出版社	2004	39
5	国际政府组织与中国的外交战略	解超 胡键	贵州人民出版社	2004	36
6	专业性国际组织与当代中国外交：基于全球治理的分析	熊李力	世界知识出版社	2010	18
7	中国与联合国教科文组织的关系演进：关于国际组织对会员国影响的一项经验研究	谢喆平	教育科学出版社	2010	10
8	国际体育组织治理改革与中国镜鉴	黄璐	世界图书出版公司	2016	2
9	中国与国际组织关系简史	赵桂兰	中国言实出版社	2007	2
10	全球治理变革——新时代中国的国际经济组织参与	丁文阁	国家行政学院出版社	2018	1

资料来源：读秀学术搜索。

2001年，中国社会科学院在"十五"重大科研项目里增设了"中国与国际组织关系研究"的课题，世界经济与政治研究所承接了这一课题，王逸舟教授是当时的课题负责人。《世界经济与政治》期刊为此还专门设置了"中国与国际组织关系研究"专栏，发表了系列学术论文。可以说，该阶段是中国与国际组织研究的一个小高潮。王逸舟主编的《磨合中的建构：中国与国际组织关系的多视角透视》[①]一书较为全面地论述了中国与国际

---

① 王逸舟.磨合中的建构：中国与国际组织关系的多视角透视[M].北京：中国发展出版社，2003.

组织的关系,包括中国与APEC(亚太经合组织)的关系,中国与气候变化框架公约的关系,中国古代的国际组织思想,中国的国际组织文化根源,国际组织的政治意义、军事意义和经济意义,以及中国与西方组织文化对立的几个方面等。上海外国语大学2010年前后出版了一套"中国与国际组织研究丛书"。这套丛书主要是研究国际组织、国际规则和规范及中国如何影响世界秩序,既有中国的国际组织行为研究,也有世界各大国的国际组织战略研究,还探讨大国与国际组织的双向互动关系。丛书包括《大国国际组织行为研究》(武心波主编)、《八国集团体系与二十国集团》(彼得·哈吉纳尔著,朱杰进译)、《国际防扩散体系中的非正式机制》(刘宏松著)等。

论文方面,直接论述中国国际组织战略的论文较少。从中国知网搜索共有19篇论文。有关中国与国际组织关系研究的论文稍多一些,按引用次数排序,"中国与国际组织"研究引用排名前十名的论文如表5。

表5 "中国与国际组织"相关论文

序号	论文题目	作者	刊物及刊期	时间	引用量
1	美国学者关于中国与国际组织关系研究概述	江忆恩 肖欢容	世界经济与政治	2001(8)	147
2	中国与国际组织关系研究的若干问题	王逸舟	社会科学论坛	2002(8)	29
3	中国与联合国教科文组织的关系演进——关于国际组织对成员国影响的实证研究	谢喆平	太平洋学报	2010(2)	10
4	中国的国际组织外交:态度、行为与成效	刘宏松	国际观察	2009(6)	9
5	中国加入当代国际组织的文化定位探索	潘一禾	浙江大学学报(人文社会科学版)	2001(2)	8
6	中国加入国际组织建设的"理论缺失"思考	潘一禾	浙江大学学报(人文社会科学版)	2002(3)	7
7	全球化时代的国际组织变迁与中国的战略选择	蒲俜	教学与研究	2012(1)	6
8	变动中的国际组织与中国的和平崛起	蔡鹏鸿	世界经济研究	2004(10)	6
9	强国之路和中国参与国际组织	蔡鹏鸿	社会科学	2004(4)	5

续表

序号	论文题目	作者	刊物及刊期	时间	引用量
10	中国专家参与国际组织活动的对策研究	员智凯 张昌利 侯小娅	北京理工大学学报（社会科学版）	2005（5）	5
11	中国国际组织外交的历史发展与自主创新	李晓燕	东北亚论坛	2022（04）	5

资料来源：中国知网（CNKI）。

蒲俜从全球化时代国际组织的发展趋势、国际组织变迁中的中国契机及中国与国际组织关系的战略思考三方面阐述了中国的国际组织战略选择。[①]刘宏松将中国参与国际组织划分为四个阶段：尝试性接受、相对排斥、有限参与和积极参与，认为中国国际组织外交维护了国家安全和发展利益，对地区和全球治理中也发挥了较大作用。[②]叶小青从内在动力、国际组织对中国的影响及中国在国际组织中的作用几方面论述了中国与国际组织的互动关系。[③]杨颖、韩景云以时间为线轴，从历史角度梳理了中国参与国际组织的三个阶段。[④]祁怀高主张中国要充分利用国际组织传播中国的发展理念，主张通过国际组织讲好中国发展故事，与国际组织开展国际发展合作，引领全球发展议程设置，发挥中国非政府组织在国际发展合作中的作用。[⑤]在博士论文方面，有关中国参与国际组织的博士论文有7篇，研究方向多以国际制度和国际机制、国家与国际组织关系、国际组织与非成员国之间互动关系、中国在国际组织中定位为主。从博士论文的数量看，目前学术界对中国国际组织战略这一领域的关注度尚显不够，对这一学术问题的深入探讨不足，这也侧面反映了本书的价值所在。

① 蒲俜.全球化时代的国际组织变迁与中国的战略选择[J].教学与研究,2012(1):47—54.
② 刘宏松.中国的国际组织外交：态度、行为与成效[J].国际观察,2009(6):1—8.
③ 叶小青.崛起的中国与国际组织：一种互动关系的分析[J].西安电子科技大学学报(社会科学版),2007(4):23—28.
④ 杨颖,韩景云.论中国与国际组织的关系演进历程[J].社科纵横,2015(3):106—109.
⑤ 祁怀高.中国发展理念的全球共享与国际组织的作用[J].国际观察,2014(6):18—29.

表6　"中国与国际组织"相关博士论文

序号	作者	论文题目	毕业院校	指导教师	年份
1	汤璇	21世纪以来中国政府对国际组织的话语认同与重构研究	中国人民大学	钟新	2016
2	侯自强	从多边主义思想到国际制度建立	外交学院	熊志勇	2013
3	王玮	跨越制度边界的互动——国际制度与非成员国关系研究	中国社会科学院研究生院	李少军	2010
4	于佳欣	中国在国际机制中的角色定位与战略选择	吉林大学	刘清才	2010
5	韩万圣	冷战后中国国际制度战略研究——基于体系结构与体系进程的分析	吉林大学	石源华	2008
6	张丽华	主权博弈——全球化背景下主权国家与国际组织互动关系研究	吉林大学	王惠岩	2007
7	熊李力	专业性国际组织与当代中国外交	中国人民大学	金灿荣	2007

资料来源：中国知网（CNKI）。

综上，国内核心期刊和著作中直接关于中国国际组织战略研究得不多，更多是研究中国与国际组织互动关系的文章。研究内容集中在中国对待国际组织的态度、中国参与国际组织策略、中国参与国际组织的历史过程、中国参与国际组织的理念和文化基础等方面。对中国参与联合国等单个国际组织的研究成果较多。

不足之处在于，现有文献对中国国际组织战略的研究比较少，表明从战略层面研究中国国际组织仍然是新时代中国国际战略的薄弱环节。作为有世界影响力的大国，中国不能仅仅停留在对单一国际组织方面的研究，应该加强对国际组织战略规划、国际组织议程设置、国际组织制度设计、如何创建新的国际组织等方面的研究。

二、国外研究现状

国外研究文献方面，本书从读秀英文著作数据库选取与论文写作直接相关的英文文献，将其中的经典著作与期刊以表格的形式列出。

表7　国外相关主题的经典著作

书名	作者	出版社	年份
China in International Institutions: Challenges and Opportunities for Singapore	Lin, Yuanfeng Joseph	BiblioScholar	2012
Beyond Compliance: China, International Organizations, and Global Security	Kent, Ann	Stanford University Press; Chicago Distribution Center	2010
China Rising: Peace, Power, and Order in East Asia	David Kang	Columbia University Press	2010
China's International Behavior: Activism, Opportunism and Diversification	Evan S. Medeiros	The Rand Corporation	2009
Rising to the Challenge: China's Grand Strategy and International Security	Avery Goldstein	NUS Press	2008
Social States: China in International Institutions, 1980—2000 (Princeton Studies in International History and Politics)	Alastair Iain Johnston	Princeton University Press	2007
China and International Institutions: Alternate Paths to Global Power	Lanteigne, Marc	Routledge; Palgrave Macmillan	2007
China's Accession to the World Trade Organization: National and International Perspectives	Heike Holbig and Robert Ash.	Routledge Curzon	2002
International Political Economy Series: Institutions and Institutional Change in China: Premodernity and Modernization	Wang, Fei-Ling	Palgrave Macmillan; ebrary, Incorporated	1998

资料来源:读秀学术搜索。

表8　国外相关研究引用量靠前的英文期刊文献表

论文名称	作者	期刊名称	年份
China‐Taiwan Competition over International Organizations	Phillip Y. Lipscy	Renegotiating the World Order	2017
A Bigger Bang for a Bigger Buck: What China's Changing Attitude Toward UN Peacekeeping Says About Its Evolving Approach to International Institutions	Meicen Sun	Foreign Policy Analysis	2017
China and International Institutions: International Order beyond Formal Rules?	Mingtao Shi*	International Journal of China Studies	2013
The Evolving Role of China in International Institutions	Stephen Olson Clyde Prestowitz	Research Report of The Economic Strategy Institute	2011

论文名称	作者	期刊名称	年份
Legitimacy and International Organisation Governance：China as a Solution or a Challenge?	Pak K. Lee Gerald Chan	Paper prepared for The British International Studies Association Annual Conference 2011	2011
International Organizations，Changing Governance and China's Policy Making in Higher Education：An Analysis of the World Bank and the World Trade Organization	Yang, R（Yang, Rui）	Asia Pacific Journal of Education	2010
China's Struggle（s）for Status：A New Role for International Organizations?	Brütsch，Christian	Conference Papers—International Studies Association	2010
Autocracy and International Organizations：China and Shanghai Cooperation Organization.	Takeuchi, Hiroki; Lipscy，Phillip	Conference Papers—Southern Political Science Association	2009
Beyond compliance：China，international organizations，and global security	Gerald Chan	The China Journal	2008
China，international organizations and regimes：The ILO as a case study in organizational learning	Kent，Ann	Pacific Affairs	1997

资料来源：读秀学术搜索。

（一）关于中国外交和国际战略研究

美国国家安全委员会中国事务高级顾问埃文·S.梅代罗斯通过分析中国外交行为的性质、特色及执行情况,研究中国如何看待自身的安全环境,以及如何定义自己的外交目标,认为中国外交不会挑战美国及现行的国际制度、中国外交面临着国内政治结构的制约等。[①]宾夕法尼亚大学当代中国研究中心主任金骏远以"911"之后国际政治格局及中美俄等大国力量博弈为主体谈冷战结束后中国的国际战略,对"中国威胁论"的反对理由时列举了三点:一是中国的经济现状和社会发展需要决定中国当前

[①]　Evan S. Medeiros.*China's International Behavior：Activism，Opportunism，and Diversification* [M].California：RAND Corporation，2009：8.

不会过度追求军事的扩张,二是中国过去遭受被帝国主义欺压的历史决定中国不会对他国实行霸权政策,三是一些国家对中国并不存在威胁的过度反应最终会酿造成为自我实现预言的悲剧。①倪宁灵关注中国领导人更迭对中国外交政策和国际战略的影响,认为中国外交政策转向和调整不应过多归结为领导集体的更替,很多变化实际上是与领导集体的前任有密切关系。但中国外交战略不会去挑战现有的国际秩序。②美国国防大学国家战略研究院中国军事研究中心研究员吴志远认为中国多边外交战略有四种方式:旁观、介入、绕道而行和主动塑造。根据权力转移理论,中国的多边主义不能简单地归纳为保持现状或者修正主义,总体上中国多边主义呈现的是参与趋势,中国的国家利益越来越与国际制度交织在一起。③

综上,国外学者对中国国际战略的关注主要聚焦快速发展壮大的中国能否以和平方式崛起、中国如何发展与美国的关系、如何处理与周边国家关系等。部分西方学者从传统的现实主义国际关系理论出发,担心崛起的中国会挑战现有的国际秩序,也就是所谓的"修昔底德陷阱"或"中国威胁论",主张对中国采取强硬立场。一些理性的美国学者如江忆恩、柯庆生、沈大伟、陆伯彬等主张国际社会特别是美国应加强与中国的沟通与对话,影响中国成为国际社会负责任的一员。国外学术界对中国外交与国际战略研究相对较多的是美国学者。与美国国内对华态度一样,美国学界在对待中国外交的策略上也分为遏制和接触两大派。主张对华强硬的学者,认为中国发展是对美国的威胁和挑战,也是对国际秩序的威胁;主张对华友好的学者则呼吁中美之间应该加强对话与合作,美国应该通过接触与合作来影响中国,将中国纳入由美国主导和引领的国际秩序中。

---

① Avery Goldstein. *Rising to the Challenge: China's Grand Strategy and International Security* [M]. California: Stanford University Press, 2005: 43.

② Nele, Noesselt. China's Foreign Strategy After the 18th Party Congress: Business as Usual?[J]. *Journal of Chinese Political Science*, 2015 (20): 17-33.

③ Joel Wuthnow, Xin Li, Lingling Qi. Diverse Multilateralism: Four Strategies in China's Multilateral Diplomacy[J]. *Journal of Chinese Political Science*, 2012: 23-35.

中国国际组织战略研究应当充分研判美国学者在对华关系上不同主张和态度,为中国制定国际组织战略提供借鉴和启示。

(二)关于中国与国际秩序、国际制度、国际组织的研究

江忆恩用实证主义方法否定了美国学术界认为中国会改变现状,是亚太地区不稳定根源的观点。为弥补国际关系理论缺陷,他提出了五个指标并对中国过去十多年外交进行了评估,证明中国已经融入了世界主要国际组织,合作程度正在逐渐加深,如果不发生大规模国内动荡,安全困境不会对中国构成巨大威胁,中国的政策倾向不会发生彻底改变。①

郑永年与王赓武从理解中国国际关系研究的几个关键问题、中国与全球化、中国与国际关系研究三大部分研究了中国如何适应变革中的国际秩序,中国在新的国际秩序中的角色及中国以何种方式重塑国际秩序等问题,认为中国如何重塑国际秩序取决于中国是否有相关的能力,特别是中国国内发展水平。②中国曾经不愿意接受多边主义,但最近这些年转为积极融入多边主义,特别是在东亚地区。上海合作组织是中国倡导地区主义的成功尝试,但上海合作组织至今仍然面临着各种挑战。中国在与东盟打交道的同时,东盟也在塑造中国的国际行为。中国在东盟获取了影响力,但其他地区外大国同样与东盟保持着密切联系,而中国并没有足够的力量去决定这种战略平衡。

兰马克认为中国参与国际制度合作的目的体现在六个方面:国家主权和安全、国内政权和内部稳定机制、降低信息获取成本、维护与其他世界大国的关系、提高经济收益、增加国家威望等。作为第一个在现有国际制度下崛起的国家,中国与以往崛起国家不同,中国更有主动性,中国努力使国际机制成为谋求增长实力并加强全球角色的工具。③黄俊豪证

---

① 江忆恩.中国对国际秩序的态度[J].国际政治科学,2005(2):26—67.

② Zheng Yongnian and Wang Gungwu, *China and the New International Order*[M].New York:Routledge,2008:127.

③ Marc Lanteigne.*China and international institutions : alternate paths to global power*[M].New York:Routledge,2005:106.

明了在某些条件下中国会更遵守国际规范和自我约束,如国际和地区双边及多边组织的社会互动程度,发展中国家和发达国家的国际共识程度等。①

美国智库经济战略研究所的专家斯蒂芬·奥尔森和克莱德·普雷斯托维茨给美中经济与安全展望委员会撰写了一篇工作报告《中国在国际制度里不断演变的角色》②,主要研究中国在国际组织中不断增长的影响力。报告选取的案例是:世界银行、IMF(国际货币基金组织)及APEC、二十国集团(G20)、联合国等机构或机制,认为美国应该正视中国在国际组织里的影响力,并告诫美国应认识到自身的影响力已不如以前,中国在IMF和G20中有着越来越直接的影响力,建议美国应该更现实主义些,接受中国无法阻挡的崛起。

肯特·安认为当中国的国家利益与绝对主权重合时,中国会强调主权的绝对性。但随着中国权力的增强,中国不再一味使用否决权等行为显示绝对主权。因此,在安理会,自1981年后中国就不再倾向于用否决权去获得权力,中国学会以更务实的方式行使自身权力。

贾斯汀·琼斯强调中国与国际组织的合作需满足一些现实主义的基本原则,首先是相对于绝对收益,相对收益更重要。其次,合作必须不能损害国家主权或者限制中国的自主和行动自由。国际社会包括美国不应该围堵和限制中国,而应该将中国纳入国际体系中。如果一味封堵中国,将会制造一个自我实现的预言,即中国是可怕的和具有挑战性的。③

派克·李与乔纳德·陈评估了中国什么程度下会挑战现有的全球治理体系和规则,选取了国际卫生条例、知识产权协定、世界银行和国际货币

---

① Chin-Hao Huang, "Status, Security, and Socialization: Explaining Change in China's Compliance in International Institutions", Published by ProQuest LLC ,2014: 87.

② Stephen Olson, Clyde Prestowitz, "The Evolving Role of China in International Institutions", work report Prepared by The Economic Strategy Institute, Washington DC: January 2011:36.

③ Justin S. Hempson-Jones, "The Evolution of China's Engagement with International Governmental Organizations: Toward a Liberal Foreign Policy?" *Asian Survey*, Vol. 45, No. 5 (September/2005): 702-721.

基金组织为案例,以定量和定性方法检验中国的参与程度。中国表现出更愿意成为国际秩序的维护者,中国从现有国际秩序中获益较多,在外交上表现为积极向外界学习,同时也主动参与全球体系的建立。[①]

哈佛大学江忆恩教授2001年在《世界经济与政治》上发表了一篇论文《美国学者关于中国与国际组织关系研究概述》[②],对美国学者2001年之前有关中国与国际组织关系研究进行了梳理,特别探讨了美国学者关于中国与国际制度领域的十个研究结论,这些结论包括:中国逐渐成为国际组织的积极参与者,中国参与率的增加取决于国内合法性问题,中国部分接受对中国实力有限制的条约,在国际组织内采取了搭便车的现实主义政治行为,中国重视国际形象对行为的限制,中国经历了从体系反对者、改革者到维护者的角色转变等。

综上所述,由于中国日益增长的国家实力和国际影响力,国外学者对中国参与国际制度和国际组织研究较为深入,中国问题成为西方学者关注的焦点,国外学者认为中国对国际组织越来越重视。国外学者较为关注中国参与国际秩序的态度、角色和参与方式,中国参与国际制度的动力和原因,中国如何遵守国际规范,中国与国际组织关系演变,中国在国际组织中的行为等。对中国参与国际组织的历史过程也有研究,认为中国参与国际组织经历了从被动、消极到搭便车,再到主动创建新国际组织的历史过程。这一判断与中国实际情况及中国学者的研究结论基本一致。对于中国参与国际组织和国际制度的目的,国外学者也进行了分析,认为中国希望通过参与国际组织来提升国际形象,促进经济发展。国外学者认为中国已经越来越重视国际组织和国际制度的工具性价值,将国际组织和国际制度作为中国崛起的合法手段和平台,中国的崛起是在现有国际体系内的崛起,西方国家不应忽视中国日益崛起的影响力,也不应对中

① Pak K. Lee, Gerald Chan, "Legitimacy and International Organisation Governance: China as a Solution or a Challenge?", Paper prepared for The British International Studies Association Annual Conference, 2011:27-29.

② 江忆恩.美国学者关于中国与国际组织关系研究概述[J].世界经济与政治,2001(8):12—17.

国采取围堵的手段,应该努力将中国纳入国际体系中。

有关研究的不足主要体现在:国外学者更多关注的是中国如何融入国际组织和国际制度,特别是如何以西方认可的方式参与现有国际体系。这表明国外学者始终表现出对中国日益发展强大的担心,也希望西方国家在对待中国问题上能采取合理的政策和手段,避免产生重大战略误判。这也反映了国外学者的学术立场仍然受国家利益及意识形态的影响,即使部分学者希望美国和西方国家正视中国崛起,接纳中国融入国际体系,也是以限制性为主的接纳。现有研究多集中在中国与国际组织互动关系研究,以及如何应对中国在国际组织和国际制度中的崛起,对中国国际组织战略本身研究并未过多涉及,没有将中国与国际组织关系研究上升至战略研究层面。

三、国内外研究述评

首先,国外研究较为全面和深入,特别关注中国对现有国际秩序的态度。西方特别是美国对国际组织的研究起步较早,20 世纪 80 年代,美国学术界就已经有了国际机制和国际制度的理论成果,如克拉斯拉的《国际机制》和基欧汉的《霸权之后:世界政治经济中的合作与纷争》。这是西方学术界在这一领域早期较为成熟的研究成果。西方学者关于国际机制和国际制度的理论后来被介绍到中国,逐步引起中国学者的关注和研究。

随着冷战的结束,国际制度在国际政治中的作用凸显,在这一大背景下,学术界对国际组织的研究加强,特别是从国际机制理论延伸出来针对国际组织的研究涵盖了国际组织方方面面,如研究国际法与国际组织、国际制度的理性设计、国际组织与国际标准、国际组织在现代世界的角色、国际组织与全球治理、国际组织与社会政策、国际组织与区域建构、国际组织与国际战略,等等,应该说西方学界对国际组织和国际组织有关的研究已经很丰富和全面。

具体到西方学者关于中国与国际组织关系的整体研究,研究成果不太多。可能是因为西方学者更多关注中国的国际战略、中国的国际行为、中国与国际秩序、中国与国际制度。西方学者尤其关注"崛起的中国与世界秩序"这一研究议题。西方学者普遍担心中国的崛起会挑战现有的国际秩序,就这一议题展开了很多研究和探讨。有一部分研究成果是关于中国与单个国际组织的关系,如中国与联合国、中国与欧盟、中国与东盟、中国与APEC等。

其次,国内研究起步较晚,从国际法和引进西方国际制度理论开始,重点研究中国与国际制度、国际机制的关系。

中国学者对国际组织的研究最早是从国际法领域开始的。北京大学王铁崖教授、武汉大学梁西教授,包括饶戈平教授的文章,都是从国际法角度研究国际组织的制度、功能和法理。早期中国的国际组织研究是以联合国研究为核心,北京语言大学的李铁城教授应该算国内联合国研究的奠基者,他有一系列联合国基础研究的著作,向国内读者全面介绍了联合国及其专门机构的运作体系和发展历史。

中国与国际组织关系研究的第一个小高潮应该是王逸舟教授2001年开始在中国社科院主持"中国与国际组织研究"课题并产生了一系列课题成果,发表在《世界经济与政治》等期刊上,带动了当时国内研究中国与国际组织关系的高潮。国内研究具有重要意义和影响的成果集中在中国与国际制度、国际机制领域,代表性学者有王逸舟、门洪华和苏长和等,他们主要从多边外交、国际制度、国际机制等理论研究着手,探讨中国参与国际制度、国际机制的历史、战略、声誉和路径等问题。

近年来国内研究中国与国际组织关系有一些代表性文章,主要探讨的是中国与国际组织关系的历史演变、国际组织对中国改革开放的影响、国际组织变迁与中国战略选择、中国发展理念与国际组织作用、中国加入国际组织的文化因素、中国在国际组织中的定位及中国专家参与国际组织的对策研究等。这些文章没有形成系统性的研究成果和理论,但这批文章研究的视角各异,体现了国内学者对国际组织研究的积极探索。国内这一研究领域的博士论文也很少,说明当前对这一领域的深度关注仍然不够。

最后,从现有研究成果来看,亟待加强的研究在于国内外学术界对中国国际组织战略研究。国内学者研究侧重于国际组织历史、国家与单一国际组织互动关系研究,国外学者特别是美国学者侧重研究中国是否会挑战现有的国际制度。国外学者受自身国家利益立场限制,研究较多站在各自国家的立场上,探讨如何限制和应对中国的崛起。随着中国与世界的互动日益密切,中国国际组织战略研究在中国外交和国际战略中的意义也日渐凸显,并引起了国家层面的高度重视。因此,中国学术界应该加大对这一领域的研究力度,积极探索如何制定未来中国国际组织战略,科学维护和拓展国家利益。

第三节　研究方法和创新

一、研究方法

在研究方法上,本书主要应用基础性研究方法和技术性研究方法两种,其中基础性研究方法包括哲学研究方法和系统研究方法,技术性研究方法则包括历史分析、案例分析、比较分析法等。

(一)哲学研究方法

我们所说的哲学研究方法主要是指马克思主义研究方法。马克思主义的辩证唯物主义和历史唯物主义是马克思主义研究社会科学的主要方法。研究中国国际组织战略问题,首先要一切从实际出发,理论与实践相结合。要对中国的基本国情、国家实力、国际定位、国际形势判断、国家利益界定有清晰认识和科学把握。而探讨中国国际组织战略的基础应该来源于中国长期以来的国际组织外交实践和历史发展,其最终目的是指导未来中国国际组织战略制定。研究过程中要把握主要矛盾和规律,分析国家实力与国际秩序、战略目标与战略手段之间的矛盾和联系,找到最合理的国际组织战略设计。

（二）系统分析方法

战略研究是跨学科研究，也是系统层面的研究。国际组织战略研究涉及国家、国际组织、国际秩序、国际政治格局等方方面面，不能仅仅关注国际组织本身。战略研究需要关注国家在整体和系统层面参与国际组织的统筹和规划，而不是中国与某一个国际组织之间的关系研究。在搭建国际组织战略分析框架时要从指导思想、形势判断、战略目标、战略手段、战略评估等系统层面开展，不能仅关注某一个战略要素。在进行战略规划和布局时，要系统性地考虑全球层面、地区层面和国家层面的不同之处。战略研究是一个系统工程，需要研究人员以全面、综合的视角去分析和研究问题。

（三）历史分析法

历史分析法是国际政治和外交学研究的基本方法。历史是已经过去的事件，而当下正在发生的事件不久也将成为历史。时殷弘认为："几乎所有真正高明的国际关系理论思想家都非常重视从历史教益、历史经验汲取营养，否则他大概不过是搞'学问技术'的人。"①历史分析是国际战略研究最为悠久的方法。历史贯通过去、现在与未来，并赋予此有机连续体以意义。就战略思想传统而言，战略与历史几乎不可分割，所有古典和近代的战略家无一不是历史学家。国际关系史是一切国际政治学研究的原材料。西方杰出的国际关系学者也都重视历史，汉斯·摩根索、亨利·基辛格及保罗·肯尼迪等国际关系学者在建构国际关系理论时都离不开历史事实和历史案例的检验。以历史来检验理论，不仅具有说服力，也能促进国际关系不同流派的共生发展，因为国际关系研究学者都不会否认历史

---

① 时殷弘.历史·道德·利益·观念——关于国际关系理论思想的谈话[J].欧洲研究,2003（5）:143—149.

的价值和作用。

国际组织战略研究同样要以历史素材和史料为基础。研究中国的国际组织战略离不开中国与国际组织关系的历史梳理,特别是新中国成立以来中国对参与国际组织和国际制度的态度变化。此外,西方国家的国际组织战略也值得中国了解、借鉴和比较。因此,书中除了对中国参与国际组织历史的梳理,还深入分析了其他国家的国际组织战略。通过历史分析方法,有助于找到中国参与国际组织的经验和教训,为中国的国际组织战略提供参考。

(四)案例分析法

在国际关系研究中,案例研究是基于特定目的,选择少数甚至单一案例进行深入分析与解释的一种研究方法。案例研究可以对个案做出历史性解释,可以通过确定新的变量与假设对因果推论做出贡献,在某些情况下也可以发挥验证假设的作用。通过联结个别研究和一般研究,案例法可以打开通向理论概括的门径,但它本质上并不是一种普遍性研究,不适合需要用大样本进行分析的问题。①

国际关系的研究问题往往不是单一事件,各种事件和行为体之间往往相互交叉和关联,研究一个问题通常会面临大量的个案和案例。在这个过程中,个案的选择就显得十分关键。科学合理的研究往往需要对案例进行仔细地甄别和筛选。由于对研究特定问题的需要和研究者主观意图的不同,案例多少会带有一些主观的因素,无法实现绝对客观和科学化。即使无法全面反映一个问题的整体特征,我们选择案例时还是应该选择那些基本上能反映总体特征的案例。这与大样本分析是完全不同的,案例分析通常适用于不适合抽出大样本分析的情况下,就某一个问题或者事件进行深入细致的分析。案例研究也分单个案例和多个案例研究,从科学的角度讲,能够进行多案例研究并进行案例之间的比较研究会

---

① 李少军.论国际关系中的案例研究法[J].当代亚太,2008(3):111—123.

更合理。

　　本书研究的是中国的国际组织战略，因此离不开对国际组织的案例分析。由于当今世界有上万个国际组织，中国基本上参与了绝大多数重要的国际组织。这使得我们的研究难以做到全面分析、面面俱到。同样，面对数量众多的国际组织，受制于语言、人员及决策性资料的缺失，我们对国际组织的了解比较有限，在这种情况下，案例分析不失为一种较为合理的选择。笔者将选取中国参与当今世界有重要影响力的国际组织做案例研究，为中国全面参与国际组织提供参考。

（五）比较分析法

　　比较分析是国际关系研究常用的方法之一。研究国际问题离不开国际比较，国际关系研究较多涉及国家间关系，对不同国家的横向比较常常成为国际关系研究者采用的方法。比较分析法可以探讨不同国家对同一问题的处理方式，也要探讨同一国家对不同国际问题所表现出的不同态度。本书在集中研究中国与国际组织关系历史基础上，也对西方主要国家参与国际组织的历程进行梳理，比较各国对待国际组织的不同态度和策略及其产生的不同效果。既要关注不同国家在同一个国际组织的表现，也要聚焦同一国家对不同的国际组织采取的参与方式。对中国所加入的主要国际组织之间也需要有横向比较，分析不同国际组织的共同点和差异性，为中国更合理参与和利用国际组织维护中国国家利益提供参考。

二、创新

　　本书的核心观点：中国的国际组织战略，应基于中国多年多边外交实践经验，借鉴西方国家参与国际组织经验，吸收中国传统文化的价值，以习近平外交思想为总体指导思想，以国际组织理论、国际战略理论为理论基础，推动国际规则体系朝着更加有利于中国及多数发展中国家方向发展，践行真正的多边主义，确保多极化进程总体稳定和具有建设性；增加中国在国际组织体系中的制度性话语权，提高我国的国际影响力、感召力和塑造力。以积极参与为战略手段，从全球层面、地区层面和国家层面统筹协调推进国际组织战略布局，探讨全球化与逆全球化交织大背景下中国如何利用国际组织和国际制度来拓展国家利益、提升国际形象、扩大国际影响力。

本书的创新点主要体现在：第一，在选题上，选择中国国际组织战略这一独特视角。这一选题是当今中国深度融入世界的迫切需要，是落实中国外交新理念的重要手段和路径选择。选题既有理论价值，也对当前我国外交和国际战略有现实参考意义。第二，在研究对象上，本书将中国国际组织战略作为研究对象，这意味着文章既探讨中国与国际组织的基本关系，也要提炼出中国参与国际组织的全面战略谋划。研究对象是复合的，简单说既要探讨"关系""制度"，也要研究"战略"。第三，在研究内容上，本书以历史事实为基础，以国际组织和国际战略理论为依托，研究内容涉及国际组织概念、历史、理论、战略、比较研究、案例研究等多方面。第四，在研究方法上，假设中国的国际组织战略目标是践行真正的多边主义，并通过参与国际组织提高我国的国际影响力、感召力和塑造力，获得更多的制度性话语权。通过对假设的论证，得出相应的结论，并且，"假设"本身的意义就具有战略性和创新性。

研究难点在于：第一，相关研究资料的欠缺。研究"中国国际组织战略"这一议题的直接文献不多，需要从现有相关文献中去总结提炼方法和理论，对一些国际组织的内部资料和中国外交决策过程材料的获取都有一定难度。第二，本书需要找到中国国际组织战略的分析框架。这是一个非常宏大的理论建构体系，需要作者有丰富的知识储备和前瞻性的战略眼光，对写作和分析问题能力要求较高，且研究这一问题可借鉴的经验不多，需要自己努力探索。

三、研究思路

本书导论主要阐述研究缘起和研究意义，有关研究领域的国内外研究现状，全书理论基础和创新点，研究方法和研究思路，最后附上研究大纲。

第一章主要论述国际组织战略理论基础和分析框架。首先从国际组织的概况、分类、特征、作用和发展历史入手,对国际组织进行基础性介绍,特别是国际组织有关理论。理论部分从国际关系主流理论三大主义有关国际制度和国际组织的理论解释出发,提炼出主流理论对国际组织的价值判断和分析,并试图对现有国际组织理论进行反思。本章还将探讨国际组织战略的意义和含义、国际组织战略的可行性与必要性、国家与国际组织的关系、国际组织的战略价值等内容。最后在上述分析基础上提出中国国际组织战略的分析框架,包括战略目标、战略理念、战略选择、战略手段及战略评估等。

第二章关于党的十八大以前中国国际组织演变的历程,本书将其划分为三个阶段,第一个阶段是1992年以前,作为本书的背景进行回顾和梳理。第二个阶段是1992年至2002年,这是东欧剧变、苏联解体,邓小平同志南方谈话之后中国开始主动融入和积极参与国际组织阶段。第三阶段是2002年至2012年,党的十六大以来中国国际组织战略从磨合逐步走向成熟和全面参与阶段。对每一阶段的历史演变都尽量遵循战略研究的框架展开,并选用经典案例进行辅证。

第三章主要是对中国国际组织战略现状的实践和评估。党的十八大以来在以习近平同志为核心的党中央指导下,中国国际组织战略走向了主动谋划、奋发有为阶段。这一阶段给我们的启示是,要对国际组织外交进行全球和地区层面的科学谋划,要紧紧围绕中国外交总体布局,把国际组织作为中国参与全球治理、构建人类命运共同体和构建新型国际关系的重要平台。本章从梳理中国与主要国际组织关系切入,从战略指导思想、战略背景、战略目标的达成度和战略手段的有效度等方面对中国国际组织战略进行评估。中国国际组织战略促进了中国改革开放进程、提升了中国国际地位、拓展了中国国家利益。但中国国际组织战略也存在缺乏长远系统规划、国际组织代表性不足、国际组织人才缺乏和对国际组织总部落户吸引力不足等缺陷。中国国际组织战略还需要关注国际上对中国的疑虑、国际组织自身不足及台湾问题等因素的干扰。

第四章是对新时代中国国际组织战略的进一步设计。本章从国际组织战略指导思想入手,论述国际组织战略思想根源、中国传统文化对国际组织战略思想的启示及中国国际组织战略基本原则;明确了新时代中国国际组织战略的总体目标和基本目标,并从全球层面、地区层面和国家层面对战略选择手段进行分析,形成完整的国际组织战略体系。

最后是本书总结。

第一章　国际组织战略理论基础与分析框架

近年来,世界经济增长动力明显不足,不稳定、不确定、难预料因素增多,各种形式的单边主义和保护主义盛行,逆全球化、泛安全化挑战加大,发展不平衡、不充分、不安全问题日益突出。具体到国际关系领域,构成国际关系纷繁复杂的主要原因是国际关系行为体之间的互动。这种互动,主要体现在主权国家之间。但是,主权国家不是国际关系中的唯一支配角色,非国家行为体在国际关系舞台上也扮演着越来越重要的角色,如国际组织、跨国公司、政治实体、民族解放组织及个人。在这些非国家行为体中,国际组织的作用较为特殊。全球化的发展进一步助推国际组织的兴盛,国际组织与国家之间的互动关系深刻影响着国际政治的发展。本章主要聚焦国际组织与国家战略之间的关系。

第一节　国际组织研究概说

研究国际组织,离不开对国际机制和国际制度的理论研究。1975年,鲁杰将国际机制概念引入国际政治文献中,并将国际机制定义为"由一群国家接受的一系列相互的预期、规则与规章、计划、组织的能量,以及资金的承诺。"[①]20世纪80年代,克拉斯纳提出了较具权威的国际机制定义:"在国际关系特定领域里行为体愿望汇聚而成的一整套明示或默示的

---

① John Gerard Ruggie.International responses to technology: Concepts and trends.[J].*International-al Organization*,1975,29(3):557.

原则、规范、规则和决策程序。"①基欧汉对该定义提出了批评,他认为原则、规则、规范之间的区别不清楚,并将国际机制定义为"有关国际关系特定问题领域的、政府同意建立的有明确规则的制度"。国际制度研究在西方已经发展了四十余年,产生了两代学者。第一代学者以罗伯特·基欧汉和斯蒂芬·克拉斯纳为代表。基欧汉与约瑟夫·奈合作的《权力与相互依赖》及基欧汉的另一本著作《霸权之后:世界政治经济中的合作与纷争》较为系统地阐述了新自由制度主义理论的精髓和实践价值。第二代学者是海伦·米尔纳、莉萨·马丁及贝斯·西蒙斯等。

克拉斯纳主编的《国际机制》一书中总结了其关于机制的六点意见:一是国际机制存在于国际关系的全部领域;二是用国际机制来解释国际行为有助于提醒国际关系专业的学生不能忽略主观和道德上的因素;三是特殊功能的机制与弥散功能的机制存在较大的不同,弥散性的机制更具有政治趋向性;四是国际机制的机制化程度差异很大;五是机制的有效性取决于参与者的同意和认同程度;六是机制的改变和调整主要与两个传统政治概念有关——权力和利益。奥兰·扬将秩序分为自发性秩序、谈判秩序及强加的秩序。对于导致机制改变和调整的原因,他认为有内部矛盾、潜在的权力机构调整及外部压力三方面。基欧汉认为,国际机制有助于国家间达成协议,公共产品问题影响着国际机制的产生,也催生了产生国际机制的需求,霸权不再是国际机制存在的必要条件等。②

基欧汉扩大了国际制度概念的范围,将国际组织纳入国际制度概念中,建立了相对较为严谨的国际制度体系。基欧汉认为国际制度包括三个方面的内容体系:正式的政府间国际组织和非政府组织、国际机制及国际惯例。其中,"国际机制"就是克拉斯纳定义中明示的机制。基欧汉的定义认为国际组织与国际机制都从属于国际制度。他将多层次的联系、规范和组织称为国际制度,认为国际制度是另一种形式的世界政治结

---

① Stephen D.Krasner.Structural causes and regime consequences: regimes as intervening variables[J].*International Organization*,1982,36(2):185–205.

② [美]斯蒂芬·克拉斯纳.国际机制[M].北京:北京大学出版社,2005:62.

构。①苏长和对国际制度和国际组织的概念进行了区分,认为作为分析性概念的制度不应包含组织,否则会造成概念上的混乱。国际组织是国际制度安排的产物,但它本身并不等同于国际制度。②莉萨·马丁和贝斯·西蒙斯两位学者强调需要"把制度或机制归为一个方面,把组织归为另一个方面"③。戴兴元试图从理论角度解释:一是国际制度如何利用不顺从的行为和行为体,二是国家的顺从决定与国内利益集团的关系,三是国际制度如何通过国内机制促进国家的顺从行为,并将非国家行为体和国内政治引入到国际制度的研究中。④伊肯伯里与猪口孝的合著《制度的作用:美国、日本在东亚的区域治理》认为日本利用与美国的同盟关系实现在多边制度中的优越地位,美国则利用多边主义加强了它在地区内的核心地位。⑤

本书主要研究中国国际组织战略,而不是国际制度和国际机制战略。但是国际组织、国际制度、国际机制几个概念往往是相互关联的,无法做到完全切分。国际组织是依据法律或条约建立的常设性实体机构,国际组织有可能创建国际机制,但国际机制并不完全由国际组织建立,大国之间的协调和国际会议也能建立国际机制,这意味着国际机制既可以是由国家行为体创建,也可以由非国家行为体(国际组织等)创建。

一、国际组织的定义

国际组织有广义和狭义之分。广义的国际组织是指两个以上国家或这些国家的政府、政治团体、民间团体和个人等基于特定的目的,以一定

---

① [美]罗伯特·基欧汉,约瑟夫·奈.权力与相互依赖[M].门洪华译.北京:北京大学出版社,2012:52.

② 苏长和.重新定义国际制度[J].欧洲研究,1999(6),22—27.

③ Martin,Lisa L,Beth A.Simmons,Theories and empirical studies of international institutions,[J].*International Organization*,1998,52(4):729-757.

④ Xinyuan Dai, *International Institutions and National Policies*[M].Cambridge:Cambridge University Press,2007:140.

⑤ G. John Ikenberry,Takashi Inoguchi,*The Uses of Institutions:The U.S, Japan, and Governance in East Asia*[M].New York:Palgrave Macmillan,2007:p 2.

协议或法律形式创建的各种常设机构。广义的国际组织内容和范围较宽泛,既包括政府间国际组织,也包括非政府间国际组织(NGO)。狭义的国际组织单指政府间国际组织。学术界对国际组织还有另一种划分:作为正式组织的国际组织、作为国际机制的国际组织,以及作为国际机构、秩序和原则的国际组织。[1] 这种划分也分别对应着国际组织研究的不同阶段,即从早期对国际组织本身的研究,到将国际组织作为国际制度的研究,再到当前对国际组织更深入全面的研究,如扩展到国际组织的合法性、权威、制度设计等领域。也有学者根据组成形态将政府间国际组织分为协定性国际组织、论坛性国际组织、协定性组织的辅助机构和内部机构、国际多边条约的执行机构及其他形式的组织或机构五大类。[2]

根据《国际组织年鉴》的界定,国际组织(政府间国际组织)是由两个以上国家组成的一种国家联盟或国家联合体,该联盟由其成员国政府通过符合国际法的协议而成立,并且具有常设体系或一套机构,其宗旨是依靠成员国的合作来谋求符合共同利益的目标。[3] 中国出版的《国际政治大辞典》认为,"广义的国际组织包括政府间国际组织和非政府间国际组织。政府间国际组织是若干国家为了特定目的以条约为依据建立起来的一种常设组织"[4]。中国社科院李少军研究员认为,政府间国际组织是指两个以上的国家的政府,经一定协议而创立的机构,其成员构成仅限于主权国家。[5] 这种政府间国际组织可以是国家的联盟,也可以是国家联合体,可以是全球性国际组织,也可以是区域性国家组织,可以是专业技术性国际组织,也可以是有关政治、安全、经济类的国际组织。

囿于篇幅和写作目的限制,本书主要的研究对象为政府间国际组织,特别是与中国关系密切,对中国与世界关系有较大影响力的政府间国际

---

① Alexander Thompson, Duncan Snidal, "International Organization: Institutions and Order in World Politics". *Encyclopedia of Law and Economics*, Cheltenham,.Edward Elgar Publishing, 2011:35.

② 李华.国际组织公共外交研究[M].北京:时事出版社,2014:122.

③ *Yearbook of International Organizations, 1990/91*, 28th edition :16 -45.

④ 刘金质,梁守德,等.国际政治大辞典[M].北京:中国社会科学出版社,1994:31。

⑤ 李少军.国际政治学概论[M].上海:上海人民出版社,2009:106。

组织。但这并不是说规模小的政府间国际组织和非政府国际组织不重要,它们同样是国际关系不可或缺的行为体。但就国际影响力而言,重要的政府间国际组织在国际政治舞台上扮演的角色更为关键,因此是本书研究的重点。

二、国际组织的分类

政府间国际组织数量繁多,性质各异,但总体上可以对其进行一些分类。首先,根据业务性质可以分为综合性国际组织和专业性国际组织。综合性国际组织如联合国、欧盟等;专业性国际组织包括与联合国有协定的联合国专门机构,如万国邮联、联合国教科文组织、国际电信联盟、世界知识产权组织等联合国专门机构,以及与联合国关系密切的世界贸易组织和国际原子能机构。上述政府间国际组织都属于专业性国际组织,其职权范围比较明晰和单一,主要在某一特定领域发挥作用。就地域范围来区分,可以划分为全球性国际组织和地区性国际组织。全球性国际组织包括联合国、世界贸易组织、世界银行等;地区性国际组织包括欧盟、东南亚国家联盟、上海合作组织等。具体来说,政府间国际组织可以分为四类:一是全球性综合类国际组织,如联合国;二是全球性专业组织,如世界银行、国际劳工组织、联合国教科文组织等;三是地区性综合组织,如欧洲联盟、美洲国家联盟、东南亚国家联盟等;四是地区性专门组织,如北大西洋公约组织、亚洲开发银行、石油输出国组织等。对政府间国际组织的分类没有严格的标准和依据,有时候会出现互相交叉或重叠。一个国际组织可能同时符合多种分类的标准,而且国际组织的业务和职能也处于动态变化之中。

三、国际组织的特征

作为一种非国家行为体,政府间国际组织在国际政治中发挥着与主权国家和其他国际行为体不同的作用,表现出一些自身的特征。

一是国际组织具有"国际人格"。国际组织是由主权国家因为共同利益而聚集在一起的。国际组织本身不具有主权,但它能在一定程度上约束主权国家的行为,具有超国家性。国际组织是国际法的主体之一,被国际法所承认并且在国际事务中独立承担义务,享有权利,具有一定的"国际人格"。二是国际组织具有非强制性。国际组织是主权国家依据一定协议自愿创立的,它对成员国没有强制性的约束力,主要由成员国根据国际组织的章程和条约来运转,也就是说主要是靠自觉遵守和国际舆论压力。尽管有国际法院、国际仲裁法庭等国际司法机构,但这些司法机构的裁决也不具有强制约束力。联合国安理会是目前世界上唯一有权采取强制行动的国际组织,但也是以五个常任理事国一致同意为前提。三是国际组织设有常设机构。作为正式的政府间国际组织,其不同于国际会议、国际论坛和国际协定等。国际组织一般应有秘书处等常设机构,定期举行会议,有一套完整的行政运转和决策体系,有自己独立的财务预算,有固定的工作人员,具有相当程度的稳定性和连续性。四是国际组织具有一定的独立性。尽管一些国际组织存在大国主导、特定投票制度和特殊组织议事规则等缺陷,但大多数国际组织都能保持一定的自主性,能代表组织内成员的共同利益,希望体现公平原则,能独立做出决议和采取行动。

关于国际组织的功能和作用,可以简单总结如下:

一是国际组织促进了国际协调。国际组织因其完善的组织机构和制度,在国际事务中能起到沟通和桥梁作用。与国内社会由政府管理不同,国际社会是无政府状态,缺乏统一的中央管理者,但各主权国家又无法独善其身,彼此之间存在共同利益,这就需要对各主权国家进行协调。国际组织恰好能扮演这一角色。国际组织为各成员国提供交流的平台,各成员国无论大小、贫富、强弱,都可以在这一平台下表达各自观点和立场,进而协调行动。国际组织也能通过自身的组织优势汇集信息,分享信息资源,降低交易成本,进一步制定相应政策。一些专业性的国际组织在协调全球问题、树立国际规范、监督国家行为等方面起到了重要作用。

二是国际组织为中小国家提供了交往便利。中小国家尽管在国际舞台上的重要性不如主要大国,却可以通过国际舞台发声,表达自身立场,促进了国际关系民主化。国际组织为中小国家提供了与大国博弈和谈判的平台,减少了沟通成本。在联合国体系中,中小国家能够通过抱团取暖的办法设定议程,支持有利于自身发展的政策和决议。如石油输出国组织促使中小国家联合起来,控制石油价格和出口,协调一致与石油进口和消费大国谈判,维护自身经济利益。国际组织的这种功能有利于建立公正合理的国际政治经济新秩序。

三是国际组织具有维护国际和平,推动全球治理体系发展完善的作用。国际组织尽管不能解决世界上所有的冲突和动乱问题,但在维护世界和平方面仍然发挥了重要作用。如联合国在调解冲突、预防战争和维护和平等方面发挥了独特作用。一些事关国计民生的专业性国际组织起到了维护人类共同利益的作用,如世界贸易组织在调解国际贸易纠纷、世界卫生组织在防止传染病蔓延等方面都发挥了重要作用。还有一些国际组织在和平利用外太空、控制气候变化、遏制跨国犯罪等方面也发挥着重要作用。正是这些国际组织的存在,使人类得以在一些专门问题上协调立场,共同应对危机。国际组织的这些独特价值和功能推动了全球治理朝着更加公正合理的方向发展。

四是国际组织具有重要的道义价值。国际组织的战略作用主要体现在其工具价值和道义价值上。国际组织的道义价值主要表现形式是其合法性,体现在其对国家间信任的培养,对人类共同利益和共同正义的追求。一个公正合理的国际组织应当是传播全人类共同价值的重要平台,是推动构建人类命运共同体的重要力量和行为体。

四、国际组织的历史

国际组织是近代国际关系发展的产物。国际关系学认定严格意义上的国际组织是1815年成立的莱茵河委员会。但是,类似国际组织的实践由来已久,可以追溯到古希腊、古罗马及中国古代各种军事同盟和条约。古代中外国家间的外交实践中,许多思想家提出了促进和平、避免战争的种种方案,形成了古代国际组织的哲学思想源泉。如孔子的"天下大同"理念,柏拉图的"理想国"蓝图,罗马斯多葛学派天下一统的罗马帝国主张。中世纪后期,由于欧洲战争不断,一些有识之士相继提出了通过各种同盟来保障和平的设想:1305年法国思想家皮埃尔·杜布瓦在《收复圣地》一书中建议所有基督教国家组成大同盟以维持和平;1603年法国亨利四世和大臣苏利提出建立欧洲邦联的设想;[1]法国作家埃默理克·克吕赛在《新大西国》一书中,呼吁建立一个永久性仲裁法庭以解决国际争端;文艺复兴先驱阿利盖利·但丁在《论世界帝国》中提出建立一个大一统世界帝国的设想;[2]法国思想家圣·皮埃尔在《争取欧洲永久和平方案》中,倡议建立"欧洲国家同盟";德国哲学家伊曼努尔·康德在《永久的和平》(1795年)一书中,阐述创建一个和平联盟。[3]

国际组织最早起源于1648年的威斯特伐利亚大会。欧洲三十年战争打破了旧的世界体系,威斯特伐利亚大会开启了通过国际会议解决战争与和平等问题的先河。三十年战争后签订了《威斯特伐利亚和约》,合约确定了国际关系中的主权平等和民族国家等概念和原则,开创了国际会议协调和解决国际争端的先例,也标志着现代国际体系的开始。以会议外交的方式处理国际问题也是现代国际组织产生的起源。

1814年拿破仑战争后维也纳会议的召开,标志着国际关系进入了历史上的"欧洲协调"时期。欧洲列强建立了以会议的方式协调处理欧洲内部重要问题和争端的外交机制。欧洲协调奉行集体安全、多边协商、均势等原则。欧洲协调维系了欧洲自1815年至1900年长时间的势力均衡,在维护欧洲和平、缓解国际冲突上发挥了重要作用。经过17—18世纪的准备和酝酿,到19世纪,国际会议逐渐成为欧洲政治生活的一种不成文制度。

19世纪初,国家间交往频繁、合作增多,需要协调的事务也不断增多,一些早期的国际组织应运而生。最早出现的国际组织是1815年成立

---

[1] 李铁城.联合国五十年[M].北京:中国书籍出版社,1996:2.
[2] 于永达.国际组织[M].北京:清华大学出版社,2011:35.
[3] 张小波.国际组织研究的发展脉络和理论流派争鸣[J].社会科学,2016(3):30—40.

的莱茵河委员会,以及后来的多瑙河委员会(1856年)、国际电报联盟(1865年)、万国邮政联盟(1874年)、国际度量衡组织(1875年)、国际保护工业产权联盟(1883年)、国际保护文化艺术作品联盟(1886年)、国际铁路货运联盟(1890年)等,总称为"国际行政联盟"(International Administrative Union)。[①]国际行政联盟的组织结构为现代国际组织树立了典范。

20世纪是国际组织发展的重要历史阶段。两次世界大战直接催生了国际联盟和联合国的诞生。一战后的巴黎和会上,在美国总统威尔逊的倡议下成立了国际联盟(国联)。国际联盟作为一战后建立起来的第一个世界性组织,它的宗旨是反对侵略战争、维护世界和平。这个被许多人寄予希望的组织,虽然解决了一系列国际争端,但在动荡的国际局势下没能发挥制止战争、维护和平的作用。20世纪30年代起,日本、意大利、德国对外扩张,分别侵略中国、埃塞俄比亚、奥地利和捷克斯洛伐克,国联未能起到制止侵略的作用。苏联仅在1934—1939年期间是国联成员。美国国会没有批准美国加入国联。国联内部英国和法国之间也矛盾重重。国联于1946年4月18日宣告解散。与此同时,1945年,经过长期酝酿和反复磋商,联合国在反法西斯的战火中、在二战的废墟之上成立。联合国的成立是国际组织发展史上的里程碑事件。作为最具代表性的国际组织,联合国自成立以来在维护世界和平、促进人类发展上做出了重要贡献。尽管联合国也存在很多缺陷,如缺乏强制力、受制于大国单边主义行动等,但联合国仍然是当今世界上最重要的国际组织。

二战后的四十年时间是国际组织发展的黄金时期。继联合国之后,其他重要国际组织也相继成立,如世界银行、世界贸易组织、世界卫生组织、联合国教科文组织等。这些国际组织积极参与国际事务,为世界和平与发展贡献自身力量。据UIA统计,1951年全球政府间国际组织有123个,非政府组织有832个,全部国际组织共955个。到了1989年,全部国际组织共24131个,相比1951年增加了24倍,其中政府间国际组织有

---

① 张贵洪.国际组织:国际关系的新兴角色[J].欧洲,2000(4):4—10.

4068个,非政府间国际组织20063个,其中20世纪80年代的十年间,国际组织数量共增加了12383个,差不多相当于前一个世纪国际组织数量的总和。[①]

冷战结束后,在全球化的推动下,各国间经济、贸易和服务等生产要素流动加快,全球经济一体化趋势不断加速,国家之间的共同利益需求使国际组织地位得到加强。在这一大背景下,国际组织数量不断增加,范围和活动领域也迅速扩大,渗透到人类生活的方方面面。根据国际组织年鉴数据,全世界的国际组织数量已经发展到了75500个。[②]

第二节　国际组织战略的含义与意义

无论是中国古代的战略思想还是西方近代的战略概念,谈及战略多是指军事战略。随着社会进步和人类文明的发展,以军事战略为核心的战略概念已经无法适应时代发展的需要,战略的概念延伸到了经济、政治、安全、文化、社会等方方面面。国家战略体系是一个系统工程。国家通常都会根据自身利益和实力制定相应的国家战略。世界各国都十分重视建立完善的国家战略体系。国家战略体系包括多层次,既有宏观大战略,也有中观经济、社会、文化、政治等领域发展战略,还有微观层面的个人、企业等社会行为体的发展战略。

习近平总书记高度重视一体化国家战略体系和能力建设,他在出席十四届全国人大一次会议解放军和武警部队代表团全体会议时强调,巩固提高一体化国家战略体系和能力,是党中央把握强国强军面临的新形势新任务新要求,着眼于更好统筹发展和安全、更好统筹经济建设和国防建设作出的战略部署。要统一思想认识,强化使命担当,狠抓工作落实,

① 王玲.世界各国参与国际组织的比较研究[J].世界经济与政治,2006(11):47—54.
② 参见国际组织年鉴网站数据[EB/OL].https://uia.org.

努力开创一体化国家战略体系和能力建设新局面。要巩固提高一体化国家战略体系和能力,关键是要在一体化上下功夫,实现国家战略能力最大化。要坚持党中央集中统一领导,加强各领域战略布局一体融合、战略资源一体整合、战略力量一体运用,系统提升我国应对战略风险、维护战略利益、实现战略目的的整体实力。①

国家的国际组织战略也是一体化国家战略体系的一部分,因此,本节首先从大战略的概念谈起,从而引申出国家战略、国际战略和国家的国际组织战略研究框架。

一、战略与大战略的概念

(一)战略

"战略"一词,最初与战争相关。在古代中国,战略也和古代军事战争紧密相关。春秋、战国时期战乱不断,相应的兵书、兵法、方略类似战略的思想应运而生。孙子是中国古代第一个形成战略思想的伟大人物。他的著作《孙子兵法》包含着丰富的军事战略思想,如"知己知彼,百战不殆""不战而屈人之兵"等,当代仍然有很多人在研究《孙子兵法》。《孙子兵法》也被称作世界上第一部战略学著作。②美国国会研究防务问题的高级专家、时任(1973年)美国国防大学战略研究所所长约翰·柯林斯在其所著《大战略》一书中写道:"孙子十三篇可与历代名著包括2200年后克劳塞维茨的著作媲美。今天没有一个人对战略的相互关系、应考虑的问题和所受的限制比他有更深刻的认识。他的大部分观点在我们当前环境中仍然具有和当时同样重大的意义。"③西晋史学家司马彪在公元3世纪末曾著《战略》一书,是中国历史上最早提出并记载"战略"一词的书籍。现存最

---

① 习近平.统一思想认识 强化使命担当 狠抓工作落实,努力开创一体化国家战略体系和能力建设新局面[N].人民日报,2023-3-9.

② 门洪华.中国国际战略导论[M].北京:清华大学出版社,2009:3.

③ 薄贵利.论国家战略的科学内涵[J].中国行政管理,2015(7):70—75.

完整以"战略"命名的书籍是明代茅元仪所著的《二十一史战略考》。钮先钟指出，先秦时期是中国古代战略思想史的开创时期，秦汉为成熟期，魏晋南北朝为衰颓期。自秦统一以来，中国近两千年没有出现具有重大历史影响的战略著作。中国古代战略思想研究呈现了先盛后衰的发展历程。[1]

"战略"概念在西方最早出现在古希腊和古罗马。"战略"一词英文strategy，源自希腊语strategus，是"将军"的意思，即古希腊的军事指挥官。公元1世纪后期，古罗马执政官弗朗帝奴斯（约35—103）著有《论战略》，收集了古希腊和古罗马历史上的大量案例，论述了如何提高战争指挥能力和战略决策能力。此书被认为是西方最早有关战略的著作。[2]西方最早使用"战略"这一概念的是1770年法国学者梅齐乐的著作《战争理论》。在西方，从18世纪开始，安东尼·若米尼和卡尔·克劳塞维茨先后对"战略"概念进行了明确界定。若米尼指出，战略是"把一支军队的最大部分兵力集中到战争区或作战区的最重要点上去的一种艺术"[3]；克劳塞维茨则认为"战略是为了达到战争目的而对战斗的运用"[4]。两位学者的著作阐述了西方近代以来军事战略概念的特点和内涵。特别是克劳塞维茨对战争和战略的研究颇为深入，被誉为西方近代战争理论的鼻祖。他的《战争论》一书被世界各国广为流传和研究，至今仍然是研究近代战略学者的必读书目。

（二）大战略

当代意义上的"大战略"概念产生于一战之后，其含义有了进一步的缩小。一般来说，"大战略"指的是国家的总体战略或者最高战略。英国人利德尔·哈特总结了一战的教训，于1929年提出"大战略"（Grand Strategy）及"高级战略"（High Strategy）概念，第一次系统阐述了大战略理论，

---

① 钮先钟.西方战略思想史[M].广西：广西师范大学出版社，2003：8—9.
② 康绍邦，宫力，等.国际战略新论[M].北京：解放军出版社，2010：2.
③ [瑞士]若米尼.战争艺术概论[M].刘聪译.北京：解放军出版社，1986：346.
④ [德]卡尔·冯·克劳塞维茨.战争论[M].时殷弘译.北京：商务印书馆，1978：175.

他认为：所谓"大战略"，"其任务就在于调节和指导一个国家或几个国家的一切资源，以达到战争的政治目的。大战略必须考虑动用国家全部力量，包括武装力量、精神力量、经济力量等"①。哈特的战略思想在一战后产生了深远影响。大战略的真正理论研究可以说到20世纪五六十年代才明确出现。利德尔·哈特在1954年首版的《战略论》一书中详细论述了大战略与国家政治目的、政策和军事战略的关系。②此后，大战略研究在西方得到了显著加强，涌现出了一大批知名的大战略研究学者。③

哈特之后，当代最重要的关于伯罗奔尼撒战争的研究学者唐纳德·卡根四卷本《伯罗奔尼撒战争史》（1969）、美国战略学家爱德华·勒特沃克的《罗马帝国的大战略》（1976）、美国战略史学家约翰·刘易斯·加迪斯的《遏制战略》（1982）、彼得·帕雷特编写的《现代战略的缔造者》（1986）、保罗·肯尼迪的名著《大国的兴衰》（1987）、理查德·罗斯克兰斯等人主编《大战略的国内基础》（1993）、约翰·伊肯伯里《大战胜利之后》（2001）及罗伯特·阿特的《美国大战略》（2003）等都是西方大战略研究的经典著作。④上述学者最主要的贡献在于深化和拓展了对大战略的概念、内涵、机理、范围的研究。大战略研究因此得到了各国的高度重视，特别是各国政府部门开始意识到大战略研究对国家发展和外交领域的重要意义。

中国对大战略研究的主要成果有钮先钟的《中国古代战略思想新论》《战略研究入门》，胡鞍钢的《中国大战略》，时殷弘的《从拿破仑到越南战争——现代国际战略十一讲》《战略问题三十篇：中国对外战略思考》《国

---

① [英]利德尔·哈特.战略论[M].中国人民解放军军事科学院译.北京:战士出版社,1981:438.

② 时殷弘.国家大战略理论论纲[J].国际观察,2007(5):15—21.

③ 时殷弘.战略观念与大战略基本问题[J].国际政治研究,2007(4):18—21.

④ 西方大战略研究学者及其著作：G. John Ikenberry, *After Victory:Institutions, Strategic Restraint, and the Rebuilding of Order after Major Wars*, Princeton and Oxford, 2001.John Lewis Gaddis, *Surprise, Security, and the American Experience*, Cambridge, Mass.and London, 2004. Paul Kennedy, *The Rise and Fall of the Great Powers: Economic Change and Military Conflict from 1500 to 2000*, New York, 1987.（中译本《大国的兴衰》，蒋葆英译，中国经济出版社，1989。）Paul Kennedy, ed., *Grand Strategies in War and Peace*, New Haven, 1991.（中译本《战争与和平的大战略》，时殷弘、李庆四译，世界知识出版社，2005）。

际政治与国家方略》,门洪华的《构建中国大战略的框架:国家实力、战略观念与国际制度》《开放与国家战略体系》《东亚秩序论:地区变动、力量博弈与中国战略》等。①关于大战略的定义,时殷弘认为:大战略是最高层次的战略,亦即政治实体的一种操作方式或操作规划,自觉地本着全局观念,开发、动员、协调、使用和指导自身的所有政治、军事、经济、技术、外交、思想、文化和精神等资源,争取实现自身的根本目标。②

(三)国家战略

到了现代,"战略"的含义逐步发生了变化,"国家战略"这个名词已经被广泛使用。关于"国家战略"这一概念,薄贵利对此有过详细的论述。他指出,二战结束后美国就不太用英国人曾经常用的"大战略"概念,提出"国家战略"概念。20世纪50—80年代,美国军方多次为"国家战略"下定义。经过多次阐释,1983年,美国陆军军事学院组织编写和出版的《军事战略》一书将"国家战略"解释为:"在组织和使用一国武装力量的同时,组织和使用该国政治、经济和心理上的力量,以实现国家目标的艺术和科学。"③但这个由美国官方创新的名字实际上在美国并不流行。美国学术界和战略家并不经常使用这一概念,更偏好使用"大战略"这一概念,如约翰·柯林斯、保罗·肯尼迪等。

中国台湾的钮先钟20世纪70年代出版了他的著作《国家战略概论》。1994年,中国大陆第一部以"国家战略"命名的著作——《国家战略论》出

---

① 钮先钟.中国古代战略思想新论[M].安徽:安徽教育出版社,2005;钮先钟.战略研究入门[M].上海:文汇出版社,2016;胡鞍钢.中国大战略[M].浙江:浙江人民出版社,2003;时殷弘.从拿破仑到越南战争——现代国际战略十一讲[M].北京:团结出版社,2003;时殷弘.战略问题三十篇:中国对外战略思考[M].北京:中国人民大学出版社,2008;时殷弘.国际政治与国家方略[M].北京:北京大学出版社,2006;门洪华.构建中国大战略的框架:国家实力、战略观念与国际制度(修订版)[M].北京:北京大学出版社,2016;门洪华.开放与国家战略体系[M].北京:人民出版社,2008;门洪华.东亚秩序论:地区变动、力量博弈与中国战略[M].上海:上海人民出版社,2015.

② 时殷弘.论大战略的目的及其基本原则[J].中国人民大学学报,2008(5):110—116.

③ 周丕启.国家大战略:概念与原则[J].现代国际关系,2003(7):56—61.

版。近几年,随着战略研究和战略思维的空前活跃,"国家战略"概念不仅被中国学界和媒体所接受,国家领导人讲话也使用这一概念。2015年3月12日,习近平总书记在出席十二届全国人大三次会议解放军代表团全体会议时强调,把军民融合发展上升为国家战略,是我们长期探索经济建设和国防建设协调发展规律的重大成果,是从国家安全和发展战略全局出发作出的重大决策。①这表明国家战略已经成为新时代重要的战略理念。薄贵利在综合国内外对国家战略的研究后,提出了自己对"国家战略"的定义,即国家战略是为维护和增进国家利益、实现国家目标而综合发展、合理配置和有效运用国家力量的总体方略。②

习近平总书记在国家战略的基础上,进一步强调了一体化国家战略体系和能力建设,提出要坚持党中央集中统一领导,加强各领域战略布局一体融合、战略资源一体整合、战略力量一体运用,系统提升我国应对战略风险、维护战略利益、实现战略目的的整体实力。③

二、国际组织战略的含义

在大战略概念下,国家战略可以分为国内战略和国际战略。狭义的国际战略体系主要是指国家在宏观层面的战略设想和规划,宏观层面又以地区战略和全球战略进行两个层次划分。一国要想在世界舞台上拥有更广泛的影响力,首先要在本地区拥有话语权和战略优势,因此地区战略至关重要。全球战略则是在全球层面国家对外发展的宏观谋略。全球战略是国家对外发展的顶层设计,是一国地区战略的补充和延伸。由于国际组织战略同时涉及地区层面的国际组织和全球层面的国际组织,因此这里不将国际组织战略归入到地区战略或是全球战略,而是统一作为国际战略的一部分。

---

① 深入实施军民融合发展战略 努力开创强军兴军新局面[N].人民日报,2015-3-1.
② 薄贵利.论国家战略的科学内涵[J].国家行政管理,2015(7):70—75.
③ 习近平.统一思想认识 强化使命担当 狠抓工作落实,努力开创一体化国家战略体系和能力建设新局面[N].人民日报,2023-3-9.

"国际组织战略"从属于国际战略,是国际战略的重要组成部分。要理清国际组织战略,首先要对国际战略有清晰的认识。国际战略是二战后形成的概念。二战后,国际格局发生了巨大变化,东西方两极阵营分化导致冷战局面的形成,核武器的出现使大国之间不敢轻易诉诸战争。美苏之间长久争霸,其他国家根据各自国家利益和意识形态选边站队,世界出现由美苏分别领导的两大阵营及北约和华约两大军事集团对峙局面。与此同时,第三世界国家致力于反对殖民主义和民族解放运动,努力寻求在国际格局中占有一席之地。国际格局变化影响了国际战略发展,而大国对全球战略有着更强的影响力。国际战略研究最深入的国家是美国。美国学术界和政界为遏制苏联提出了一系列国际战略的思想和理念,如乔治·凯南的"八千字"电报,全面阐述了美国遏制苏联的国际战略思想。这一战略也与"杜鲁门主义""马歇尔计划"一起构成了美国战后初期全球战略的主要内容。

冷战的结束导致国际政治格局的再一次大变革和大调整。西方国际战略研究首先聚焦在苏联为什么会解体。弗朗西斯·福山的《历史的终结与最后之人》、布热津斯基的《大失败》代表了美国战略学者对冷战及其结束原因的思考。亨廷顿的《文明的冲突与世界秩序的重建》体现了西方学者对战后世界秩序和未来冲突根源的判断。查尔斯·库普乾、约翰·米尔斯海默和约翰·伊肯伯里分别从新孤立主义战略、离岸平衡战略及新制度主义战略角度阐释了冷战后美国的全球战略选择。约瑟夫·奈是软实力理论的提出者,他提醒美国当局在国际政治领域多关注和凭借软力量,实施软硬结合即"胡萝卜加大棒"的政策。2015年,约瑟夫·奈还出版了著作《美国世纪结束了吗》,为美国继续维持世界领导地位提供分析和建议。当今西方战略学家中不得不提的还有美国学者亨利·基辛格。基辛格作为世界著名的国际战略学家,很多主张对美国和国际关系产生了深远影响,如他的"有限战争理论""均势理论""未来世界秩序理论"等。吴志成教授将西方国际战略研究的主要特点总结如下:第一,以实现目标与手段的平衡为核心逻辑;第二,以维护国家生存与安全为首要目标;第三,以国家实力的有效运用为战略手段。①

在中国,国际战略最早是由国家领导人提出的概念。毛泽东同志非常重视战略的作用,其军事思想和政治思想都闪耀着战略的光芒,这与毛泽东同志的个人性格、领导才能及知识素养密不可分。毛泽东同志对1949年后中国一系列外交决策起着决定性作用,并亲自制定了中华人民共和国成立初期中国国际战略。第一个提出国际战略概念的是中共早期领导人王稼祥,他在1962年报送中共中央的文件中,将争取建设社会主义的国际和平外交环境称为"毛泽东同志一贯的国际战略思想"②。1979年中国国际战略学会的成立,标志着中国国际战略研究走向学术化和规范化,并成为中国国际关系学界的重要研究领域。

唐永胜对国际战略的界定是:国际战略是指主权国家在对外关系领域较长时期、全局性的谋划,是主权国家在国际斗争中运用国家实力谋求国家利益的筹划与指导,其表现形态是主权国家的对外战略。国际战略不是凭空产生的,它从军事战略扩展而来,是国家在发展对外关系、谋求国家生存和发展的过程中,从过于偏重纯军事领域向政治、经济、军事、文化诸领域扩展带来的必然结果。③王缉思认为一个国家的国际战略必须包括这些内容:什么是本国的核心利益,对这些核心利益的主要威胁来自何方,在国际上应以什么方式和手段维护国家核心利益。他认为国际战略主题应该是国家安全战略、外交战略和对外经济战略。④门洪华认为,鉴于中国特殊的情势,宜将国家安全(含国家统一)纳入大战略的概念范畴,将大战略放在第一层次,强调国际战略与国内战略的相辅相成、国家战略体系的建构与完善;将国际战略放在第二层次,专注于国际层面,重心在于国家战略利益结构中国家利益的维护和拓展。⑤李少军认为国际

---

① 吴志成,王亚琪.国际战略研究的历史演进及其当代启示[J].世界经济与政治,2016(10):75—93.

② 王稼祥.王稼祥选集[M].北京:人民出版社,1994:46.转引自门洪华:《中国国际战略导论》.

③ 唐永胜.国际战略的内涵[J].国际政治研究,2007(4):25—27.

④ 王缉思.关于构筑中国国际战略的几点看法[J].国际政治研究,2007(4):1—5.

⑤ 门洪华.中国国际战略导论[M].北京:清华大学出版社,2009:9.

战略的基本含义就是调动国家的全部力量与资源以实现国家对外政策目标的科学与艺术。①

作为国际战略的重要组成部分,国际组织战略在战略目标、战略思想、战略手段等方面与国际战略有一脉相承之处。在上述学者研究基础上,笔者结合个人知识理解,试图对国际组织战略做一个浅显的定义:国际组织战略是国际关系主要行为体主权国家为了维护自身利益,在国家与国际组织交往层面做出的长远、系统的设计和规划。对国家而言,国际组织战略就是基于自身国情和国家实力,以国家利益为导向,运用经济、政治、军事、文化等多种手段,在全球层面、地区层面和国家层面谋划国家与国际组织的关系,其核心任务是维护和拓展国家利益。国际组织战略的主要目标可以简要概括为推动国际规则体系朝着更加有利于本国方向发展和提升本国在国际组织体系中的制度性话语权。具体则包括为国家发展创造有利的外部安全和外交环境,为本国商品寻找更广阔的全球市场从而促进国家经济发展,提升本国软实力和国际形象,增强本国在全球事务中的话语权,等等。国际组织战略的主要内容包括国际组织战略指导思想、战略形势判断、战略目标和战略手段,即国家确定什么样的战略目标来引导自身与国际组织的互动交往和国家采用何种战略手段来确保达成既定目标,同时还要规避在这一过程中的风险和挑战。

三、制定国际组织战略的可行性与必要性

(一)制定国际组织战略的可行性

从定义上来讲,政府间国际组织是由两个以上国家基于特定的目的,以协议的形式建立并有常设机构的组织。国际组织成立的前提是主权国家需要。国际组织是主权国家之间合作和共同利益需求下的产物。没有

---

① 李少军.探讨国际战略的研究框架[J].国际政治研究,2007(4):14—17.

主权国家的需要,国际组织就不会成立。国际组织战略可行性可以从国家层面、地区层面和全球层面进行阐述。

在国家层面,国际组织战略的核心目标是维护和拓展国家利益。如习近平总书记所讲:"巩固提高一体化国家战略体系和能力,是党中央把握强国强军面临的新形势新任务新要求,着眼于更好统筹发展和安全、更好统筹经济建设和国防建设作出的战略部署。"[①]国际组织战略最终的落脚点都要回到国家层面,能否确保国家安全、政治稳定、经济增长、社会和谐、人民幸福。因此,要从国家层面高度重视国际组织战略,将其放在关系国家生存和发展的高度进行科学谋划,并从体制、机制、人力、财力和物力等方面予以保障,利用国际组织平台拓展国家利益。

在地区层面,任何一个国家制定国际组织战略,首先要从地区层面进行谋划。通过参与地区性国际组织,加强地区内国家之间、国家与国际组织之间合作,提升地区一体化和发展水平,构建公平合理的地区秩序。

在全球层面,国际组织战略应以参与和分享为出发点。一个国家要站在全球层面,以全球视野去谋划其国际组织战略,在认清自身基本国情和国家实力的基础上,对全球性国际组织进行合理评估,有针对性地制定参与对策。对于实力足够强大的国家,可以采取积极有为型的参与战略,积极参与全球国际规则的制定,为构建公正合理的国际秩序贡献力量。对于实力一般或弱小的国家,可以采取搭便车或者抱团取暖的方式,积极发展与国际组织的关系。

国际组织是国际法的主体,国际组织有一定的自主性和独立性。国际组织可以独立参与国际事务,缔结协议和条约,但这种独立性和自主性是以主权国家的同意和让渡为前提的。因此,主权国家是国际组织成立的前提。这也决定了国际组织是一种协商性机构,其权力来源于主权国家,不能凌驾于主权国家之上。大多数国际组织对主权国家特别是大国

---

① 习近平.统一思想认识 强化使命担当 狠抓工作落实,努力开创一体化国家战略体系和能力建设新局面[N].人民日报,2023-3-9.

有很强的依附性。国家加入了国际组织,也能够联合国际组织内其他国家修改国际组织章程、选拔国际组织领导人、设定国际组织议事规则和议程。更为关键的是,国家始终都有自愿参加或者退出国际组织的权利。因此,大部分情况下国家对国际组织享有优先权和主导权,国家可以通过参与国际组织活动来实现本国的国际战略目标。

(二)制定国际组织战略的必要性

1.国际组织与全球治理

全球治理需要国际组织的参与。国际社会需要应对资源和能源安全、粮食安全、气候变化、网络信息安全、恐怖主义、重大传染性疾病等全球性挑战。这些挑战都不是单一国家和国际行为体能够独立应对的,唯有全球性的国际合作才能有效应对。国家通过加入国际组织,能够拓展国家利益。从某种程度来说,国际组织是国家利益在国际舞台上的延伸平台和手段。国际组织促进全球治理的战略价值,有学者认为主要体现在以下方面:一是为各国通过外交努力协调关系,为解决全球问题提供论坛和讨论场所;二是针对某些全球问题收集和提供信息,分享成果;三是进行管制和分配。①也有学者认为国际组织的全球治理战略价值包括:广泛的国际合作与协调、管理全球公共问题、调停和解决国际冲突、国际关系民主化的渠道和提供国际活动的空间。②由此可见,国际组织已经成为全球治理的重要力量。

从国家角度看,对大国来说,国际组织能够加强国家的国际影响力,增强国家对国际事务和国际规则制定的主导权,从而使国际组织更偏向于大国的国家利益和国际战略。对中小国家而言,加入国际组织也为它们提供了在国际舞台上参与议事、发出声音的机会。中小国家可以通过在国际组织内的联盟、宣传、游说,与大国交换意见或者寻求大国支持,从

---

① 孙辉,禹昱.国际政府组织与全球治理[J].同济大学学报(哲学社会科学版),2004(5):48—53.

② 张贵洪.国际组织:国际关系的新兴角色[J].欧洲,2000(4):4—10.

而实现维护自身利益的目的。加入国际组织也有助于贫穷落后国家获得在世界银行、亚洲开发银行等国际金融机构的贷款,促进落后国家经济发展和民生改善。对那些争取民族独立的政治团体来说,国际组织也是其寻求国际社会帮助和支持的重要伙伴和舞台。

从国际体系角度看,国际组织在调解国家间冲突方面发挥了重要作用,为全球性危机提供了缓冲和调解平台。当冲突将要发生时,国际组织可以开展预防性外交,当冲突发生时,国际组织可以担当调停人和斡旋人的角色,当冲突结束后,国际组织可以帮助冲突国家开展战后重建等,如联合国、阿盟、非盟等国际组织在调解国际冲突上一直扮演着积极的角色。国际组织还通过自身的功能属性和价值属性将国际关系中的各个行为体串联在一起,在全球治理中起到了穿针引线的纽带作用,这种特殊的功能使国际组织在当今复杂多变的国际政治格局中始终占据一席之地,发挥了自身独特价值。在2020年春季全球暴发的新冠疫情中,世界卫生组织就充当了应对全球性公共卫生危机的核心协调者角色。《二十国集团领导人应对新冠肺炎特别峰会声明》表示完全支持并承诺进一步增强世卫组织在协调国际抗疫行动方面的职责。[1]国际组织还为新兴发展中国家提供了与传统发达国家对话和沟通的平台。新兴发展中国家通过在现有国际组织和国际秩序内与发达国家对话,提出自身关于全球治理和世界发展的主张,呼吁对现有国际秩序和国际体系不合理地方进行改革,有利于构建公平合理的国际政治经济新秩序,推动全球治理体系朝着更加公正合理的方向发展。

2.国际组织与区域治理

区域治理主要是指区域内的主体国家、国际组织及其他国际关系行为体对地区事务的共同管理。[2]区域治理是连接国家治理和全球治理的桥梁。一个国家在成为世界强国之前必然要经历先成为区域大国的阶

---

① 二十国集团领导人应对新冠肺炎特别峰会声明(全文)[EB/OL].(2020-03-27)[2020-04-03].http://www.xinhuanet.com/world/2020/03/27/c_1125773916.htm.

② 郭树勇.区域治理理论与中国外交定位[J].教学与研究,2014(12):47—54.

段,世界性危机和问题往往也是从区域危机和问题延展开来的。区域治理的主要参与者包括主权国家、国际组织及个人,其中尤其以区域大国和重要区域国际组织为主要力量。

国际组织在区域治理中同样具有重要战略价值。从区域安全层面看,国际组织在维护地区和平与稳定中发挥了重要作用,如上海合作组织通过举办首脑峰会、共同打击恐怖主义、组织联合军事演习等多种手段,有效维护了中亚地区安全和稳定。非洲联盟在斡旋和协调利比里亚、索马里、苏丹、布隆迪等国家的冲突上发挥了重要作用,避免了上述国家局势进一步恶化。联合国作为世界上最重要的国际组织,在维护地区和平、促进地区冲突解决中也发挥了不可替代的作用,在地区国际冲突和危机中,都能看到联合国的身影。

在区域经济层面,东盟、南亚区域合作联盟、石油输出国组织、海湾合作委员会、西非经济共同体、亚太经合组织、欧盟等国际组织对各自地区的经济发展起到了协调和推动作用。

在其他一些领域,国际组织也发挥着积极的协调和推动作用,如联合国湄公河机构间反人口贩运项目(UNIAP)在参与湄公河地区跨国人口贩运治理,打击非法移民和人口贩运上发挥了重要作用,保护了受害者的权益,也有利于湄公河地区的稳定与发展。①法语国家和地区组织通过语言和文化推广,深化法语国家的集体身份认同,在协调法语国家内部冲突、维护法语国家共同利益,以及倡导世界文化和文明多样性上发挥了重要作用。这些都证明国际组织对地区发展有着重要的战略意义,国际组织是区域治理的重要力量和依托,其实质上是国家通过国际组织,以某种集体而非个体的面目出现,从而实现各种地区性战略目标。

3.国际组织与国家治理

国际组织还可以被国家用来影响其他国家的国内政治,从而达到更

---

① 周龙.国际组织对湄公河地区跨国人口贩运的参与治理——基于UNIAP的案例分析[J].东南亚研究,2019(5):41—57.

长远的国际战略目标。从国际关系理论看,新现实主义和新自由制度主义都把国家当作国际关系最重要的行为体,认为国家是理性的,一定程度上对国家进行了同质化处理,忽略了或者说简约化了国内政治和国内因素对国际关系的影响。直到后来建构主义的兴起,建构主义强调观念和身份认同,认为国际规范会影响国内政治。国际组织作为国际规范和价值的重要承载机构,其对国家治理和国内政治也具有重要的战略意义。

首先,国际组织具有广泛的动员能力和影响力,能够增强国家对国际规范和国际价值的认同度。全球化使国际组织的道义价值和理念能够迅速地传递到国家和国内人民。这种规范和价值认同如果在国家得到很好的阐释,与国家自身的文化和价值观吻合,将会产生较大的辐射效应。其次,国际组织所制定的规则、签订的条约会促使国内民众对国家政府行为进行监督,有利于国内政治的民主化。国家也可以利用国际组织和国际制度的影响力来推动国内改革和政策的施行,就是借助"外力"手段倒逼国内改革。为了履行国际公约,遵守国际规范,国家会根据国际要求设定相应的国内政府部门,安排专门的人力和物力去对接国际条约和国际要求。如世界贸易组织的很多贸易规则和要求推动了成员国的贸易政策改革。最后,国际组织很多立法和条约需要国家立法或者议会部门批准才具有合法效力。立法层面是国际组织和国际制度影响国内政治最为深刻的体现。当国际条例和国际规范被国家立法所承认和确认,表明该国际制度和国际规范深刻嵌入了国内政治和国家治理之中。

四、美俄(苏联)国际组织战略启示

(一)美国国际组织战略

1.战略形势判断

美国是一个高度重视战略谋划的国家。历史上美国的战略家如阿尔弗莱德·马汉、伍德罗·威尔逊、富兰克林·罗斯福、乔治·凯南、亨利·基辛格、布热津斯基等都在美国发展的不同时期发挥了重要作用。美国开国总统华盛顿奉行孤立主义战略,不主张与其他国家结盟,不希望美国卷入战争。1823年《门罗宣言》明确反对欧洲国家对美洲的干涉,认为美洲是美国的势力范围,主张美洲与欧洲分离,削弱欧洲的影响力,为美国自己经营美洲扫清道路。之后,美国通过一系列兼并、购买、胁迫乃至战争的方式获得了加利福尼亚、得克萨斯、新墨西哥等领土,扩大了美国的地理版图,增强了美国的实力。1873年的资本主义世界经济危机,对欧洲经济造成了重大创伤,但对美国而言却是崛起的机遇。19世纪70年代是美国经济高速增长的十年,美国在经济危机后迅速崛起,开启了全球扩张的步伐。

一战时,美国在开始阶段一直避免卷入战争,直到德国不断击沉美国船只,美国才于1917年对德宣战。美国的参战改变了协约国与同盟国战略力量的对比,为战争胜利立下功劳。一战期间,美国通过出售武器发战争财,还为其他参战国提供贷款,美国因此一跃为世界上最大的债权国,军事上成为世界头号强国,经济上也成为最大的资本输出国。但是美国的目标不满足于此,美国总统威尔逊于1918年提出了"十四点计划",其中就包括美国建立世界政府——国际联盟的设想。国际联盟是威尔逊总统对战后国际秩序的理想设计。尽管国际联盟最后宣告失败,但美国对世界秩序的谋划已经开始植入美国国际战略之中。

二战使美国迅速确立了世界领导地位。战后美国开始按照自己的战略意愿设计世界秩序。美国领导世界的首要举措就是建立一个由其领导的普遍性国际组织。1945年4月25日,旧金山制宪会议召开。1945年10月24日,联合国正式宣告成立。美国希望通过联合国实现其管理世界和建立普遍安全的目标,但联合国成立初期沦为美苏争霸的工具,中国的合法席位也长期被台湾当局非法霸占。此外,美国还通过一系列全球经济和贸易领域的制度安排,成功将自身影响力辐射到全球,逐步登上了世界领导者的位置。

二战后,美苏冷战全面开始,杜鲁门政府实施"遏制战略",在全球范围内遏制苏联和共产主义的扩张。艾森豪威尔时期美国采用的是"大规模报复战略"。肯尼迪—约翰逊政府时期,美国采用灵活反应战略,对苏联采取有限缓和策略。尼克松政府推行以"伙伴关系、谈判和实力"三原则的"尼克松主义"，选择战略收缩，中美关系得以改善。卡特政府强调人权，认为人权是美国政府对外政策最关注的原则。里根政府采取"新灵活反应战略"，主张"以实力求和平"，全面抵制苏联和苏联支持的侵略行动，将苏联影响力限制在苏联本土。老布什政府采用"超越遏制战略"，试图将苏联纳入美国主导的国际体系中，在海湾战争爆发后提出了"世界秩序"的设想，强调多边合作和"自由、民主"事业，按照美国的价值观来建立世界秩序。克林顿政府采用"参与扩展战略"，利用冷战后美国的国家实力优势，加大对国际事务的介入力度，向世界传播美国的价值观，按美国的意愿去领导世界，实现并维持美国单极霸权地位。小布什政府采取"先发制人"的战略，在国际事务中主张单边主义，必要时直接绕开联合国采取单独行动。小布什政府将反恐视为国家对外政策的首要任务，对其认定的"邪恶国家""流氓国家"实行先发制人的打击。奥巴马政府对武力的使用十分谨慎，对全球热点问题的投入有所收缩，将确立以美国为主的国际秩序放在美国外交政策的首要位置，战略重点逐步向亚太地区转移，重视和发挥盟友的作用。特朗普政府上任后实行"美国优先"的战略，弱化同盟，强调美国的盟友应该替美国分担任务，并退出了一系列国际组织和国际机制，奉行单边主义政策，其目标是建立一个美国优先的世界新秩序。拜登政府上台后，改变了特朗普政府不重视或者弃用国际组织的策略，重新加入了世界卫生组织、联合国人权理事会和《巴黎协定》等多边国际组织和国际机制，还在2023年7月重返联合国教科文组织。相比特朗普政府偏执的单边主义行径，拜登政府有意重新找回盟友、拉拢盟友，并组建以美国为核心的所谓"民主国家"联盟，围堵、遏制中国等新兴发展中国家和崛起国家。

2.战略目标

美国学者罗伯特·阿特则从美国国家利益角度出发，根据大战略的内容和特点，将美国国家对外战略分为八种：霸权战略、全球集体安全战略、地区集体安全战略、合作安全战略、遏制战略、孤立主义战略、离岸平衡战略及选择性干预战略。阿特提倡美国应该采用选择性干预战略,并认为选择性干预战略是一条中间路线,既反对过分拘谨界定美国利益,也反对过分宽泛界定,是一个混合战略,最符合美国的国家利益。①

美国国际组织战略的目标是动态发展过程,但始终是以主导国际组织发展和演变为核心。二战后初期,美国主导建立了一系列国际组织,其目的是通过国际组织建立以美国价值观和利益为主导的战后国际体系。其中,国际经济和金融制度是美国国际制度和国际组织战略中最重要的部分,事关全球资源和财富的分配,美国的目标是在全球资源和财富分配中抢占先机,让美国的国力发展强大进而称霸世界。门洪华认为,国际制度是美国霸权护持的主要途径,利用和改造国际制度是美国霸权延展的主要方式,国际制度是美国的霸权之翼。②刘铁娃认为,美国创建二战后的国际组织体系,这些国际制度明显打上了霸权国的印记,通常也被称为"霸权制度"。但她同时认为,霸权国不同于帝国,美国还需要赋予国际组织一定的自主性和公益性,美国在国际组织内并不能为所欲为。③二战后一直到现在,美国国际组织战略主要任务是维持美国霸权,确保国际组织的政策和方向有利于美国国家利益。当国际组织不听从于美国指令,美国也会毫不犹豫地放弃国际组织,采取单边主义行动。在足以挑战美国主导地位的国家出现之前,美国的国际组织战略目标仍然是以主导国际组织为主。

3.战略手段

在美国大战略的制定和实施过程中,国际组织扮演了重要角色。美国政府将国际组织视为建立霸权和维护霸权的重要手段。美国国际组织战略手段具体表现在以下几个方面:

一是在战后初期主导建立系列国际组织。二战后国际格局发生了重大变革,以雅尔塔体系为核心的战后国际秩序逐步确立,美国意识到单靠自身力量无法实现维护战后国际秩序的目的,美国充分运用经济、政治、

---

① [美]罗伯特·阿特.美国大战略[M].郭树勇译.北京:北京大学出版社,2005:106.

② 门洪华.霸权之翼:美国国际制度战略[M].北京:北京大学出版社,2005:305.

③ 刘铁娃.霸权地位与制度开放性[M].北京:北京大学出版社,2013:8.

军事、文化等多种手段,建立了以国际组织和国际制度为核心的国际秩序。很多重要国际组织都是由美国主导在战后初期建立的,如联合国、世界银行、世界贸易组织等。美国希望通过建立世界性的国际组织来确立以美国主导、大国共同参与的国际秩序,通过大国之间的团结协作来维护国际和平。1944年美国联合苏联、英国、中国等44个国家在美国新罕布什尔州布雷顿森林召开了国际货币金融会议。会议决定成立国际复兴开发银行(世界银行)、国际货币基金组织。这两个国际组织的总部都设在美国华盛顿。美国还主张建立以贸易自由化为目标的国际贸易组织,并于1948年正式成立了关税与贸易总协定。世界银行、国际货币基金组织及关税与贸易总协定一起支撑起"布雷顿森林体系"。"布雷顿森林体系"是美国针对战后世界经济和贸易发展设计的制度性安排,表明美国希望以主导国际组织的形式加强其全球扩张、维护其全球霸权。

二是对待国际组织长期奉行实用性工具主义。从杜鲁门政府到拜登政府,美国对待国际组织的态度处于矛盾和摇摆状态,其核心原因是美国在外交上奉行的实用性工具主义原则。当美国需要国际组织时,国际组织就成了美国维护霸权的工具和手段。当国际组织影响到美国利益时,美国会毫不犹豫抛弃国际组织、绕过国际组织行动。美国创建布雷顿森林体系,推动了美国经济发展,帮助美国确立了全球霸权地位,体现了美国对战后世界秩序的战略谋划能力。美国战后一直牢牢控制重要经济类国际组织的主导权,如世界银行、国际货币基金组织等机构。

对于其他国际组织,美国则表现出工具主义态度。美苏争霸的两极格局也使得联合国一度沦为大国之间斗争和利用的工具。冷战结束后,美国对联合国的态度在参与和绕开之间摇摆,需要时候就利用联合国,不需要时候则绕过联合国。当国际组织没有按照美国意愿行事时候,美国就会毫不犹豫地退出或者威胁退出国际组织。特朗普上台后,美国退出了联合国教科文组织、联合国人权理事会、万国邮政联盟、《跨太平洋伙伴关系协定》《联合国气候变化框架公约巴黎协定》等国际组织和国际机制。拜登政府上台后,出于围堵遏制中国及重新树立其全球核心地位需要,又重回联合国教科文组织、世界卫生组织、联合国人权理事会、《联合国气候变化框架公约巴黎协定》等国际组织和国际机制。

三是军事组织成为美国国际组织战略的重要支撑。为了遏制苏联，加强对欧洲的控制，美国联合西欧主要国家成立了北约组织。从成立到现在，美国一直牢牢掌握着对北约的主导权，并通过北约控制欧洲防务。美国希望通过建立北约这一地区安全组织为西欧提供安全保护伞。冷战期间，北约与华约成为美苏两大阵营对峙的工具，美国充分利用北约遏制了苏联及华约在世界扩张的势头。冷战后，美国实力一家独大，北约突破了必须经由联合国安理会授权才能动用武力的原则，不断介入一些地区和国际冲突中，沦为美国维护霸权和实现扩张的工具。美国绕开联合国，直接利用北约对波黑、南联盟等地开展了军事行动。特朗普政府时期呼吁美国削减对北约的经费支持，并希望美国的西欧盟友一起分担北约防务费用。拜登政府上台后，更是将北约的作用发挥到了极致。以美国为首的北约不顾俄罗斯的安全诉求，不断东扩，挤压俄罗斯安全空间。俄罗斯对乌克兰发动"特别军事行动"后，北约源源不断地向乌克兰输送武器，试图将战争持续化以彻底削弱俄罗斯。

四是重视通过国际组织维护在全球体系中的核心地位。为了协调国际经济事务，美国联合英、法、德、日、意等国家于1991年成立了七国集团（G7），定期举办G7峰会。1997年俄罗斯加入，G7峰会发展为G8峰会。2009年二十国集团（G20）取代八国集团，G8发展为G20。G20每年定期举办首脑峰会及财政部长会议、央行行长等会议，讨论世界经济发展，协调各国立场和行动。二十国集团是一个大国协调的论坛，不是一个常设的国际组织，但因参与的都是世界大国，讨论的也都是国际经济发展问题，其作用和地位较为重要。美国十分重视七国集团的作用，在七国集团内部起主导和引领性作用。随着俄罗斯加入及G20取代G8，美国在G20内主导能力相对下降，但美国仍然是G20的核心国家。亚太地区一直是美国的战略重点。美国在亚太地区的战略核心是双边同盟与多边外交并举。美国与日本、韩国、澳大利亚等双边同盟是美国亚太战略的基石。此外,美国还通过美英澳三边安全伙伴关系(AUKUS)、日美澳印"四方安全对话"(QUAD)机制,以及美英澳加新组成的"五眼联盟"等机制,组建了围堵和遏制中国的包围圈。美国还不断拉拢、挑唆东盟国家加入遏制中国阵营。可以说,以双边同盟为核心,以地区性国际组织和联盟机制为依托,构成了美国亚太战略的基本框架。美国还重视与美洲国家组织、欧盟等地区国际组织关系,利用各类国际组织维护美国利益,确保美国在全球范围内的核心地位。

4.战略评估

二战后,美国从自身利益出发,主持创建了一系列国际组织,构建了以美国为核心的国际制度体系。这一国际制度体系对美国确立和维系霸权地位起到了关键作用。门洪华教授认为,美国的经济、技术和军事实力是美国霸权建立的物质基础,国际制度则是美国霸权得以维系的侧翼。国际制度安排是美国霸权体系的核心。[①]美国在经济、安全、军事和文化等领域创建新的国际组织,按照自身需要制定国际规则和规范,向其他国家提供公共产品。国际组织也使美国降低了维持霸权地位的成本,成为美国遏制苏联的重要手段和依托。美国还通过国际组织影响其他国家发展,将越来越多的国家纳入全球化体系中。当国际体系中的成员反对美国霸权时,美国就利用其霸权地位和实力优势,通过国际组织进行报复和打击。在科索沃战争中,美国则利用北约对贝尔格莱德实施军事打击。

当国际组织不再满足美国的利益需求时,美国就会撇开国际组织采取单边主义行动:先后退出一系列国际组织就是这一立场的真实写照。美国1984年和2017年两度退出联合国教科文组织,1985年退出国际刑事法院,1995年退出联合国工业发展组织,2001年拒绝签署《京都议定书》,2001年退出美苏《反弹道导弹条约》等。特朗普政府退出了世界卫生组织、联合国人权理事会、万国邮政联盟、《跨太平洋伙伴关系协定》、《巴黎协定》、《中导条约》等国际组织和国际机制,美国还对世界贸易组织

---

① 门洪华.霸权之翼:美国国际制度战略[M].北京:北京大学出版社,2005:305.

大加批评,阻挠WTO任命上诉机构法官,使WTO上诉机构陷入瘫痪状态。特朗普政府为了甩锅自身控制疫情不力,指责世界卫生组织未能尽职,宣布暂停缴纳世界卫生组织的会费。

美国还不时将国际组织会费作为筹码,与国际组织进行谈判,向国际组织施压。如美国长期拖欠联合国会费,以此作为敦促联合国改革的筹码。美国因为联合国教科文组织接纳巴勒斯坦为会员而拒绝支付联合国教科文组织会费。从外交理念上讲,理想主义和多边主义使美国创建和拥护国际组织,现实主义和单边主义使美国拒绝接受国际组织的约束甚至反对国际组织。

对中国而言,国家实力是中国国际组织战略的基础。美国霸权以美洲为后院和基础,中国的发展同样应该以亚洲,特别是东亚地区的秩序建构为基础,因此中国的国际组织战略应该优先关注东亚和周边地区。中国不能像美国一样随意抛弃和退出国际组织,应该积极参与国际组织,充分利用国际组织,促进国际组织改革其不合理不公平的地方,稳步而审慎地制定中国国际组织战略。

(二)俄罗斯(苏联)国际组织战略

1.战略形势判断

战后很长一段时期内,美苏两个大国主导了国际关系的进程和走向。苏联在二战中付出了巨大牺牲,也提升了自身国际地位和影响力。战后与苏联建交的国家数量达到了52个。苏联通过社会主义政治经济体制,迅速恢复了国民经济和国家实力。苏联在军事上也具有强大的实力,在1949年成功研制并试验了第一颗原子弹,这极大地增强了苏联的军事实力和与美国抗衡的资本,使得苏联成为战后唯一可以与美国抗衡的大国。此后,苏联与美国开启了长达数十年的两极争霸。美苏争霸第一阶段是20世纪50年代中期到60年代初,双方围绕德国问题、古巴导弹危机及第三次中东战争等问题展开了激烈的斗争和争夺。美苏争霸第二个阶段是60年代中期到70年代末,苏联转守为攻。苏联在这一时期与美国经济差距减小,常规军事规模已经超过了美国。双方在欧洲处于僵持状态。苏联则因实力增长,对中国进行军事威胁,并悍然入侵阿富汗。美苏争霸的第三个阶段是80年代,美国对苏强硬,依靠先进的科学技术和强大的经济实力来遏制苏联,苏联则受制于经济困难而不得不进行战略收缩,特别是戈尔巴乔夫上台后在外交上推行"新思维",从与美国争霸中全面收缩。二战以后很长一段时期,苏联对国际组织是对抗和排斥的。苏联曾经把联合国作为与美国对抗和宣扬社会主义意识形态的工具,对联合国及其他由美国主导的国际组织参与积极性不高,认为这些国际组织是为美国和资本主义国家利益服务。

苏联解体后,俄罗斯继承了苏联的国际法地位。俄罗斯是世界上国土面积最大的国家,军事实力不容小觑。苏联解体初期俄罗斯对西方一直抱有某种"幻想",外交政策几乎倒向西方,认为美国和西方国家是其盟友,希望从美国和西方国家获得经济援助以摆脱经济上的困境。叶利钦总统频繁访问各西方大国,在核武器、洲际导弹和中东等问题上向西方让步。但他很快认识到,俄罗斯对西方的让步并没有为俄罗斯换来所期望的援助数额,甚至远远低于西方的承诺。西方也从没有将俄罗斯真正视为平等的盟友。

之后叶利钦及时调整了外交战略,将"一边倒"外交政策调整为"全方位"外交战略,具体主要表现在:强调俄罗斯外交的独立性和恢复大国地位的目标,重视亚太地区特别是发展与中国友好关系以平衡美国,确立俄罗斯在独联体内的领导地位。在叶利钦总统任内,俄罗斯试图在国际事务中扮演重要角色,但是受困于经济持续不景气,俄罗斯在外交战略上显示出力不从心。普京上台以后,俄罗斯外交思想更加明确。普京总统执政风格较为强硬,通过车臣战争和国内反腐败系列举措,迅速赢得国内民众支持。在外交上,普京提出重振俄罗斯大国地位的对外战略目标。俄罗斯重视发展与美国的关系,但不唯美国马首是瞻;普京继承了叶利钦对华外交政策,与中国建立全面战略协作伙伴关系;在国际关系舞台上,俄罗斯支持多边主义,主张世界多极化。普京力图发展俄罗斯全方位的外交关系,既重视欧洲,也主张俄罗斯是一个亚太国家,积极参与亚太事务。俄罗斯推行均衡的全面外交战略,以现实主义为原则,淡化苏联时期过于浓厚的意识形态色彩。

2.战略目标

苏联时期的国际组织战略目标以革命性和对抗性为主。在冷战时期两极争霸格局下,苏联国际组织战略的首要目标是确保苏联的安全。因此,为对抗美国和西欧联合成立的北约组织,苏联加快建立以自身为核心的社会主义国家同盟体系,于1955年成立了华约组织;对西方主导的经济类国际组织,苏联保持警惕和排斥的心态,不参与也不与其合作;对一些人类福祉类的国际组织,苏联根据自身利益有选择性地参与。冷战结束以后,俄罗斯调整了苏联时期对待国际组织的态度,更多采取了融入型国际组织的战略目标。俄罗斯重视联合国的作用和多边外交,发展与重要国际组织的关系,主动加入了重要的国际经济组织,意欲重新树立俄罗斯大国形象,为经济发展创造好的外部环境。

3.战略手段

(1)苏联国际组织战略手段

苏联国际组织战略手段体现在以下几点:

一是成立华沙条约组织,巩固自身安全。1955年6月4日,华沙条约组织正式成立。华沙条约组织是为应对北约和西欧威胁而成立。华沙条约组织在成立之初对维护苏联和东欧国家的安全及欧洲的和平发挥过作用。但是随着时间的推移和苏联霸权扩张外交政策的推行,华沙条约组织沦为苏联控制东欧国家与美国争夺世界霸权的工具。

二是把联合国作为宣传阵地,拉拢第三世界国家。苏联对联合国一直秉持工具主义态度,20世纪50年代,苏联曾因为中国席位问题抵制联合国。后来广大第三世界国家纷纷加入联合国,苏联觉得这是团结和利用第三世界国家反对美国的机会,不断在联合国内培植亲苏势力。由于苏联对第三世界国家的帮助往往带有苛刻的附加条件,加上苏联入侵阿富汗、支持越南入侵柬埔寨等行为,苏联在联合国的形象和影响力大为受损。

三是建立经互会,划分势力范围。为了与西方国家在经济上抗衡,巩固自身在东欧的势力范围。1949年苏联与部分东欧国家组建了经济互助委员会。经互会在成立初期对苏联和东欧国家经济恢复发挥过一定作用。但是后期经互会逐步沦为苏联干涉东欧国家经济的工具。苏联利用自己在经互会的主导地位,在苏联与东欧国家经济交往中占尽优势,使得东欧国家逐渐与苏联离心,经互会最终也宣布解散。

四是排斥美国主导的国际经济组织。美苏争霸时期,苏联对美国主导的国际经济组织如国际货币基金组织、世界银行、关税与贸易总协定都持排斥态度。苏联认为"布雷顿森林体系"是资本主义的象征,美元不能成为主要储备货币,国际货币基金组织内部结构和决策方式不能令人接受。[①]但在戈尔巴乔夫时期,苏联对国际经济组织的态度有所调整,因自身实力受影响表现出一定的灵活性,如开始寻求参与关税与贸易总协定和亚洲开发银行。

(2)俄罗斯国际组织战略手段

一是重视发挥联合国的作用。俄罗斯继承了苏联在联合国安理会中的常任理事国席位。对俄罗斯来说,在其经济不景气、国力大为下降的阶段,联合国安理会常任理事国的席位十分重要。利用联合国平台,俄罗斯能够实现与美国、英国、法国等西方大国在国际事务话语权上的平起平坐,特别是作为安理会常任理事国所享有的否决权,使俄罗斯能在国际和地区热点问题中发挥重要影响力。普京就任总统后,在2000年6月发表的《俄罗斯联邦外交政策构想》中就阐述了俄罗斯对联合国的政策立场。普京认为:"在21世纪,联合国仍然是国际关系的主要中心。要加强联合国在世界上的凝聚作用。俄罗斯联邦坚决抵制企图忽视联合国及其安理会在国际事务中作用的做法。"[②]俄罗斯将联合国视为实现其国际战略的

---

① [美]安德斯·阿斯兰.苏联对各国际经济组织的新政策[J].刘经浩译.中共中央党校学报,1989(3):17—20.

② 汪宁.俄罗斯国际组织外交的几个特点[J].国际观察,2010(2):36—43.

重要平台之一。俄罗斯也加入了联合国系统内几乎所有重要国际组织。普京与联合国历任秘书长安南、潘基文、古特雷斯保持了很好的工作关系。俄罗斯积极参与联合国改革进程和维和行动。在联合国安理会有关叙利亚、伊拉克等热点问题的决议上,俄罗斯也能发出与美国等西方国家不同的声音。

乌克兰危机升级后,俄罗斯面对紧张局势密集运用否决权,在联合国安理会、联合国大会、联合国人权理事会的投票中,俄罗斯都利用规则和程序投了反对票。除被动应对外,俄罗斯也按照规则和程序主动采取竞争性措施,如推动联合国等国际组织召开会议,进行公开辩论、证据展示和案件申诉,并提出相关决议草案。通过以上方式,俄罗斯利用联合国平台积极地与美西方国家进行外交斗争,在阐述本国立场的同时,努力维护本国利益。①

二是积极主动地融入世界贸易组织。世界贸易组织在贸易领域作用至关重要,负责协调和维护国际贸易秩序,促进世界经济增长。俄罗斯1993年向当时世界贸易组织的前身关税与贸易总协定递交了入关申请,1995年正式启动了入世谈判。此后长达十八年间,俄罗斯与世界贸易组织及其成员国进行了艰苦的谈判和磋商,最终在2011年12月正式被世界贸易组织接纳为会员。之所以谈判这么漫长,是因为要求与俄罗斯开展双边谈判的国家很多。政治因素如格鲁吉亚问题也对入世谈判产生负面影响。俄罗斯还就俄白哈关税同盟与世界贸易组织进行了磋商。这些因素叠加在一起导致了俄罗斯入世谈判持续了十八年。俄罗斯为加入世界贸易组织付出的艰苦努力,表明俄罗斯主动融入国际组织的意愿和决心,对俄罗斯和世界贸易组织也是双赢的结果。

三是确保俄罗斯在部分国际组织的主导地位。独立国家联合体,简称"独联体",是苏联解体时由多个苏联加盟共和国组成的地区性组织。

---

① 顾炜.乌克兰危机与俄罗斯国际制度竞争策略的调整[J].俄罗斯东欧中亚研究,2023(1):33—55.

独联体总部设在白俄罗斯首都明斯克,工作语言为俄语(现有九个成员)。俄罗斯一直将独联体视为自己的后花园,独联体可以算得上是俄罗斯发挥领导作用和主导作用的国际组织。尽管独联体效率低下,已经成为一个松散的联盟,但俄罗斯仍然防范别国介入独联体事务。普京2022年12月26日在独联体国家首脑非正式峰会上表示,维护欧亚地区的安全与稳定是独联体合作的关键方向,深化独联体框架下的合作符合各国根本利益,这有助于更有效地解决独联体国家的社会经济发展任务。

在独联体的基础上,俄罗斯还积极打造集体安全条约组织和欧亚经济联盟。集体安全条约组织成立于2002年5月,由1992年签署的独联体集体安全条约演变而来,目前有俄罗斯、白俄罗斯、哈萨克斯坦、塔吉克斯坦、亚美尼亚和吉尔吉斯斯坦六个成员国。共同维护地区和平、安全与稳定,是集体安全条约组织的核心工作。集体安全条约组织西边连接北约,东边连接上海合作组织,俄罗斯希望通过集体安全条约组织建立自身的安全防御阵线。2022年5月16日,集体安全条约组织领导人峰会在莫斯科举行,这次峰会恰逢《集体安全条约》签署三十周年及该组织成立二十周年,俄罗斯总统普京、亚美尼亚总理帕希尼扬、白俄罗斯总统卢卡申科、哈萨克斯坦总统托卡耶夫、吉尔吉斯斯坦总统扎帕罗夫、塔吉克斯坦总统拉赫蒙及集安组织秘书长扎斯出席了峰会。会后通过的集安组织首脑声明,关注的重点包括确保成员国安全、缓和地区紧张局势、反对单边制裁等议程。这将成为未来一段时间集安组织发展的优先方向。

欧亚经济联盟成立于2015年,其成员国包括俄罗斯、哈萨克斯坦、白俄罗斯、吉尔吉斯斯坦和亚美尼亚,这五个国家均是中国共建"一带一路"的重要合作伙伴国家。联盟的目标是在2025年前实现联盟内部商品、服务、资本和劳动力自由流动,并推行协调一致的经济政策。欧亚经济联盟则是俄罗斯从经济领域打造的一体化组织。俄罗斯希望借此加强在独联体国家和中亚地区的核心地位和影响力,增强俄罗斯与西方国家在地缘政治领域博弈的筹码。俄罗斯总统普京认为,欧亚经济联盟重视发展国际合作,该联盟可以成为建设大欧亚伙伴关系关键中心之一,拥有成为正在形成的多极化世界中一极的可能性。

四是积极参与其他国际组织和机制。世界上重要的国际组织和国际机制都能看到俄罗斯活跃的身影。俄罗斯积极参与亚太经合组织、二十国集团、上海合作组织、金砖国家组织等国际组织,并通过参与这些国际组织领导人峰会及系列活动,保持俄罗斯在国际关系舞台上的影响力。俄罗斯也注重发展与世界银行和国际货币基金组织这两个国际经济和金融领域重要专业组织的合作关系。俄罗斯特别关注与北约的关系。1997年5月,俄罗斯与北约建立北约—俄罗斯常设联合理事会。这一举措旨在建立常设性磋商机制,加强俄罗斯与北约的战略互信。北约东扩一直被俄罗斯视为对其自身安全的威胁,因此俄罗斯历来反对北约东扩。1999年北约接纳了波兰、匈牙利、捷克为新成员国。2004年保加利亚、拉脱维亚、立陶宛、罗马尼亚、斯洛伐克、斯洛文尼亚和爱沙尼亚加入北约,2009年阿尔巴尼亚和克罗地亚加入北约,2017年黑山及2020年北马其顿加入北约。至此,苏联的东欧盟国都加入了北约。北约两次大规模东扩都无视俄罗斯反对,又准备吸纳乌克兰,碰触到了俄罗斯的红线,俄乌战争爆发。

4.战略评估

在冷战大背景下,苏联的国际组织战略带有强烈的意识形态色彩。一方面,苏联成立华沙条约组织和经济互助委员会等国际组织,对苏联的国家安全、经济发展起到过一定的促进作用,帮助苏联在冷战时期抗衡美国。但苏联对这些国际组织更多是利用和控制,将国际组织主导权牢牢掌握在自己手里,打压和排挤对苏联不满及呼吁对国际组织进行改革的国家,最后也导致苏联在国际组织中日渐不得人心。苏联排斥美国主导的国际经济组织,使苏联经济发展长期游离在国际经济体系之外,制约了苏联经济的发展和综合国力提升。

从俄罗斯近年来参与国际组织活动来看,普京几乎不会缺席任何一次重要的国际组织峰会,足可见俄罗斯十分重视参与国际组织,利用国际多边舞台发声,维护自身国家利益。俄罗斯重视联合国,充分利用联合国平台表达反对美国霸权、主张世界多极化的立场,提升了俄罗斯的国际地位。俄罗斯也通过联合国获得了实实在在的政治利益。俄罗斯对安全问题尤其关注,因而十分重视在安全领域与国际组织合作。如俄罗斯与独联体、集安组织及上海合作组织的合作,都有其国土安全层面的考量。

受乌克兰危机影响,国际制度竞争形势发生变化,俄罗斯也相应调整了参与策略。俄罗斯优先开展国际制度的制度内竞争,甚至主动退出部分国际制度,如欧洲委员会、联合国人权理事会、世界旅游组织、波罗的海国家理事会。在战事长期化后,俄罗斯转而重视本国领导的国际制度,如独联体、集安组织等,并为后续的制度竞合和推动国际体系变革奠定基础。

俄罗斯参与国际组织战略对中国具有一定的参考价值。首先是重视与联合国的合作,充分发挥中国在联合国安理会担任常任理事国的优势,发展与世界各国的友好关系,通过联合国这一多边外交平台树立中国国际形象,维护中国国家利益。其次,要重视与中国周边相关的国际组织,如上海合作组织、东盟地区论坛、亚信组织、亚太经合组织等。周边是与中国关系最紧密的地区,良好的周边环境特别是安全环境是中国经济持续发展的有力保障。此外,俄罗斯创建集体安全条约组织和欧亚经济联盟对中国也有借鉴意义,必要时中国也可根据自身需要创建新的国际组织。

第三节　国际组织战略的理论基础

国际组织有关理论是国际组织战略研究的基础。渠梁、韩德主编的《国际组织与集团研究》一书是国内较早研究国际组织的著作。《国际组织概论》是中国国际政治学界第一本以国际组织为专题的教科书。张丽华主编的《国际组织概论》一书用了一章专门梳理国际组织理论,包括理想主义理论、现实主义理论、功能主义一体化理论、国际机制理论,基本上涵盖了国际组织研究的主要理论流派。①饶戈平关注国际组织与国际法之间的关系,认为政府间国际组织的出现改变了国际社会的构成。国际组织成为推动国际法发展的动力。国际组织有时候是直接地参与国际法的实施,如通过执行国际条约等;有时候则是间接地参与国际法,表现为通过多边国际制度合作,督促国际社会行为体遵守国际法。国际组织的发展史与国际法一脉相承,互相促进。②饶戈平还从国际法角度探讨了国际组织与全球化的关系。③孙仲梳理了西方学者和中国学者有关国际组织理论的研究流派、研究历史和研究特色,以及国际组织研究的成就和问题。④张小波详细梳理了国际组织研究的发展脉络,认为现实主义、自由主义和建构主义构成了当今国际组织研究的主要理论范式。在全球大变革时期,国际组织研究要借助三种主要理论框架,辅之以马克思主义、女性主义和其他批判理论,以多种视角对国家间冲突与合作进行解读。⑤刘莲莲论述了国际政治理论与国际组织理论的区别和关联,认为国际政治理论主要关注国家间合作与冲突及国家间关系,国家是这一理论的主要行为体。国际组织研究是以国际政治理论为思想源泉和理论基础,但应该更多以国际组织自身为研究对象,挖掘国际组织自身特性及在国际秩序中的作用。她提出国际组织理论研究应该摆脱对国际政治理论的依赖,应该关注如何描述国际组织存在和运行的逻辑,如何影响和改进国际组织等。国际组织理论建构应从两方面着手:一是界定国际组织理论关注的问题领域,二是领域的核心变量及变量关系。在国际组织理论中,国际秩序由边缘变量跃升为核心变量,既包括创设型秩序,也包括自发型秩序。⑥

国家的国际组织战略虽然是国家外交政策的一部分,但是国家采取

---

① 张丽华.国际组织概论[M].北京:科学出版社,2015:32.
② 饶戈平.国际组织与国际法实施机制的发展[M].北京:北京大学出版社,2013:13.
③ 饶戈平.论全球化进程中的国际组织[J].中国法学,2001(6):126—136.
④ 孙仲.国际组织理论研究评析[J].浙江大学学报(人文社会科学版),2001(2):51—67.
⑤ 张小波.国际组织研究的发展脉络和理论流派争鸣[J].社会科学,2016(3):30—40.
⑥ 刘莲莲.国际组织理论:反思与前瞻[J].厦门大学学报(哲学社会科学版),2017(5):14—26.

什么样的战略,首先需要考察对国际组织的不同理论分析。国际组织理论揭示了国际组织的基本结构、运作和作用,从而很大程度上塑造了国家与国际组织的关系。20世纪早期,国际组织理论与国际关系理论一样,主要以理想主义为标签。二战后,以爱德华·卡尔、汉斯·摩根索为代表的现实主义占据了国际关系和国际组织理论的主导地位。20世纪50年代到70年代,国际组织理论比较有代表性的是以米特兰尼为代表的功能主义理论,主要应用在欧洲一体化进程研究。70年代以后,新自由制度主义和国际机制理论兴起,主要以罗伯特·基欧汉与约瑟夫·奈为代表。伴随着新自由主义和新现实主义之间的论战,国际组织理论研究也得到了丰富和发展。90年代以后,随着国际组织作用的提升,国际组织理论研究也在推进,表现在建构主义兴起丰富了对国际组织的理论研究。

本书理论部分以国际关系新现实主义、新自由主义及建构主义关于国际组织和国际制度的比较研究为基础。国际关系理论三大主义对国际制度均有自身的理论解释和观点。新现实主义认为国际制度是依附于权力政治,对国际制度独立作用持怀疑态度。新现实主义对国际制度的解释最重要的理论是金德尔伯格的霸权稳定理论及罗伯特·吉尔平的霸权转移理论。新自由主义认为国际制度是独立变量,在国际关系中扮演重要角色,即使霸权消失了,国际制度依然可以存续并将发挥重要作用,新自由主义中对国际制度解释最重要的是以基欧汉为代表的新自由制度主义,其核心观点是制度稳定论。建构主义重视观念文化的作用,强调国际制度是以观念的认同为前提,只有正确地建构身份和认同,国际制度才能发挥有效作用,其中以温特的社会建构主义观念稳定论为代表。笔者认为,有关国际制度的理论解释应该是融合权力、制度和文化因素,结合结构、进程和观念的多重角度,以新自由制度主义为理论根基和主线,融合结构现实主义和社会建构主义有关理论,综合解释中国的国际组织战略问题。对现实主义、自由主义和建构主义的理论回顾,结合中国自身情况,可以为分析中国的国际组织战略打下理论基础。

一、现实主义理论视域下的国际组织

现实主义国际关系以对理想主义的批判为起点。现实主义认为国际社会是无政府状态，注重"权力和利益"。现实主义主要代表人物是爱德华·卡尔和汉斯·摩根索。爱德华·卡尔在其经典著作《20年危机：1919—1939》中，通过对国际联盟的分析，认为权力是一切政治的基础。他认为意识形态不过是国家政策的外衣，理想主义所提倡的国际主义不过是为了在国家政治中获取权力的方法，在国际社会中不存在一个权力机构可以评判道德行为。①

古典现实主义的代表人物汉斯·摩根索在其代表著作《国家间政治》中详细论述了其对集体安全、神圣同盟、欧洲协调、国际联盟、联合国以及联合国专门机构的看法。汉斯·摩根索认为，只要各主权国家将自身的利益和价值置于国际组织的道义和目标之上，这样的国际组织就根本无力来维持世界和平与秩序。在对待最重要的国际组织联合国的态度上，他认为联合国是美、苏、中联合统治世界的工具。如果美、苏、中之间团结，就能够有效维持秩序，而如果三大国发生矛盾，联合国就不能发挥作用，不具有维护世界和平的功能。在对世界国家和世界政府的态度上，他认为在当前的人类道德水准上，只要个人所在国家利益和世界政府的要求相抵触，很少有人愿意为世界政府而行动，只要人们按照国家而不是超国家的要求和忠诚来判断与行动，世界共同体就仅仅是理想而已。②

新现实主义代表人物肯尼思·华尔兹认为，贫困、人口等全球性问题的解决不能由某一个国家来完成，也不能指望成立一个国际组织就独立发挥作用，这些问题的解决需要发挥集体的力量。相互依赖的增强增加了对国际事务进行管理的需要，但是并没有产生具有相应管理能力的管

---

① 倪世雄.当代西方国际关系理论[M].上海:复旦大学出版社,2009:53—55.
② [美]汉斯·摩根索,肯尼思·汤普森.国家间政治:权力斗争与和平[M].徐昕,郝望,李保平译.北京:北京大学出版社,2012:401—445.

理者,美苏两国最有资格和能力对全球事务进行管理。[①] 华尔兹的理论更加强调大国的作用,认为两极结构最为稳定,美苏两国特别是美国应该担负起管理世界的重任。华尔兹秉持了现实主义理论对国家和权力的一贯重视,强调民族国家才是国际政治的主体。

作为现实主义国际关系理论的重要组成部分,金德尔伯格首先提出了霸权稳定理论。霸权稳定论认为霸权国以自身实力和霸权为基础,利用国际制度来维持有利于自身的霸权体系和获取利益;霸权国衰败会直接引起霸权体系相关联的国际制度发生变化。[②] 霸权稳定论是新现实主义关于国际组织和国际制度最受关注的理论解释。霸权稳定论将霸权国的存在作为国际制度发挥作用的前提条件。特别是二战后"布雷顿森林体系"及关税与贸易总协定等国际组织的创立,是国际政治中权力政治的体现。美国的霸权国地位使其有能力去引导和创建国际组织,维护美国的国家利益,同时为世界提供国际治理的平台。霸权稳定论承认国际组织的作用,认为霸权国在国际组织的创建上扮演了重要角色,但是国际组织完全受权力和霸权的制约和支配。

总的来说,现实主义国际组织理论的基本观点为:国家是国际政治中最重要的行为体,国际组织是霸权国和大国政治的产物,国际组织作用的发挥取决于大国霸权和国际体系结构。国家利益高于国际组织的利益。国家对是否加入国际组织和扮演何种角色有最终的决定权。当国家利益和国际组织利益发生冲突时,国际组织往往被抛弃或成为牺牲品。当大国或霸权国家需要时,国际组织又容易沦为大国和霸权国家维护自身利益和优势地位的工具。这与现实主义主张人性恶,政治根源于人性,人性是自私的等基本论调相吻合。

按照现实主义的理论,大国参与国际组织的战略至少要注意到以下几个方面:参与国际组织的目的是维护国家利益,如果某个国际组织不利于本国的国家利益,就可以试图改变这一组织,如果不能改变,就可以退

---

① [美]肯尼思·华尔兹.国际政治理论[M].北京:上海人民出版社,2008:227.
② 门洪华.霸权之翼——美国国际制度战略[M].北京:北京大学出版社,2005:21.

出;国际组织的运作主要取决于国家间的权力对比,对霸权国和大国更加有利;霸权国的衰落会导致国家间围绕国际组织展开新的斗争。

二、自由主义理论视域下的国际组织

自由主义包含许多分支流派。早期的理想主义是自由主义的分支之一。理想主义主要来自一战后部分国际关系学者和政治家对世界和平的展望。美国前总统伍德罗·威尔逊是理想主义的代表人物之一。自由主义国际组织理论的精华就是著名的"十四点计划"。"十四点计划"强调国际关系的道德准备和民主原则,反对秘密外交,主张公海航行自由、裁军、反对贸易壁垒等,最核心的主张是建立国际联盟。"十四点计划"也是美国为一战后世界和平设计的理想蓝图。威尔逊成功发起创建了国际联盟,实现了建立集体安全组织的愿望。但是,美国国会没有批准加入国联,由于国际联盟自身结构缺陷和大国操控等因素,国联最后也没有逃脱失败的命运。尽管国联失败了,但理想主义的思想却没有消亡,它为国际组织后来的发展奠定了基础。

国际关系的功能主义可以追溯至20世纪五六十年代,该理论的代表人物是英国学者戴维·米特兰尼。戴维·米特兰尼将功能主义运用在国家间合作。1943年,戴维·米特兰尼发表了代表作《有效的和平制度》。他认为,随着科学技术和经济发展,各国面临着新的问题,需要加强彼此合作才能应对问题和困难。他主张通过国际经济技术合作,建立跨国界的组织如西欧共同市场。通过合作减少国家间不信任,同时淡化人们对国家主权的绝对拥护,加强人们对国际组织的认可和忠诚。[①] 在对待国际组织问题上,米特兰尼认为国际组织数量的增加和参与事务的扩展逐渐取代了国家的角色,国际组织所表现出的民主代议功能比国家权力部门更为先进。为了防止大国对功能性组织的控制,米特兰尼拒绝"少数服从

---

① 张丽华.国际组织概论[M].北京:科学出版社,2015:20.

多数"原则,接受"一致同意原则"。①

厄恩特斯·哈斯提出了新功能主义一体化理论。新功能主义一体化理论介于联邦主义和功能主义之间。哈斯认为米特兰尼过于强调技术力量和政府的作用,忽略了政治职能,特别是没有充分考虑"权力"因素。"外溢"是新功能主义的核心概念,它包括功能性溢出和政治性溢出。功能性溢出是指一体化不局限在一个功能和技术领域,会传递到其他的技术领域。政治性溢出是指政治家和政府精英从关注经济一体化转移到关注超国家和国际组织层面。②通过两种溢出方式,一体化得以逐步深化和发展。而超国家性是新功能主义一体化的另一核心概念,超国家性意味着主权的部分让渡,对国家的忠诚也要部分转移到对超国家机构的忠诚。一体化进程伴随着超国家性机构的出现。欧洲一体化进程就产生了超国家的国际机构——欧洲联盟。这种超国家性国际机构能代表成员国共同利益,而且对一体化进程的发展有助推作用。

将自由主义国际组织理论推向高度成熟的代表学者是基欧汉。罗伯特·基欧汉是国际关系新自由制度主义理论的代表性人物。新自由制度主义同意现实主义关于国家是国际关系主要行为体,国际社会是无政府状态等基本判断。与现实主义不同的是,新自由制度主义认为国际制度是国际关系的独立变量,而不仅仅是干预变量,国际制度一旦建立就会独立持续地发挥作用,即使霸权不存在了,国际制度仍将继续发挥作用。国际制度一旦形成,就不会轻易地消失,并能在一定程度上影响主权国家的国家行为。此外,新自由制度主义重视利益的因素,认为国家是追求绝对收益的理性主义者。在国际制度的作用下,国际合作是可以实现的。由于建立新的国际机制比较困难,理性的行为是调整现有的机制,而不是推倒重来。因为机制是在不断变化发展之中,而且机制的既得利益集团会竭尽全力维护机制的存续。基欧汉还认为国际机制能有效降低合法交易

① 郭海峰,崔文奎.功能主义与永久和平:戴维·米特兰尼世界共同体思想[J].国际论坛,2017(2):53—57.

② 张丽华.国际组织概论[M].北京:科学出版社,2015:22.

的成本,增加非法交易的代价,减少行为的不确定性,最重要的是推动政府之间进行谈判以达成协议。而机制的维持不仅依赖报复的分散化实施,而且依赖政府对维持良好声誉的渴望。[①]在基欧汉研究的基础上,近年来西方国际制度理论出现新的研究转向:一是国际制度的组织转向,即从国际制度研究转向国际组织研究;二是国际制度的治理转向,即从国际制度研究转向制度治理或全球治理研究。这两个学术转向是国际制度理论形成二十年来最重要的变化。[②]

总体上看,自由主义认为国际组织是国际关系的重要行为体,自由主义并不否认霸权国的作用,认为国际组织是世界政治经济发展到一定程度的产物。自由主义学者大多重视国际组织的合作功能,认为国际组织在促进世界融合、解决共同面对的问题,以及维护世界和平、促进人类共同发展等方面都扮演了重要角色。对于研究国家的国际组织战略而言,自由主义国际组织理论最重要的启示在于:尽管霸权国和大国在国际组织的运作中占优势,但是国际组织的制度设计也非常重要,需要努力获取在国际组织内的制度性权力,以及让国际组织的制度、规则更多有利于本国的利益。

三、建构主义理论视域下的国际组织

建构主义是20世纪80年代兴起并逐渐发展成为国际关系的主流理论之一。建构主义的代表性人物有亚历山大·温特[代表性论文:《国际关系理论中的施动者——结构问题》(1987)、《无政府状态是国家造就的》(1992),代表性著作《国际政治的社会理论》]。此外,奥努弗(代表作《我们造就的世界》)、芬尼莫尔(代表作《国际社会中的国家利益》)、卡赞斯坦(代表作《国家安全的文化》)及江忆恩(《社会国家:中国与国际体系1980—2000》《文化现实主义:中国历史中的战略文化与大战略》)等都是

---

① [美]基欧汉.霸权之后:世界政治经济中的合作与纷争[M].上海:上海人民出版社,2016:107.
② 王明国.国际制度理论研究新转向与国际法学的贡献[J].国际政治研究,2013(3):131—151.

建构主义的代表学者。

　　亚历山大·温特的建构主义理论也称为温和建构主义。整体主义方法论和理念主义世界观构成了社会建构主义理论的基础。建构主义核心观点是社会共有的观念建构了国际体系结构并使得这种结构具有内在动力。建构主义赋予观念极为重要的作用,认为观念是一种独立变量。建构主义还认为国家相互承认主权原则是国际政治中的双刃剑。这一原则既能够保证主权国家相信他们的个体性会受到国际体系中其他成员的尊重,也会怂恿国家以利己和自私的方式思维,这又使友谊很难产生。① 建构主义特别强调规范和身份、文化及认同的作用,探讨无政府状态下的国家之间集体身份的建立问题。温特的建构主义强调国家之间的互动和规范的作用,主要是把国际组织作为一种国际规范的载体来看待,认为国际组织的本质是国家间的共有自私,因此强调的是国际组织的价值和理念。

　　建构主义对国际组织的论述,比较有代表性的著作是迈克尔·巴尼特与芬尼莫尔在《国际组织的政治、权力和病态》(2005)和《为世界定规则:全球政治中的国际组织》(2005)中,系统地对国际组织的权威和自主性进行了论述。他们认为国际组织作为官僚机构追求被广泛视为合意的与合法的社会目标,这种权威给予国际组织一个自主的范围,以及它们得以直接或间接地塑造其他行为体的资源。②

　　建构主义学者对国际组织的态度主要体现在认为国际组织可以建构国家的身份和利益认同,国际组织的规范和价值观能够影响国家的身份认同。国际规范和国家行为体是一种双向建构关系,国内因素也对国际组织产生一定的影响。建构主义赋予了国际组织独立地位的作用,高度重视国际组织的规范性作用,并认为这种规范性源于共同的文化背景和价值观。建构主义国际组织理论对于研究国家的国际组织战略的启发

① [美]亚历山大·温特.国际政治的社会理论[M].秦亚青译.上海:上海人民出版社,2008:34.
② [加拿大]罗伯特·杰克森,[丹]乔格·索伦森.国际关系学理论与方法[M].吴勇,宋德星译.北京:中国人民大学出版社,2012:149—150.

是:需要关注国家的认同、理念与国际组织之间的关系,尤其是某种国际规范所承载的价值观。

四、国际组织有关理论与国家的国际组织战略

1.国际组织其他有关理论

除了国际关系主流理论对国际组织进行了理论阐述外,马克思主义和女性主义也分别从各自视角对国际组织进行了理论阐述。马克思主义认为国际组织代表了资产阶级的利益,是资产阶级用来剥削弱小国家的工具,帮助资产阶级核心国家控制国际体系内的边缘国家。国际组织还帮助资产阶级控制推广自身的价值观,强化资本主义主导的世界体系。女性主义则批判现实主义和自由主义国际组织有关理论对女性的偏见,国际组织内女性领导人远远少于男性,男女之间处于不平等的地位。女性主义还认为妇女在非政府国际组织中发挥了特别作用。[①]

新制度主义理论也从自身视角和对国际组织进行了阐释和研究。朱杰进认为,国际组织研究大量借鉴了经济学、社会学和比较政治学等社会科学的制度理论,形成了国际组织研究的三大新制度主义理论。一是理性选择制度主义,具体包括交易成本理论、委托—代理理论、信息经济学理论等。该理论主要用来解释国际组织的功能、类型选择及其成因。二是社会学制度主义,具体包括社会化理论、社会网络理论等。该理论擅长解释国际组织趋同的原因,以及国家在国际组织中的社会化过程。三是历史制度主义,具体包括关键节点理论、渐进制度变迁理论等,用以解释国际组织的形成与变迁。理性选择制度主义大量借鉴经济学理论,接受经济人和市场行为的理论假定,对于国际组织中的利益冲突和权力关系有所忽视;社会学制度主义借鉴社会学理论,强调国际社会的共享观念对国际组织的塑造作用,忽视了国际组织中不同行为体的观念差异,以及不同观念之间的权力争夺。

---

① 张小波.国际组织研究的发展脉络和理论流派争鸣[J].社会科学,2016(3):30—40.

2.对现有国际组织有关理论的反思

国际组织研究在二战以后主要关注的国际组织形成的条件和法律基础及国际组织内部因素。早期的国际组织研究滞后于国际关系学科整体研究,这受限于国际组织自身的发展历程。到20世纪七八十年代,国际组织研究被国际机制研究所取代。国际机制研究在这一时期逐步兴盛。因为新自由主义和新现实主义的论战,国际组织的相关理论开始形成。建构主义兴起后,国际组织研究也步入了新的阶段,开始关注国际规范,以及身份、利益、观念等因素对国际组织的影响。国际组织研究在20世纪90年代末又开始兴起,呈现从国际制度研究向国际组织研究的再次转变,这主要是因为国际组织在解决全球性问题中发挥了越来越重要的作用。因此,有学者感叹道:"研究国际组织的政治学家近年来开始重回对正式国际组织的研究,尽管这次回归具有明显的理论意图。"扎根于坚实理论基础之上的组织转向丰富了既有制度有效性、制度设计、遵约与履行等领域的研究。正式国际组织的相关文献不再是理想主义的,而是关注协议的履行和对关键制度的遵守等,这些构成了现今国际组织研究的领域。[①]国际组织研究在经历了初创阶段和成熟发展之后,也面临着解释力不足的问题,由此也引发了学界对国际组织理论的反思和再阐释。

现有的国际组织理论多是在国际关系和国际政治学理论框架下开展的。这和国际组织出现的历史阶段有关。国际组织20世纪才得到快速发展,对国际组织的研究更多是和国际形势、国际热点问题、国际政治格局紧密结合在一起,因而无法脱离国际政治、国际关系及国际法研究大的学科背景。从本质上讲,国际组织研究的还是国际舞台上发生的事务,当前对国际组织的理论研究也是基于国际社会无政府状态、国家是理性行为体、国家追求自身利益等概念基础上。基于这些核心概念和要素,现实主义、自由制度主义,以及建构主义分别从各自角度对国际组织有关理论进行了阐释。

---

① 王明国.国际制度理论研究新转向与国际法学的贡献[J].国际政治研究,2013(3):131—151.

3.国家的国际组织战略理论

谈到国家的国际组织战略理论,首先需要明确这一理论所要关注的核心问题。国际政治理论主要研究国际冲突与合作、战争与和平、国际秩序和国际格局变化等问题,国际组织理论主要关注国际组织的产生、运作和功能等问题。国家的国际组织战略理论则应以国家与国际组织关系为主要研究对象,重点关注国家为什么要参与国际组织、国家如何参与国际组织、国家如何从战略层面系统谋划与国际组织的关系等。

（1）国家与国际组织关系

国际组织与主权国家的互动关系和过程构成了国际政治发展的重要内容和动力。前面讲过,国际组织具有促进国际合作、保护中小国家利益、维护世界和平等功能,这是国际组织自身所承载的价值和功能。政府间国际组织主要由主权国家组成,主权国家是国际组织得以成立的前提,主权国家的共同利益需求导致了国际组织的成立。国际组织的权力来源于主权国家的让渡。在国家与国际组织的关系问题上,国家始终享有主导权力。理论上讲,国家可以根据需要独立地决定参与或者不参与国际组织,履行或不履行国际组织的规定。

另一方面,国际组织对国家也会产生重要影响。国际体系中具有世界影响力的大国拥有对国际组织和国际制度的主导权,国际组织的这种价值、规则和规范代表了国际社会大国共识,因此具有一定的国际影响力。这种价值和规范会通过国家与国际组织的互动向主权国家内部蔓延,影响主权国家内部的规则和秩序,有的甚至会转化为主权国家内部的法律规则,进而塑造国家行为。主权国家与国际组织总体上是共荣共生的关系,国家主导国际组织发展,影响国际组织决策。但国际组织经过长期发展后,具备较高的独立运行能力,也并不会完全听命于当初主导其成立的大国指令,而会考虑会员国的整体利益和国际组织自身需求。作为国际政治的独立主体,国际组织通过自身的改革和善治,逐步拥有更大的国际信誉和影响力及一定的独立自主性,具备影响国际政治发展的能力。对国家而言,需要通过制定科学合理的国际组织战略,促进国家与国际组织的良性互动,在拓展国家利益与国际组织自身利益中实现平衡和共赢。

关于国家与国际组织的互动关系,余博闻从委托—代理理论角度进行过阐述。相比传统自由制度主义理论对国际组织自主性和独立性的忽视,国际关系中的委托—代理理论认为,国家对国际组织的全面控制难以实现。国际组织可以运用自身的功能、独立和专业等优势拓展自身利益,保障自身相对独立性,抵御主权国家对自身施加的影响。但是,国家仍然对国际组织有主导性影响,国家可以根据利益和需要,运用手段修正国际组织行为,如调整国际组织的人员结构、建立更强的监控机制、控制国际组织的资源、威胁转移对国际组织的支持等。进而,他指出委托—代理理论的覆盖范围是有限的,忽视了国际组织内部情况。国际组织的日常和实践通常会形成自身的组织观念和文化,这种实践更多会受到国际组织内部人员的能力、理念和文化的影响,并非主权国家所能完全掌控。从实证的角度来说,在许多研究国际组织的案例中,并没有观察到国家的积极干预。国际货币基金组织为了增强自身的权威性和认可度,就曾在没有美国干预的情况下对组织自身进行了一系列政策改革。[①]因此,作为主权国家,既要看到自身对国际组织所拥有的影响力和主导性,主动谋划国家与国际组织的关系,形成国家层面的国际组织战略谋划;也要尊重国际组织自身的专业性和独立性,遵守国际组织通过合法程序确立的国际规则和规范,抵御国际组织对自身不利的影响和侵蚀,与国际组织实现良性互动和共赢发展。

(2)国家的国际组织战略

从研究对象来说,现有的国际组织有关理论针对的是国际组织的建立、运作与解体,并不是国家的国际组织战略。这些国际组织有关理论只是为分析国家参与国际组织的战略提供了一些理论基础。现有的国际组织有关理论并不能取代对于国家的国际组织战略研究。国家究竟如何参与国际组织运作,还要同时考虑国家自身情况,例如国家实力、国家体制

---

① 余博闻.治理竞争与国际组织变革[J].世界经济与政治,2018(6):78—107.

与国际秩序之间的关系等。在改革开放以前，中国是计划经济体制。在这样一种体制下，中国自然很难参与关贸总协定，因为关贸总协定强调的是市场经济和自由贸易等。正如后面所详细展开的，中国参与国际组织，首先是从联合国开始，是一个逐步参与的过程。

国家的国际组织战略理论的基本假设应该围绕国家、国际组织及国际秩序之间的互动关系展开，其基本的逻辑假设应当是：当国家实力增长，现有国际秩序和国际规则有利于国家保持实力增长，国家就会支持现有国际秩序和国际规则，维护现存国际组织和国际制度，寻求在现存秩序内发展或崛起；当国家实力增长，现有国际秩序和国际规则无法反映日益增长的国家实力和国际地位时，国家就会加强对国际组织的诉求，希望通过国际组织来调整现有国际秩序和国际规则。国家的国际组织战略本质上是国家外交政策的组成部分。虽然国际组织的自身运作很大程度上可以影响国家的国际组织战略，但国家是有自主性的。一般来说，在不熟悉多边外交的情况下，国家不太愿意参与国际组织的运作；当国家对多边外交很熟悉时，就更有可能运用国际组织来捍卫本国的国家利益。因此，国家的国际组织战略理论应该来源于国家的多边外交实践，并且能指导多边外交发展。而作为一种战略层面的理论，国际组织战略理论应该具备宏观和框架性特征，符合大战略和国际战略研究一般性理论和分析框架。

第四节　国际组织战略的分析框架

关于国际组织战略的研究框架，我们可以借助大战略研究所提出的分析框架，一般应包括战略指导思想和原则、战略形势判断、战略目标确定、战略手段实施方式及路径、战略效果评估等。

一、战略指导思想

国际组织战略的指导思想也就是指导国际组织战略制定和实施的基

本理念、思路和原则。战略指导思想如同战略谋划的灵魂,包括战略理论、分析、判断等。先有科学合理的指导思想,才能进行正确的战略实践和管理。国际组织战略可以划分为防御型、进攻型、孤立型、改良型、改革型、消极破坏型和积极参与型等。从指导思想看,国际组织战略应该以国际组织理论为基础,以国家的国际战略思想和理论、国家的外交政策和指导思想为根本指引。从指导原则上看,国际组织战略应包括国家利益至上、实事求是、发展与安全兼顾等。其中国家利益至上是所有国家制定国际组织战略的首要理念。国家制定国际组织战略要秉承实事求是的基本原则。要对本国国情、国际形势、自身在国际上的定位、国际组织未来发展趋势等有清醒的判断和认识。发展与安全兼顾是指国际组织战略既要关注国家发展问题,也要关注安全层面。发展关系到人民生活水平改善这一基本诉求,也关系到国家政权根基是否牢固。安全事关一个国家和民族能否在国际上生存和立足。国际组织战略还要协调好全球层面、地区层面与国家层面的关系,统筹兼顾、协同发展。

二、战略形势判断

战略形势判断主要是战略制定者要对自身所面临的国内外形势有清醒的认识,这包括国内所拥有的物质资源、经济实力、军事力量、文化软实力、国民素质等基本因素,也包括本国在国际上的地位、国际格局变动、大国实力对比、国际制度优势等外部因素,还包括对自身国家利益的界定、对核心利益的保护、底线思维的确立、战略风险的评估等。战略形势判断合理正确,有助于战略制定者制定出科学的、与自身实力相符合的大战略,进而赢得有利于自身发展的空间和时间。反之,对战略形势判断失误,轻则造成国家实力损失、发展进程滞缓,重则造成国家衰败甚至消亡。战略形势判断的主要依据是一国与其他国家的实力对比和一国与现存国际秩序的基本情况。国家的相对实力决定了国家能够获取多大范围的国家利益,决定了能够动用多少资源来实现利益目标。一国与现存国际秩序的关系也塑造了国家在国际体系中的利益目标,以及通过什么手段来实现这些利益目标。

三、战略目标假设

战略目标是大战略的首要因素。一国战略目标的确定要从自身基本国情出发。战略目标要合理,既不能过于宏大、遥不可及或者不切实际,又不能太细枝末节,对具体操作起不到指导作用。通常战略制定者会制定长远目标、分阶段目标和近期目标。对于中国来说,长远的战略目标应当是实现中华民族伟大复兴和构建人类命运共同体。短期战略目标应当聚焦于经济和国内生产总值(GDP)的增长、人民生活水平的改善、提升国家综合实力,创造安全的周边环境、在国际舞台上拥有更大话语权,等等。

国家制定国际组织战略,其核心目标是维护和拓展国家利益。关于国家利益,王逸舟的界定是:"一般地讲,国家利益是指民族国家追求的主要好处、权利或受益点,反映这个国家全体国民及各种利益集团的需求与兴趣。"阎学通在论述国家利益时把它定义为"一切满足民族国家全体人民物质与精神需要的东西"[1]。门洪华提出了"国家战略利益"概念,国家战略利益是主权国家生存和发展的需求,是制定国际战略的依据和基本原则。其中,经济利益、政治利益和安全利益是构成国家战略利益的核心。此外,社会利益和国际利益也是很重要的国家战略利益。[2] 笔者认为,一方面,从问题领域看,国际组织战略目标可以从经济利益、政治利益和安全利益三个领域进行划分,其中经济利益是国家利益的基础。经济基础决定上层建筑。国家经济利益是国家参与国际组织的主要目标和出发点,也是国家不断发展的内生动力。国家政治利益是国家利益在政治层面的反映。国家作为理性行为体,参与国际组织会有政治上的考量,会追求政治利益最大化。安全利益是国家利益的外部保障。对国家而言,生存和安全是最基本的需求,也是国家最核心的利益。

---

① 李少军.论国家利益[J].世界经济与政治,2003(1):4—9.
② 门洪华.中国国际战略导论[M].北京:清华大学出版社,2009:102.

另一方面,从战略目标的类型上划分,国际组织战略目标可以划分为革命型、融入型和主导型。革命型国际组织战略目标是基于对已有国际组织运作方式、决策机制、行动和实践的强烈不满,主张废除已有国际组织,彻底变革已有国际组织。融入型国际组织战略目标是对已有国际组织发展和运作没有太大异议,或者是基于某种现实利益需要,选择融入已有国际组织,以获取有利于本国的战略利益。制定此类型目标的多是现有国际组织和制度的维护者和支持者,大多数国家的国际组织战略目标是融入型。主导型国际组织战略目标则较为强势和主动。制定此类国际组织战略目标的国家通常为国际政治版图中的超级大国或者霸权国家,拥有引领国际组织发展、国际规则制定、国际规范传播的力量,能吸引一批盟国支持和追随自身在国际组织的行为和决策。因此,一国采取什么样的国际组织战略,取决于国家的相对实力及该国与国际组织的关系。根据这一逻辑,这里提出两个普遍性假设。

(一)国家实力与国际组织战略

假设1:国家的相对实力决定了国家能够追求什么样的国际组织战略目标,包括国际组织的一般成员、重要成员、核心成员、引领者。当国家实力弱小时,一般来说缺乏足够的资金、人才去参与国际组织的运作,以及竞争在国际组织内的影响力。

国家实力是国家进行任何战略谋划的基础。国家采取什么样的外交手段、制定什么样的国际组织战略,首先取决于国家实力的强弱。同样,国家实力的变化也直接影响一个国家对外战略的调整。对国家实力的评估,摩根索认为,国家实力由自然资源、工业实力、战备、人口、外交素质及国民素质等决定,他认为国家实力是推进国家对外战略和外交政策的基础。[①]阿什利·泰利斯则认为国家实力是一个国家通过有目的的行动追求

---

① [美]汉斯·摩根索.国家间政治:权力斗争与和平[M].徐昕,郝望,李保平译.北京:北京大学出版社,2012:169—213.

战略目标的能力。[①]与国家实力相似,中国对国家实力多以综合国力这个概念来描述。综合国力可以称作一个国家所拥有各种资源和能力的综合,涵盖了国家一切能力和资源。一个国家综合国力的强弱,既有物质方面的因素,也与制度、文化、人口素质、民族精气神等息息相关。综合国力涉及国家的经济、政治、文化、军事、外交、科技、教育等方方面面。

(二)国家与现存国家组织的关系

假设2:现存国际组织的规则和权力分配是否有利,决定了一个国家参与该国际组织的方式。如果国际组织的规则有利,那么就可以寻求更多的制度性话语权和影响力。如果现存国际组织的规则不利,那么就需要在内部进行改革,或者建立新的国际组织取而代之。

国际秩序是国际行为的布局,多指国家间秩序。国际秩序是国际社会行为体特别是大国之间权力分配、利益分配和观念分配的结果。由于国家实力因素,中小国家对国际秩序的影响远不如大国。大国在国际秩序中起着决定性和引导性的作用。大国总是试图按照自己的意愿去建立对自身有利的国际秩序,但这种创建过程并不是一帆风顺的,是围绕权力和利益进行争夺的过程。二战后,美国主导建立了联合国、国际货币基金组织、世界银行、世界贸易组织等国际组织,确立了以美国为主导的战后国际秩序,确保了美国得以长时间维护霸权。但是随着21世纪以来新兴国家的群体崛起,美国主导的国际秩序和国际组织体系遭到了挑战,新兴发展中国家呼吁增加代表权和话语权,如围绕联合国安理会的改革、国际货币基金组织的投票权等议题进行了博弈。

四、战略手段选择

战略手段是指国家为了实现战略目的所采取的方法和手段。战略手

---

① [美]阿什利·泰利斯.国家实力评估:资源、绩效、军事能力[M].门洪华、黄福武译.北京:新华出版社,2002:15.

段一般包括经济手段、外交手段、政治手段、军事手段、文化手段等。通常国家制定大战略不会拘泥于一种手段,而是综合运用多种手段。军事手段一般来说都是最后的选择。对于战略指导思想是防御性的国家而言,只有当国家安全和生存受到致命威胁时,才会诉诸军事手段。但历史上也不乏一些霸权国家,仗着自身军事和经济实力强大,对弱小国家采取军事手段以达到利己目的的例子。从微观层面说,战略实施路径通常要包括实施该战略的路线图、任务分解和实施进度等。对于国家来说,国际组织战略的实施路径从基础到外延应该包括国家层面、地区层面和全球层面。一国制定国际组织战略首先要立足本国,从本国国情出发,做好本国发展战略。然后,要辐射所在地区,融入所在地区发展,发展与本地区国际组织关系,促进本国与所在地区协同发展。最后,要放眼全球,发展与全球性国际组织合作,将自身发展置于全球化大背景下谋划。

从战略手段的来源看,经济手段主要体现在国家通过缴纳会费、出资、捐赠等方式参与国际组织,增强在国际组织的影响力,提升在国际组织的话语权。在不需要国际组织或者对国际组织不满时,国家也会采用经济手段,如拖欠或者拒缴国际组织会费,以达到施加影响的目的。

政治手段体现在国家凭借自身政治影响力发展与国际组织关系。政治手段包括利用政治影响力扩大在国际组织内的盟友数量,推出本国中意的国际组织领导人选,进而主导国际组织内的议程设置,制定有利于自己和盟友的政策和规则。政治手段还包括国家联合志同道合的国家成立新的国际组织,如发展中大国为了推动全球治理体系改革成立了金砖国家组织等。政治因素在国际组织的日常运行中也十分常见,如国家会将国家之间的矛盾提交至国际组织平台辩论并寻求国际组织和国际舆论支持。在国际组织选举中,政治因素更是无处不在。

国际组织战略手段也包括军事手段。如国家会通过在国际组织内组织军事演习以达到维护安全的目的。国家会通过向联合国派遣维和部队,帮助战乱地区制止战乱、恢复秩序、建立和平,增强国家自身的道义影响力和提升国际形象。国家还会根据自身需要组建军事性质的国际组织,服务其全球扩张战略需要。

国际组织战略的文化手段体现在国家利用文化、教育、艺术等领域去影响国际组织的运行和国际规则的制定。如很多国家都重视联合国教科文组织平台,在联合国教科文组织内围绕着世界物质遗产、世界非物质文化遗产、世界记忆名录等领域的话语权展开激烈争夺。各国也会把国际组织当成展示本国文化魅力的舞台,在国际场合积极推介本国文化,以增强本国文化在世界上的影响力。如举办世博会、世园会等大型国际博览会,一方面可以提升国家形象,加强本国与世界文化交流,另一方面也有助于增强民族凝聚力,提高国民素质。

从战略手段的实施方式看,如前面的假设所指出的,国家采取什么样的战略实施方式,既要考虑国家的相对实力,即有多大的能力去参与国际组织运作,也要考虑国家与现存国际秩序的关系。国际组织战略手段的实施方式主要为两种:

一是不积极参与国际组织。不积极参与包括不参与、消极参与和搭便车参与三种层次。不参与国际组织的国家一般都是国际组织非会员国,国际组织的非会员国主要指没有正式加入国际组织、没有取得国际组织正式会员资格的国家。但也有一些国家,尽管没有正式加入某一国际组织却与该组织发生官方往来,如一些国际组织的观察员、准会员国等。此处我们讨论的不参与国际组织,是指该国家与国际组织没有业务往来,或者对该国际组织的业务和宗旨不感兴趣,属于主动不参与型,如一些内陆国家无需参与海洋鱼类保护国际委员会。美国也经常由于不满意某个国际组织的立场而拒绝加入或者退出某一国际组织。

消极参与是与积极参与相对的概念。消极参与是指国家参与了某一国际组织,但在国际组织内呈现出消极、不求进取的行为倾向。这类国家承认、接受并遵守国际组织的有关章程和规定,但其在国际组织内的表现属于被动反应型,对国际组织的积极贡献较少。

"搭便车"最早是经济学概念。经济学中指个人需要某件物品或者财产,但自己不付出努力去争取,坐享别人的劳动成果。在与国际组织关系中,搭便车国家多是自身不承担责任和义务,不付出成本,通过追随大国或主导国家,享受参与国际组织带来的便利与收益。采取搭便车战略的国家多是大国的盟友或者"跟班",他们通过搭便车,追随"老大"自动享受国际组织福利。如以色列、日本在联合国等重要国际组织中追随美国,白俄罗斯在国际组织中追随俄罗斯等。

二是积极参与国际组织。积极参与是指认同国际组织的理念和宗旨,积极发展与国际组织的关系。积极参与不等于盲目参与,对国际组织不合理的地方,主张通过对话和沟通来实现改革和调整。积极参与的国家多是现有国际组织和国际秩序的维护国家。这些国家认同国际制度和国际组织的作用和价值,并与国际组织保持友好合作关系。积极参与战略手段是目前多数国际组织成员国采取的战略。即使国际组织被少数大国主导,组织内其他成员国仍然愿意留在国际组织内,通过加入与本国立场一致的国家集团或者联盟共同发声,维护本国利益。

当国家综合国力强大和国际影响力与日俱增后,国家也会根据自身和国际关系民主化需要,建立新的国际组织和国际机制。如中俄联合创建上海合作组织、中国发起成立亚洲基础设施投资银行等。积极参与还体现在对国际组织议程设置的能力,积极参与国家可以在国际组织会议中设置议程,引导会议走向,协调各方达成会议共识。积极参与是国家实施国际组织战略最为主动也是最佳的手段。

五、战略效果评估

战略效果的评估是国家国际组织战略的重要组成部分。战略的制定是前瞻性的工作,既有可预期的成功效果,也会有错误的概率和风险,这就需要战略制定者及时根据战略实施效果进行评估,对不合理的地方进行修正和调整,对合理的地方进行巩固和提高。战略评估包括战略制定前评估、过程中评估及战略实施完成评估,具体而言又包括对战略分析的评估、战略选择评估及战略实际执行效果的评估。

国际组织战略评估是指国际组织战略在实施进程中,要及时对国际组织战略产生的效果、积极因素、负面影响等进行评估。从理论上讲,国际组织战略评估应该包括战略目标评估、实力与资源的评估和战略手段的评估。[①]本书对国际组织战略的评估主要聚焦战略指导思想评估、战略形势评估、战略目标的达成度评估和战略手段的有效性评估。其中对战略目标的达成度评估主要看国家与世界各主要国际组织的互动关系现状与未来发展趋势,国家与国际组织交往对国家利益拓展的促进程度如何,以及评估国际组织战略预期目标是否实现;对国际组织战略手段的有效性评估则聚焦不积极参与和积极参与两种战略手段的不同效果,确定国家更应该采取何种战略手段参与国际组织。只有将战略指导思想评估、战略形势评估、战略目标评估和战略手段评估相结合,才能对国际组织战略效果进行科学评估。

小结

本章主要阐述国际组织研究的理论基础和分析框架。首先从国际组织的概况、分类、特征、作用和历史等方面对国际组织进行了基础性介绍,然后探讨了战略、大战略、国家战略、国际战略等概念,在此基础上提出了国际组织战略的意义和含义,进而分析了国际组织战略的可行性和必要性。通过对美国、俄罗斯(苏联)国际组织战略的分析,为国家制定国际组织战略提供借鉴。本章分析了国际组织战略理论基础,特别关注国际关系理论中有关国际组织的理论解释,提炼出主流理论对国际组织的价值判断和分析,并对现有国际组织理论进行了反思,认为国际组织理论研究不能完全从属于国际政治和国际关系理论研究。因为国际政治研究以主权国家为主要研究对象,而传统国际关系理论并未赋予国际组织足够的意义和价值。随着全球治理体系的不断完善发展,国际组织在国际事务中扮演的角色日益重要,对国际组织的组织架构、运作规则、价值属性的

---

① 李少军.战略评估的理论视角[J].现代国际关系,2003(8):1—3.

研究日益增加,学术界更应该关注国际组织理论本身和国际组织自身独特价值。最后,在上述分析的基础上,本章提出一般意义上的国际组织战略分析框架,包括战略指导思想、战略形势判断、战略目标假设、战略手段选择及战略效果评估等。

第二章　中国国际组织战略的历史演变

本章聚焦党的十八大以前中国国际组织战略历史演变。中华人民共和国成立之初,中国一穷二白,国家底子薄、起点低,国民经济恢复和缓慢发展。改革开放以来,国家实力特别是经济实现了持续高速增长,综合国力稳步提升,国际影响力迅速扩大。在战略目标上,根据上一章提出的两个普遍性假设,即一国采取什么样的国际组织战略,取决于国家的相对实力及该国与国际组织的关系。根据这一逻辑,再考虑到中国实力增长的具体情况及中国与国际秩序的关系,可以对中国的国际组织战略目标提出更加具体的两个假设,第一个假设是基于中国的国家相对实力和地位,第二个假设则是基于中国与现存国际秩序和国际规则之间的关系。

假设1:随着国家实力不断增长,中国参与多边外交和国际组织运作越来越积极,承担更多的国际公共产品,正在成为许多国际组织中的重要成员。因此中国的国际组织战略目标应该是恪守联合国宪章宗旨和原则,践行真正的多边主义,确保多极化进程总体稳定和具有建设性。

东欧剧变、苏联解体后,国际格局发生了深刻变化。邓小平同志南方谈话,鼓励全党进一步解放思想和加快改革开放步伐,中国进入了全面参与国际组织的新阶段:积极参与联合国活动,维护联合国和安理会的权威;历经十五年艰辛谈判加入了世界贸易组织,开启了改革开放新篇章;发起成立上海合作组织,有效维护中亚地区和我国边境安全与稳定;与东盟建立对话伙伴关系,支持东盟在地区合作中发挥主导作用。随着综合国力的增强,中国在国际上影响力、号召力与日俱增。中国应努力成为国际组织的积极参与者,充分利用国际组织平台,践行真正的多边主义,确保多极化进程总体稳定和具有建设性,切实推进国际关系民主化。

假设2：中国国内的改革开放进程，以及中国重返联合国并在国际体系内崛起，使得中国已经成为国际秩序的维护者，而不是挑战者。大多数国际组织的规则和权力分配对中国是合理的，但是中国在国际经济组织（如国际货币基金组织、世界银行等）中相对发言权较小。因此，中国的国际组织战略目标是获得更多的制度性话语权，而不是挑战和改变现有的国际组织，要通过参与国际组织提高我国的国际影响力、感召力和塑造力。

2001年中国加入世界贸易组织后，遵守国际自由贸易规则，支持经济全球化和贸易投资自由化、便利化，在世界贸易组织确定的国际贸易规则和框架内获益匪浅，增强了中国综合国力。中国一直坚定支持以世界贸易组织为核心的多边贸易体制，全面参与世界贸易组织工作，维护多边贸易的权威，坚定不移地推进中国对外开放的进程，开创对外开放新格局。中国的发展壮大为世界经济增长贡献了主要力量，也对改善人类福祉做出了重大贡献。中国全球地位和实力的获取从国际层面上看是借助现有制度、在现有国际制度内的崛起。但是，一些重要的国际组织特别是经济领域几大国际组织，如国际货币基金组织和世界银行等，都牢牢掌握在美国等西方国家手里。中国的经济体量和国家实力、对世界经济的贡献度，都与中国在上述国际组织内的投票权不匹配。现阶段中国在这些国际组织中没有成为领导者，无法主导国际经济组织政策制定和实施，这也使中国不断呼吁对重要国际经济组织进行改革，以获得更大的话语权。李巍指出，中国的金融外交总体上并不谋求对既有国际金融制度体系进行破坏和颠覆。在改制金融外交方面，中国强调新兴国家的集体行动，同时争取与传统金融霸权国的合作，走一条渐进式改革之路；在构建金融外交方面，中国始终强调新机构与旧机构在国际规则上的统一，无意另立山头、另起炉灶。[1]

在下文对中国国际组织战略历史和现状展开论述前，笔者试图对中

---

① 李巍.中美金融外交中的国际制度竞争[J].世界经济与政治,2016(4):112—135.

国国际组织战略进行简要界定和描述：中国国际组织战略是中国基于自身国情和国家实力及国际秩序现状，为了维护和拓展国家利益、增强在国际体系和国际组织中的制度性话语权，从经济、政治、军事、文化等方面，运用消极参与、搭便车参与、积极参与等战略手段和方式，从全球层面、地区层面和国家层面对国家与国际组织交往做出的长远、系统的设计和规划。中国国际组织战略主要内容包括战略指导思想、战略形势判断、战略目标假设和战略效果评估等。中国国际组织战略随着中国实力发展和在国际秩序中的地位提升而处于动态变化中，战略形势变化导致战略目标在变化，战略手段相应地也在发生变化。中国从改革开放前国际社会中的落后国家，逐步发展成为国际体系中负责任、有影响力的大国。相应地，中国国际组织战略目标经历了革命型、融入型和积极有为型的变化，战略手段则经历了不积极参与（抵制、消极参与、搭便车参与）到积极参与的变化。

针对中国国际组织战略演变的历史梳理，因本书主要聚焦在1992年至今的中国国际组织战略研究，因此历史演变部分主要论述1992年以后的历史。对1992年以前的历史，专门选取一节作为背景回顾。1992年以前时间跨越较长，主要分为早期接触阶段（1949年以前）、相对孤立阶段（1949—1971）和有限参与阶段（1971—1992）。其中早期接触阶段主要是指新中国成立以前，从晚清洋务运动时最早与国际公约接触开始，到二战后中国加入联合国等一批同期成立的国际组织；笔者将1971年新中国恢复在联合国及其他国际组织的合法席位作为一个重要时间节点。从1949年到1971年恢复联合国合法席位以前，受东西方阵营冷战影响，中国被排斥在很多国际组织以外，处于相对孤立阶段；1971年到1992年冷战结束时，中国逐步恢复了在重要国际组织的合法席位，并陆续加入一些国际组织，与国际组织关系处于有限接触阶段。

1992年以后，中国参与国际组织主要分为三个阶段，其一是主动融入和积极参与阶段（1992—2002），这一阶段主要是冷战结束后、党的十四大以来的十年，中国主动融入和积极参与国际组织；其二是全面参与阶段

（2002—2012），这一阶段以党的十六大召开为起点，中国在1992—2002十年国家全面发展的基础上，在外交上实现了从"韬光养晦"到"有所作为"的跨越，中国全面参与国际组织，拓展多边外交；其三是党的十八大以来，也就是新时代中国国际组织外交实现了从"有所作为"到"积极有为"，从"赶上时代"到"引领时代"的跨越。

第一节　从早期接触到有限参与阶段（1992年以前）

中国与国际组织的关系可以追溯到19世纪末。自鸦片战争开始，西方国家侵略中国，打开了中国的大门。清政府于1844年设立了五口通商大臣，1861年设立了总理各国事务衙门，并陆续向外国派驻公使，中国开始与国际组织有了直接的交流和接触。这一过程也充满了曲折与艰辛。鸦片战争使中国逐步沦为半殖民地半封建社会。中国在19世纪末尝试与国际组织接触，希望加入国际组织，并试图寄希望于国际组织为自身遭受的不公平待遇主持正义。但国弱任人欺，中国的努力并没有换得西方列强的同情。从一战到二战，从新中国成立到恢复在联合国合法席位再到冷战结束，中国参与国际组织之路艰辛、曲折，按照参与形态可以划分为早期接触、相对孤立和有限参与三个阶段。

一、战略形势判断

（一）早期接触（1949年以前）

晚清洋务运动时期是中国与国际公约的早期接触阶段。19世纪80年代后，中国开始参与了国际公约制订会议，晚清中国最早是在1894年加入了《国际海关税则出版联盟公约》。甲午中日战争后是中国努力参与国际公约阶段。中国在1896年底照允遵行《航海避碰章程》，还参与了

1899年第一次海牙保和会的公约制订会议,签署了《和解公断条约》《推广1864年日来弗原议行之于水战条约》等五项国际公约。清末新政时期,中国先后批准的国际公约有十余个,如《红十字公约》《关于医院船公约》《罗马万国农业会合同》等。晚清中国先后总共参与了约二十项国际公约,总体上说,晚清中国与国际公约的关系经历了从拒绝、观望到初步参与再到较大幅度拓展的变化过程。①

中国最早联系的国际组织是万国邮联。1896年清政府将加入万国邮联的申请提交瑞士政府。此后清政府分别于1897年、1906年派遣代表参加了万国邮联大会。近代中国以主权国家身份参与的国际会议是1899年的海牙会议。清政府当时派驻俄奥荷公使杨儒作为中国代表参加了海牙会议。②一战期间,中国加入了协约国对同盟国作战。战争胜利后,中国以战胜国的身份受邀参加了巴黎和会。但在巴黎和会上,列强提出把德国在山东的特权转让给日本,完全无视中国的主权和独立,这一事件也引发了"五四运动"的爆发。巴黎和会后,在美国总统威尔逊的倡议下,国际联盟成立。中国于1920年6月29日加入国际联盟。国联以《凡尔赛和约》的签字国为主体,先后一共有六十三个国家参加,总部设在瑞士日内瓦。尽管中国加入了国联,但是当中国需要国联主持公道的时候,国联就暴露出了它实质上是被西方列强操控的真实面目。1931年日本发动九一八事变,中国政府向国联提出了抗议和申诉,期盼国联能出面主持公道,制止日本侵略行为。国联佯装派遣以李顿为首的调查团来中国调查,得出了偏袒日本的调查报告,竟将冲突原因归结为中国人抵制日货和苏联的干预,调查结果主张中日两国都从东北撤军,东北交由列强共管。③

二战后期,1942年1月1日,二十六个反法西斯国家代表在美国华盛

---

① 尹新华.国际公约与晚清中国融入国际社会[J].历史教学(下半月刊),2012(10):27—34.

② 刘鹏超.近代外交的谐音:中国首次参与国际会议——以1899年中国参与海牙和会事件为考察对象[J].中国城市经济,2011(18):329—330.

③ 方连庆.国际关系史(现代卷)[M].北京:北京大学出版社,2001:194.

顿签署了《联合国家宣言》。1944年,敦巴顿橡树园会议举行,中美英苏四国决定成立联合国。1945年联合制宪会议在旧金山召开,会议经过两个多月的讨论,于6月25日通过了《联合国宪章》并于6月26日签字。10月24日《联合国宪章》经由多数国家签字批准,宣告联合国正式成立。中国成为联合国创始成员国和联合国安理会常任理事国。

(二)相对孤立(1949—1971)

第二阶段是新中国成立到恢复在联合国的合法席位期间(1949—1971)。新中国成立初期,中国参与国际组织是革命者的心态。新中国刚成立,国民党集团非法占据了中国在联合国的合法席位,西方主要国家仍然与国民党政权保持着官方外交关系。新中国成立后,苏联在第二天就予以公开承认,随后保加利亚、罗马尼亚、朝鲜等社会主义阵营的国家相继承认新生的中华人民共和国。新中国在外交政策上采用了亲苏联的"一边倒"政策。非社会主义阵营国家芬兰、丹麦、瑞典、瑞士等国逐步与中国建交。与此同时,新中国积极呼吁恢复在联合国的合法席位。以周恩来总理为首的外交战线做了诸多积极努力,包括向联合国致电要求取消国民党政权在联合国的席位,任命张闻天为中国出席联合国大会首席代表等。1950年11月24日,伍修权率领中国代表团出席了联合国会议,并在安理会上控诉美国侵略台湾的霸权行为,这是新中国第一次在联合国公开发表意见、陈述立场。

这一时期大的国际背景是社会主义新中国的成立。新中国成立是世界历史重大事件,标志着在苏联之外又一个社会主义大国的诞生,极大地增强了社会主义阵营的力量,也给了世界上那些被压迫和落后的民族以强烈希望和信心,改变了东西方的战略平衡,特别是壮大了世界和平的力量。新中国成立后,中国与以苏联为首的社会主义国家迅速建立了外交关系。中国与苏联签订了《中苏友好同盟互助条约》,条约对巩固新中国政权、确保中国国家安全、促进经济社会发展都具有重要意义。

朝鲜于1950年6月25日爆发了内战。6月25日当天联合国安理会就在美国的操纵之下，在苏联代表缺席的情况下，通过了要求南北朝鲜立即停止敌对行动的协议。随后联合国安理会还通过了污蔑朝鲜为侵略国并应受到武力制裁的提案，授权美国牵头组建"联合国军"。为了保家卫国，中国人民志愿军1950年10月19日跨过鸭绿江。朝鲜战争时期，当初作为巩固二战胜利成果而创建的联合国彻底沦为了美国侵略朝鲜的工具。美国还操纵联合国在1951年通过决议，认定中国为"侵略者"。此后很长一段时间，新中国在联合国合法席位的恢复也因为美国的阻挠而迟迟无法实现。这一时期中国与联合国是一种斗争关系。

(三)有限参与(1971—1992)

第三阶段是从新中国恢复在联合国的合法席位到冷战结束(1971—1991)。在亚非拉等兄弟国家支持下，中华人民共和国于1971年恢复了在联合国的合法席位，国民党代表被强制从联合国及其附属机构中驱逐出去。在这一重大历史事件之后，中国逐步加入一些其他重要的国际组织，如中国在1972年加入世界气象组织。中国恢复联合国安理会常任理事国席位后，对中国参与其他联合国下属委员会和专门机构起到了一定的促进作用。据统计，中国参与国际组织的数量从1966年的1个发展到1977年的21个。[①]此后，国际货币基金组织1980年正式恢复了中国的代表权。1980年中国恢复了在世界银行的合法席位。1980年起，中国也开始积极参与联合国裁军谈判会议。1982年，中国正式成为联合国人权委员会的理事国。1983年中国加入了世界能源理事会，1984年中国成为国际原子能机构的正式成员国。同年，中国加入了国际刑事警察组织。

二、战略目标与战略手段

在早期接触阶段，1945年中国政府派代表参加了在美国举行的联合国货币金融会议，会上通过了《国际复兴开发银行协定》，中国因此成为世

---

① 张丽华.国际组织概论[M].北京:科学出版社,2015:237.

界银行的创始会员国。1947年,中国政府应邀参加了由联合国经社理事会举办的国际贸易与就业会议第二次筹备会,参与《关税及贸易总协定》文件的草拟工作,1948年5月21日中国正式成为《关税与贸易总协定》缔约国。1945年至1948年,中国还作为创始国发起创建世界卫生组织。中国全程参加了世界卫生组织的创建,并在1948年4月7日成为世界卫生组织成员。

中华人民共和国成立以后,从20世纪50年代开始,国际格局进入了以美苏两国为核心的东西方两大阵营尖锐对立和对抗时期。为了应对美国发起的冷战,苏联继1947年成立共产党和工人党情报局后,于1955年发起成立了华沙条约组织。华沙条约组织是苏联为了抗击美国主导的北约组织而成立的安全、防御和军事组织。世界因此形成了北约与华约两大对抗的军事集团,影响了国际关系的走向。中国在这一时期由于东西方两大阵营的对立局势和自身国力限制,以及参与国际事务的经验不足,与国际组织的交往并不密切,甚至遭到西方国家主导的国际组织的排斥。20世纪50年代初期,中国曾向世界卫生组织、国际民航组织、世界气象组织、国际劳工组织、世界银行等多个国际组织提出加入申请,但因为国民党政权存在,西方国家拒绝了中国加入国际组织的诉求。中国在这一时期更多地参与由苏联等社会主义阵营主导的国际组织,如铁路合作组织、国际电工委员会、国际妇女同盟等。

中国积极参与日内瓦会议和万隆会议等多边国际会议并在国际舞台上发声。尽管中国做出了巨大努力,但并未从根本上改变在国际上被孤立的地位。特别是20世纪60年代中苏关系逐步恶化后,中国对外战略从"一边倒"调整为"反帝又反修",国际环境更加险恶。在这种情况下,中国认为联合国和一些国际组织已经沦为帝国主义的工具,并以革命者的心态希望改革国际组织。

中国还开始与一些地区性国际组织建立联系,如中国在1975年与欧共体建立了正式外交关系。这一时期中国在联合国和国际组织中的活动以发表原则性声明、避免卷入敏感性政治议题、谨慎使用否决权为主要行为表现,这表明中国对国际组织持有限参与的基本态度。[①]值得一提的是,周恩来总理1972年率团参加斯德哥尔摩联合国人类环境会议,推动中国在国际环境机制发展过程中扮演了积极角色。[②]

十一届三中全会后,中国实行对外开放的基本国策,逐步加大了参与国际组织的力度。改革开放使中国的精力集中在发展经济和改善民生上。外交上中国也更强调独立自主,不再刻意以意识形态划线,努力争取对改革开放政策有利的外部环境,并积极寻求国际援助。这一阶段,中国不但发展与经济类国际组织的关系,也开始在裁军、人权等政治和安全领域与国际组织合作,表明中国对待国际组织的态度逐步趋向积极,重视通过参与国际组织促进国内经济发展和提升国家形象。这一时期,中国参与了联合国框架下的主要国际组织体系,以学习国际组织规则、了解国际组织运作方式、有限参与国际组织活动为主。但是,受当时国际格局和国家实力的影响,中国在大多数国际组织的话语权和影响力还比较有限,也没有形成系统的国际组织战略规划。

三、案例分析:中国与世界银行合作

因这一阶段时间较长,在这里仅从与国际组织合作的实际效果出发,选取中国与世界银行关系为案例。中国自恢复在联合国合法席位后,参与经济类国际组织是优先战略选择。这一时期中国有限参与国际组织首先聚焦在经济类国际组织。中国希望通过发展与国际经济组织关系,争取国际贷款、获取先进技术和经济管理理念,促进中国经济发展。

世界银行是全球最大的多边金融机构,其主要宗旨是帮助发展中国家消除贫困、促进可持续发展,总部设在美国华盛顿。中国1980年5月恢复了在世界银行的合法席位,至今一直与世界银行保持着良好合作往来,特别是在贷款、知识和国际发展三个方面合作效果显著。1980—1989年

---

① 刘宏松.中国的国际组织外交:态度、行为与成效[J].国际观察,2009(6):1—8.

② 门洪华.压力、认知与国际形象——关于中国参与国际制度战略的历史解释[J].世界经济与政治,2005(4):17—22.

是中国与世界银行关系的起步阶段。1981年,世界银行为中国贷款2亿美元,开启了世界银行在中国的第一个贷款项目——大学发展项目。到1989年,世界银行对中国的年贷款量已经增至13.5亿美元,一共支持了中国12个项目建设。东欧剧变、苏联解体,由于西方发达国家干预,世界银行在1990年对中国的贷款量减少至5.9亿美元。但是经过双方努力,双方关系迅速转好,1992年中国获得了世界银行贷款25.3亿美元。①改革开放初期,世界银行的援助贷款对中国十分宝贵,是中国引进外资的重要渠道之一。其中有些年份的贷款总额相当于我国利用外商直接投资额的50%以上。②

世界银行对中国的援助主要体现在三个方面:一是改善投资环境、建立高效的投资服务体系和行政治理体制;二是帮助中国脱贫,特别是帮助中国贫穷落后地区发展;三是推进农村城镇化发展。在具体合作形式上,世界银行与中国政府建立了全面、高效的对接机制。世界银行与我国政府每年都会就双方的滚动合作计划进行商讨,对贷款项目和研究课题提出建议,全部项目都要经过充分评估后再提交给双方决策机构进行最后审批。双方还要定期对项目实施进展情况进行监督和检查,以便及时发现和纠正项目实施过程中可能出现的各种问题,提前做好风险防范工作。

除贷款援助以外,世界银行还在经济分析、政策咨询及技术援助等方面与中国开展了广泛合作。世界银行应中国政府请求,在中国体制机制和国民经济发展关键领域开展了系列调查和分析报告,这些调查和报告从国际组织第三方的视角来看待中国经济发展中的矛盾和问题,具有较高的参考价值,有助于帮助中国查找问题,推进经济体制改革,促进经济良性发展。1980年5月,中国与世界银行合作撰写了《中国:社会主义经济的发展》报告,为中国与世界银行开展上述贷款合作奠定了基础。1985年,中国与世界银行联合举办了"巴山轮"会议,形成了关于中国经济体制

①　祝宪.中国与世界银行合作关系的回顾与前瞻[J].国际金融研究,1997(10):25—27.

②　谢旭人.加强务实合作 实现互利共赢——纪念中国与世界银行合作30周年[J].中国财政,2010(18):13—15.

改革的专题报告。①

世界银行贷款项目也为中国带来了先进的项目管理理念和管理模式。中国一方面从世界银行贷款资金中直接受益用于经济社会发展,另一方面也积极通过与世界银行的合作吸收国际上先进的管理理念。1984年,在云南鲁布格水电项目中,中国首次引入国际竞争性招标制度,创造了"鲁布格模式",并在其他领域加以推广。1987年,在京津塘高速公路项目中,中国首次引入了第三方工程监理制度,为公路建设管理体制改革提供了有益借鉴。②

改革开放初期,世界银行在推进中国经济与世界接轨、促进中国经济发展和体制改革方面发挥了重要作用。世界银行是中国获得国际先进发展理念、技术和管理手段的重要平台。通过与世界银行合作,中国培养了一批经济体制改革和金融领域的国际化人才,促进了中国的改革开放与国际合作,提升了中国的国际影响力。

四、战略评估

回顾1992年以前中国参与国际组织的历程,有几点值得思考:

一是弱国无外交。在清政府时期和国民政府时期,中国国力衰落,在国际组织里鲜有话语权和影响力。九一八事变后,蒋介石政府不抵抗,却寄希望于国联为中国主持公道,结果国联调查报告却承认日本在中国东北的特殊地位。要想在国际舞台上拥有话语权,首先要发展和增强自身综合国力。

二是国际组织外交不能过于受到意识形态的干预。20世纪五六十年代中国与国际组织交往受到了意识形态的束缚,呈现出革命者和斗争者的形象。这一时期,中国实行的是计划经济体制,加上深受社会主义老大哥苏联的影响,中国对由西方发达国家主导的国际秩序、国际规则和国

---

① 谢世清.中国与世界银行合作30周年述评[J].宏观经济研究,2011(2):8—12.
② 谢世清.中国与世界银行合作30周年述评[J].宏观经济研究,2011(2):8—12.

际组织采取了相对排斥的态度。中国在这一时期向世界卫生组织、国际货币基金组织等国际组织提出了加入申请，但遭到了西方国家的拒绝。面对层层阻挠，中国将参与国际组织的努力转向社会主义国家国际组织，如中国以观察员身份参与了华约的活动。这段经历严重制约了中国国际组织战略实施，这一时期中国与国际组织的交往没有为中国社会发展带来较大帮助。改革开放后，中国及时转变态度，调整了对国际组织的策略，不再以意识形态划线，开始主动融入国际社会，有限参与国际组织特别是经济类国际组织，这种转变给中国带来了经济和政治上的双重收益，对推动中国对外开放和经济发展起到了促进作用。

三是国际组织战略随着国家实力和国际秩序而变化。这一时期中国国际组织战略变化是中国与世界关系的缩影。当国际秩序对中国不利时，中国几乎不与国际组织发生关系，甚至排斥国际组织。当国际秩序逐步接纳中国，中国便开始参与国际组织。参与方式也因此呈现出主动与被动、积极与消极交织并存的形势。随着中国逐步推进对外开放，参与国际组织对拓展中国国家利益带来的帮助日益明显，中国对国际组织重要性的认识加深，逐步开启了与国际组织全面交往时期。

第二节　主动融入和积极参与阶段
（1992—2002）

20世纪90年代以来，中国开始积极地参与国际组织。由于冷战结束、苏联解体所导致的国际形势变化，美国在全球体系中一家独大，中国在国际上遭到西方发达国家的遏制。为解决面临的困境，中国自90年代初开始积极地与国际组织接触，借助国际组织参与多边合作，为国内经济发展创造良好的国际环境，共同应对非传统安全等问题。本书是研究中国的国际组织战略，主要落脚点是冷战结束以后的国际组织战略，因此重点梳理1992年之后中国全面参与国际组织的战略演变过程，为新时代中国国际组织战略提供借鉴与参考。

一、战略形势判断

(一)国内发展状况

世界银行《1992年世界发展报告》对1990年世界120个百万以上人口的国家进行了比较,中国的综合发展水平居世界第70位,人均国民生产总值居世界第96位。[①]中国国家统计局公布的《九二中国发展报告》认为,中国近四十年经济发展速度居世界第三,经济实力总规模增大,人均国民生产总值属于低收入国家;居民生活刚解决温饱,中国总体上属于发展中国家。[②]这是对中国当时经济和社会发展状况的真实描述。

但也应该看到,经过改革开放的洗礼,中国经济实力得到增强,国内市场繁荣,人民生活水平普遍提高,居民储蓄持续增加,教科文卫各项事业及国防和军队建设都获得了新发展。时任总理李鹏在政府工作报告中指出:1992年中国国民生产总值接近24000亿元。粮食生产连续四年获得丰收,粮食储备增加,增强了以丰补歉的能力。乡镇企业保持旺盛发展势头,五年间产值增长两倍,现已吸纳农村劳动力1亿多人,成为国民经济的一支重要力量。工业生产有较大增长,1992年钢产量达到8000万吨;原煤产量达到11亿吨;1992年进出口总额达到1656亿美元。[③]与国际上动荡不安的形势相比,我国国内政治稳定、社会安宁、人心团结。全国各族人民信心坚定,积极参与到中国特色社会主义建设中。这些成绩是在当时西方一些国家对中国实施了经济制裁和封锁的情况下取得的,体现了社会主义制度的优越性和中国共产党的坚强领导力。

---

① 宋红岗.1992年世界发展报告中的中国[J].调研世界,1993(4):99—100.

② 李世义.中国仍然是发展中国家——国家统计局公布《九二中国发展报告》[J].瞭望周刊,1993(26):4—9.

③ 李鹏.1993年国务院政府工作报告[EB/OL].(2006-02-16)[2019-06-02].http://www.gov.cn/test/2006-02/16/content_200926.htm.

在全国各族人民的共同努力下，2001年中国国内生产总值达到了95933亿元，全年规模以上工业企业实现利润4657亿元，财政收入达到了16371亿元，外贸进出口总额突破5000亿美元。人民币汇率稳定，经济体制改革进一步深化，国企改革继续推进，新的"863"计划、科技攻关计划开始实施，城乡居民最低生活保障覆盖人数扩大到1120多万人。[①]中国经济保持着良性健康发展的势头，国内安定团结的政治局面进一步巩固。

（二）外交形势

1992年1月31日，时任总理李鹏出席了联合国安理会首脑会议并讲话。关于国际形势，李鹏指出：当今世界正处在重大的转折时期，旧的格局已经结束，新的格局尚未形成，世界正朝着多极化方向发展。与欧洲动荡的形势不同，亚太地区相对比较稳定。中国在和平共处五项原则基础上发展与世界各国友好关系，中国不谋求自己的势力范围，不称霸。[②]

得益于邓小平同志提出的改革开放政策，中国经济在20世纪80年代保持了十年的快速增长。但1989年西方国家对中国实施了一系列制裁，中国面临的外部环境突然恶化，经济发展在1989年至1991年增速放缓，受外部因素影响明显。美国提出了建立"世界新秩序"的构想，核心就是要维护美国单极霸主地位。随着美苏对抗的消失，原有的东西方阵营矛盾得以缓解，西方国家内部围绕经济发展和贸易领域的矛盾开始显现。美国、日本和欧洲之间的摩擦和分歧加大，但这种矛盾属于西方内部矛盾。俄罗斯与美国的关系也发生了微妙变化，美国没有兑现其对俄罗斯的经济援助承诺，俄罗斯民众对美国不满情绪增长，不甘心当美国的附庸，俄美矛盾进一步加剧。

中美关系在这一阶段出现了严重挫折。1999年5月7日晚上，以美国为首的北约轰炸了中国驻南联盟大使馆。这是一起严重践踏国际法和

---

① 朱镕基.2002年国务院政府工作报告[EB/OL].（2006-02-16）[2019-06-02].http://www.gov.cn/test/2006-02/16/content_201164.htm.

② 李鹏出席联合国安理会首脑会议[N].人民日报1992-2-7.

国际公约的侵略行为,但美国和北约一再表示是误炸而非蓄意行为。中国使馆被炸引起了全国范围的抗议和反美示威游行活动。这次事件对刚刚回暖的中美关系造成了严重冲击,两国关系突然恶化。这一时期另一件重大事件是中美南海撞机事件。这起撞机事件后来演变成中美之间僵持不下的外交危机。双方围绕事件的解决磋商谈判多次,经过中国政府的不懈努力,事件以美国发表道歉信而告一段落。这一时期,克林顿政府还不时利用台湾、人权、武器扩散和贸易等问题给中国施加压力。

总的来说,这一时期中国内外交困。内部,经济发展受国际局势变动和自然灾害等不利因素影响增速放缓;外部则受制于以美国为首的西方国家对中国的遏制。但是,20世纪90年代是中国发展的关键转折期,中国并没有因为这些困难而停止发展的脚步。

二、战略目标与战略手段

(一)战略目标

20世纪90年代以来,世界格局进入到新旧交替的过渡时期。面对国际形势的巨大变化,以江泽民同志为核心的第三代领导集体牢牢把握和平与发展的时代主题,坚持邓小平同志提出的"韬光养晦、有所作为"的外交指导思想,克服国内国际诸多困难和不利因素,积极捍卫中国的国家主权和领土完整,在外交领域取得了一系列令人瞩目的成就。中国成功收回香港和澳门的主权,加入了世界贸易组织,稳妥发展与美俄等主要大国的关系,推动国际格局朝着多极化方向发展。

王逸舟对这一时期中国国际组织战略概括如下:一是强调全面而充分的参与,力争更大的发言权,更好地表达占全球人口1/5的国度的需要;二是比过去更加主动地加入地区性(尤其是周边利害相关地区)国际组织和机制,对多边机制的态度发生了变化,甚至主动提出了建立多边机制的倡议,如倡导和组织"上海五国机制"(上海合作组织);三是在策略上仍然保持邓小平时代的渐进务实特征,强调多极化的最终形成是一个长期曲折的过程,全球化对发展中国家是一把双刃剑,要趋利避害和巧妙应对。这一时期国际组织战略是在保障自身发展与稳定的前提下,逐步确立中国的大国形象和发言权。①

在这一时期,中国参与国际组织的战略目标是作为国际组织中的重要成员,发挥大国作用,做负责任大国。20世纪90年代初期"中国威胁"论四起,国际社会对中国发展有很多疑虑和警惕。东南亚金融危机期间中国的表现足以展现了负责任的大国形象。邓小平同志南方谈话后,中国进一步扩大对外开放,最终加入了世界贸易组织。中国外交观念也发生了变化,从关注自身发展到关注国际事务,参与国际行动,承担国际责任,做负责任的大国。中国还主张与其他世界国家建立起互利互信的关系,主张世界格局多极化,提出了新安全观、文明多样性等外交新理念。中国加强与联合国等国际组织合作,积极支持联合国维和行动,大力开展多边外交。1998年的政府工作报告中指出:中国将继续在联合国事务中发挥建设性作用,坚决反对任何形式的霸权主义,永远是维护世界和平与地区稳定的重要力量。②

这一时期中国积极参与国际组织,主动融入国际体系。1992年联合国环境与发展大会在巴西里约热内卢召开,时任总理李鹏代表中国签署《联合国气候变化框架公约》。这是世界上第一个为了控制温室气体排放而签订的公约。1997年,《联合国气候变化框架公约》缔约方大会在日本举行,《京都议定书》草案出炉。中国于1998年5月29日签署《京都议定书》。在核不扩散体制领域,中国于1992年3月签署《不扩散核武器条约》。1996年9月24日,中国签署了《全面禁止核试验条约》。1997年10月27日和1998年10月5日,中国先后签署《经济、社会和文化权利国际公约》《公民权利和政治权利国际公约》。1997年中国与77国集团一起倡议举行了南南贸易、投资和金融大会。2001年12月11日,中国正式

① 王逸舟.中国与国际组织关系研究的若干问题[J].社会科学论坛,2002(8):4—13.
② 李鹏.1998年国务院政府工作报告[EB/OL].(2006-02-16)[2019-06-03].http://www.gov.cn/test/2006-02/16/content_201129.htm.

加入世界贸易组织。2001 年 6 月 15 日,"上海合作组织"正式成立。2001 年中国发起成立博鳌亚洲论坛。2002 年 11 月,中国与东盟签署《南海各方行为宣言》。2002 年中国与东盟签署《中国与东盟全面经济合作框架协议》。

(二)战略手段

根据国际组织年鉴统计,1977 年中国所参加的各种类型(全球和地区性)的政府间国际组织的数量是美国的 25 %、印度的 30%,是世界平均值的 70 %左右。到 1996 年,各项比例上升为美国的 70%、印度的 80%,是世界平均值的 180 %。全球性政府间组织中,1996 年,中国参加了总共 37 个国际组织中的 30 个,美国参加了其中的 33 个。中国的参与程度是美国的 90%。[①]上述统计数据表明,20 世纪 90 年代中国参与国际组织无论从数量上还是速度上,都呈现活跃的发展态势,战略实施手段实现了从有限参与到主动融入、积极参与的转变,主要表现如下:

1.积极参与联合国及其专门机构

20 世纪 90 年代,中国国际组织战略的首要特征是发展与联合国的关系。面临不利的外部形势,扭转在外交上的被动局面,增进世界各国人民对中国的了解,时任总理李鹏率团出席了联合国安理会政府首脑会议。联合国安理会常任理事国和非常任理事国国家元首或政府首脑出席了会议。李鹏在会上阐述了中国的外交政策和对国际局势的看法,肯定联合国在维护世界和平与安全方面的重要作用。会议期间,李鹏分别会见了九个国家的领导人,包括美国总统布什。[②]出席联合国安理会首脑会议是90 年代初中国多边外交领域的第一件大事,对于打破西方国家对中国的制裁具有重要意义。

此后,中国更加积极主动地参与联合国事务。从和平利用外空到海

---

① 江忆恩.中国参与国际体制的若干思考[J].世界经济与政治,1999(7):5—11.
② 李鹏出席联合国安理会首脑会议[N].人民日报,1992-2-7.

底资源开发,从科技文化交流到保护儿童和艾滋病防治,几乎所有联合国机构、部门和会议,都能看到中国代表的身影,听到中国政府的声音。1992年,中国正式接受联合国维和费用摊款,成为支持并参与联合国维和行动的重要力量。中国在1995年成功举办了联合国第四次世界妇女大会,各国议员联盟第九十六届大会等联合国重要会议。中国还在巴以和谈、伊拉克武器核查、科索沃危机等国际和地区热点问题中积极发挥作用。①1995年10月,时任中国国家主席江泽民出席了联合国成立五十周年纪念活动,这是中国国家元首对联合国的第一次访问。江泽民在纪念大会上阐述了中国对联合国的政策主张,还向联合国赠送了礼物——"世纪宝鼎"。2000年,江泽民再次率团出席联合国千年首脑会议,在会议上阐述了中国对国际关系的看法和主张,表达了中国对联合国的支持。②联合国已成为中国展现国家形象,拓展多边外交和国际影响力的重要平台。

2. 主动融入世界贸易组织

20世纪90年代,中国与国际组织关系的重点之一是申请加入世界贸易组织。世界贸易组织的前身是1947年成立的关税与贸易总协定,其主要目的是削减关税壁垒,扩大商品流通,促进贸易自由化。1995年,世界贸易组织取代关税与贸易总协定,成为国际贸易领域具有独立法人地位的正式国际组织。世界贸易组织的成立促进了国际贸易的规范化和自由化,减少了国际贸易壁垒和关税,为国际贸易摩擦提供了仲裁平台,标志着全球贸易新时代的到来。世界贸易组织强调发展中国家利益,制定了一些有利于发展中国家扩大贸易的条款。在乌拉圭回合谈判中,发展中国家的利益在几乎每个协议中都有具体体现,成为世界贸易组织新体制的重要特征。③

中国原本是关税与贸易总协定的缔约国之一。1948年5月21日中国正式成为关贸总协定的缔约方。1971年中国恢复在联合国的合法席

---

① 金鑫.第三代领导集体与当代中国的全方位外交述评[J].国际论坛,2000(4):31—36.

② 江泽民.在联合国千年首脑会议上的讲话[N].人民日报,2000-9-6.

③ 张丽君.全球政治中的国际组织(IGOs)[M].上海:华东师范大学出版社,2017:225.

位后,关贸总协定终止了台湾的"观察员"地位,中国逐步恢复了与关贸总协定的联系和往来。中国1986年正式提出了复关申请,1992年,中国复关谈判进入实质性阶段。1993年,江泽民在亚太经合组织会议上提出了中国复关三原则:关贸总协定没有中国参与是不完整的;中国必须以发展中国家复关;中国复关坚持权利与义务的平衡。随后数年里,中国复关工作组与有关国家特别是美国进行了一轮又一轮的谈判,最终于1999年签署了《中美关于中国加入世界贸易组织的双边协议》,在经历了长达十五年的谈判后,中国于2001年12月11日正式成为世界贸易组织成员。

十五年间中国复关和入世谈判之艰辛,为世贸组织各会员国罕见,这也深刻反映了20世纪90年代中国深化改革开放,扩大对外贸易并融入世界体系的不懈努力。中国加入世界贸易组织意味着世界上人口最多的国家和世界上最大的市场主体向世界打开了大门。中国加入世界贸易组织促进了中国特色社会主义市场经济体制的改革和完善,有利于中国引进外资,使中国的企业深刻参与全球贸易的竞争与合作。加入世界贸易组织促进了中国经济发展,中国成功地把握住了重要的战略发展机遇。

3.发起成立上海合作组织

1992—2002年这十年间,中国国际组织战略的另一个重要举措是发起成立上海合作组织。上海合作组织前身为1996年4月发起成立的上海五国会晤机制,五国包括中国、俄罗斯、哈萨克斯坦、吉尔吉斯斯坦和塔吉克斯坦。上海五国机制成立的主要起因是为维护中亚地区安全,解决领土边界谈判,打击三股势力和加强地区内国家之间合作。上海五国会晤机制的主要推动者为中国与俄罗斯。中俄关系在两国高层领导的精心指导下日益密切,两国在国际事务中互相支持,成为推动世界多极化的重要力量。

上海五国会晤机制分别在成员国轮流举行。在这一机制下,五国之间不断加强协作与沟通,安全互信日益增强,边界问题也得到妥善解决。1998年江泽民主席访问哈萨克斯坦时双方签署了第三个《中哈国界补充协定》,全长一千七百多千米的中哈边界问题得到了全面解决。中吉两国于1996年7月和1999年8月先后签署了《中吉国界协定》和《中吉国界补充协定》,基本解决了两国间一千多千米长的边界问题。[1]中塔和中俄也分别于2002年和2004年全面解决了边界问题。

在中俄两国推动下,上海五国会晤机制发展为上海合作组织。2001年上海合作组织正式成立。这是第一个以中国城市命名的政府间国际组织,也是中国作为主要发起国发起成立的第一个重要国际组织,是中国为促进世界多极化和完善国际政治新秩序的尝试和实践。

4.积极发展与其他国际组织合作

中国重视与亚太经合组织的关系。自1993年以来,江泽民多次出席亚太经合组织领导人非正式会议,并就加强亚太地区经济合作提出了许多建设性意见和建议。中国于2001年10月成功举办了亚太经合组织(APEC)第九次领导人非正式会议。这是改革开放以来中国首次举办高级别、大规模的元首峰会,也是"911事件"后世界重要国家领导人首次集体参加的会议。这次会议的成功举办对于促进亚太地区经济企稳回暖起到了积极促进作用。会议发表了《亚太经合组织反恐声明》,呼吁各国反对恐怖主义,加强打击恐怖主义国际合作。

中国重视与欧盟的关系。中欧关系曾经在20世纪90年代初陷入低谷。1998年4月时任总理朱镕基出席了在英国召开的第二届亚欧首脑会议。朱镕基同欧盟轮值国主席英国首相布莱尔和欧盟委员会主席桑特举行了首次中国—欧盟领导人会晤。1998年10月,欧盟委员会主席桑特访问中国,欧盟与中国关系逐步走入正轨。

1997年中国与东盟联合合作委员会成立。1997年12月,江泽民出席了在马来西亚吉隆坡召开的东盟—中日韩首脑及中国—东盟首脑非正式会晤,中国与东盟宣布建立"面向21世纪的睦邻互信伙伴关系"。

作为发展中国家,中国还积极参加旨在促进经济合作、环境保护,解决人类共同面临的全球性问题的各种国际性和地区性组织活动。李鹏、

---

[1]　潘光.从上海五国到上海合作组织[J].俄罗斯研究,2002(2):31—34.

朱镕基等领导同志出席了亚欧会议、世界粮食首脑会议、国际金融会议等国际大会。[1]中国积极参与上述国际会议,利用国际会议平台发出中国声音,阐明中国立场,展现中国形象。

三、案例分析:中国参加联合国柬埔寨维和行动

中国对待联合国维和行动的态度,经历了早期拒绝参与,到逐步接受并最终参与的过程。这一过程也是中国与国际组织关系的一个缩影。

联合国维和行动始于1948年联合国巴勒斯坦停战监督组织的建立,是在联合国安理会授权下使用非武力的方式,向冲突地区派遣维和部队或军事观察团,以恢复或维护和平的一种行动。[2]联合国维和行动务必遵守各方同意、公正及非必要不得使用武力三原则。早期中国对联合国维和行动秉持不参与、不缴费和不投票的消极政策,与联合国维和行动保持距离。这一方面由于早期的联合国维和行动确有瑕疵,中国认为维和行动无法从根本上解决冲突问题;另一方面也与中国长期奉行的"独立自主、不干涉内政"的外交政策有关。中国认为维和机制和维和行动多是西方国家控制,中国将主要精力放在了国内建设和改革开放进程中,对向国外出兵开展维和行动没有积极响应。随着改革开放深入,中国与世界交往的扩大,中国逐步转变为积极地参与联合国维和行动。

1988年中国常驻联合国代表李鹿野致函联合国秘书长,提出中国希望加入联合国维和行动,为国际和平做出贡献。联合国大会以决议方式通过了接受中国为联合国维和特别行动委员会成员。中国开始正式参与联合国维和行动。1989年中国向联合国停战监督组织派遣五名观察员,与联合国维和行动有了初步接触。1989年中国派出二十名文职人员参加了联合国纳米比亚过渡时期援助团,这是中国第一次实质性参与联合国维和行动。[3]

---

① 金鑫.第三代领导集体与当代中国的全方位外交述评[J].国际论坛,2000(4):31—36.
② 门洪华.联合国维和机制的创新[J].国际问题研究,2002(6):17—21.
③ 赵磊.中国参与联合国维和行动的类型及地域分析[J].当代亚太,2009(2):55—72.

　　中国第一支联合国维和整建制部队当属中国驻柬埔寨联合国维和工程大队。之所以向柬埔寨派遣维和部队,是因为自1975年以来柬埔寨国内一直派系林立、战乱不断。为解决柬埔寨问题,联合国安理会专门通过了《柬埔寨冲突全面政治解决协定》。根据这一协定,联合国要派出一个柬埔寨过渡时期权力机构来监督各方停火并举行公正大选。联合国秘书长为此邀请中国派兵参加联合国在柬埔寨的维和行动。1992年4月16日,中国派工兵部队参加了"联合国柬埔寨临时权力机构",这是中国第一次派出成建制非作战部队参加联合国维和行动。中国政府分两批共派遣800名赴柬维和官兵,在18个月内完成了机场、公路、桥梁等多项工程建设和维修任务,其中修复和扩建机场4个,修复公路4条共640千米,新架设或修复桥梁47座,并完成了其他大量的勤务工程,为保障联柬维和部队行动的顺利实施做出了贡献。①

　　中国赴柬工程兵大队是我国历史上第一支蓝盔部队。联合国驻柬埔寨维和部队司令桑德森中将,亲自为中国维和官兵授予联合国维持和平勋章。中国工兵大队离开柬埔寨时,联合国秘书长特别代表石明康专程来机场送行,表示对中国维和部队的感谢和敬意。通过参与联合国维和行动,中国军队能够近距离与其他国家军队一起执行任务,锻炼了部队的国际交往和协同作战能力。中国军队通过联合国维和行动合法地走出国门,标志着中国在维和行动领域迈上了新的台阶,对中国与联合国都具有里程碑意义。

四、战略评估

　　从战略目标选择看,20世纪90年代初中国所处的国内外环境并不乐观,国内经济增长放缓,还遭受了自然灾害的冲击。国际上,以美国为首的西方国家对中国进行制裁、孤立,中国在国际上面临不利形势。作为发展中国家,中国选择了融入型国际组织战略目标,这符合中国发展现状和

---

① 赵磊.中国参与联合国维和行动的类型及地域分析[J].当代亚太,2009(2):55—72.

当时国际秩序的特点,中国的选择是合理的。

从战略手段的有效性看,中国作为联合国安理会常任理事国,选择利用联合国来突破国际封锁,扩大国际交往。中国积极参与联合国各项活动,推动国际和地区热点问题的解决,利用联合国平台宣传中国外交政策和主张,树立中国爱好和平的国际形象。在平稳度过了苏联解体带来的国际格局变动和国内政治风波影响后,中国国内外形势逐步趋于稳定,迎来了20世纪90年代国家发展战略机遇期。发展经济和改善民生成为中国当时最主要的诉求。在这一背景下,中国努力申请加入世界贸易组织。经过长达十五年的漫长谈判,中国成为世界贸易组织成员国。这是新中国发展史上的里程碑事件,为之后中国经济保持长期快速发展奠定了基础。发起成立上海合作组织是中国为维护边境地区稳定与和平,促进区域合作的重要举措。上海合作组织及其框架内的合作为中国西北部安全与稳定提供了一道制度屏障。

这十年,中国的国际组织外交主要集中在安全与经济两个方面。安全是国家生存的首要前提,中国国际组织外交的首要任务也是维护中国的国家领土和主权安全。中国在这一时期也提出了对国际政治与安全的理解,如江泽民在1999年提出了"新安全观"。在邓小平时期,对国际组织的考虑主要是从国际组织的经济和工具属性出发,将国际组织视作促进中国经济发展、为中国吸引经济援助的一个重要工具。而1992—2002年这十年间,中国对国际组织的认同除了经济因素外,也开始逐步考虑中国作为一个发展中大国所要承担的国际责任,或者说开始回应国际社会对中国发展的期待。中国强调大国合作,强调尊重现有国际制度、国际规范和国际价值。中国重视参与联合国维和、全球气候变化、世界妇女问题、防止核武器扩散等国际组织有关活动,为中国在国际上树立负责任的发展中大国形象奠定了良好基础。这一时期中国国际组织战略维护和拓展了中国国家利益,达到了既定的战略目标。

这一阶段中国参与国际组织的困难和不足在于:起步阶段,中国对国际组织以接触和融入为主,议程设置能力和动员能力不足;在国际组织内对国际组织规则的掌握和利用还不够充分;在国际组织工作的雇员少,高级官员更少,制约了中国在国际组织的话语权,等等。

第三节 全面参与阶段(2002—2012)

一、战略形势判断

(一)国内发展状况

2002年中国共产党召开了第十六次全国代表大会。党的十六大报告明确指出,未来二十年中国要全面建设小康社会,开创中国特色社会主义事业新局面。[1]2002年中国经济继续保持快速发展势头,全年国内生产总值比2001年增长8%,超过了10万亿元,经济总量位于世界第六位。2002年中国吸引外商投资超过500亿美元,成为全球吸引外资最多的国家。[2]2002年是中国加入世界贸易组织后的第一年,中国依靠自身经济活力和政府管理能力有效应对了加入世界贸易组织所带来的冲击。但2002年前后中国也面临一些严峻形势,经济发展与生态环境之间的矛盾开始显现,城乡之间发展不平衡,城镇居民与农村居民收入差距扩大等。

经过十年发展,到2012年时中国国内生产总值已经达到了51.9万亿元,位居世界第二位。全国税收收入超过11万亿,公共财政收入达到11.7万亿,外贸进出口总值38.7亿美元,全国粮食总产量达到58957万吨,规模以上工业企业实现利润达到46625亿元。[3]这一阶段,中国粮食产量实现了"九连增",国家重点领域改革取得新突破,开放型经济发展达到新阶段,国家创新能力建设取得新成就。一大批高精尖工程如载人航

---

① 江泽民.全面建设小康社会,开创中国特色社会主义事业新局面[N].人民日报,2002-11-9.
② 周大亚.2002年—2003年中国社会形势分析与预测[J].民主与科学,2003(1):21—24.
③ 温家宝在十二届全国人大一次会议上作政府工作报告[N].人民日报,2013-3-6.

天、探月工程、北斗卫星导航系统、载人深潜、超级计算机等都实现了重大突破。中国第一艘航空母舰"辽宁舰"入列。中国先后成功举办2008年北京奥运会、2010年上海世博会。全国人民齐心协力,战胜了汶川特大地震、玉树地震、舟曲特大泥石流等自然灾害打击,取得了灾后重建的重大胜利。中国综合国力、人民生活水平、国际地位和影响力都得到了显著提高。中国特色社会主义建设事业实现了新篇章。

(二)外交形势

"911事件"后国际形势发生了巨大变化,世界不稳定因素增加,非传统安全威胁成为各国共同面对的难题。国际上各种力量博弈加剧,局部战乱和动荡仍然存在,中国面临的挑战与机遇并存。中国外交也处在关键节点上,以胡锦涛同志为总书记的党中央成为中国外交决策的核心。外交为内政服务。党的十六大报告中明确提出了全面建设小康社会的发展目标,2020年国内生产总值要比2000年翻两番。这一宏伟目标的实现需要中国在外交上创造长期稳定的国际环境。面对错综复杂的国际形势,中国在外交上做了诸多努力。

这一时期中国继续坚持独立自主的和平外交传统,在国际和地区事务中发挥了积极作用,实现了从"韬光养晦"到"有所作为"的跨越。中国与世界主要大国双边关系发展良好。中美两国领导人短时间实现了互访,高层会晤频繁。2006年中美两国首次设立"中美战略经济对话",战略对话定期举行,经贸合作成果喜人。中俄"战略协作伙伴关系"不断推进,普京总统在2002年访华,中俄发表联合声明,举行联合军事演习,互相举办各自国家年,夯实传统友谊。中日邦交正常化三十周年,民间交流十分活跃。中欧在各领域交往密切,双方将部长级会议和副部长级会议机制化,推动全面战略伙伴关系向前发展。2003年中国举办了首届"亚欧会议文化与文明会议",2005年中国推动亚欧首脑会议通过了《亚欧会议文化与文明对话宣言》。2003年中国首次参加了八国集团首脑会议,2009年中国成为二十国集团的创始国。

中国主张开放的地区主义,重视周边外交,积极参与亚太经合组织、东盟地区论坛、中日韩合作等合作机制。中印两国在经济、能源、民航、信息技术等方面开展了合作,在结束边界争端和促进经贸合作上也取得了很多成果。2005年中印两国举行了首次战略对话。中韩两国商定建立21世纪全面合作伙伴关系。中国与东盟在2003年签订了《东南亚友好合作条约》。

中国积极参与国际和地区热点问题的解决,特别是推动联合国安理会通过解决伊拉克问题的1441号决议案做出了巨大努力,赢得了国际社会称赞。中国主张以和平方式解决争端,在科索沃、黎以冲突等地区热点问题上采取严肃和审慎的态度。中国为朝核问题解决积极斡旋,促成朝核问题六方会谈取得了重要阶段性成果。中国还努力推动伊核问题和平解决。

中国一直将发展中国家作为中国外交的立足点。中国与阿拉伯国家、非洲国家、太平洋岛国及加勒比地区国家建立合作论坛,与安第斯共同体建立磋商机制。2005年9月15日,在联合国成立六十周年时,胡锦涛主席在联合国总部发表演讲,宣布将通过扩大援助、减免债务等方式帮助发展中国家和贫穷落后国家加快发展步伐。中国帮助非洲设立了一大批援助项目,免除了非洲国家上百亿元人民币债务。"和谐世界"理念是这一时期我国对外工作总体方针和指导思想,是中国对国际秩序和世界格局发展的主张和态度。胡锦涛主席多次向国际社会全面阐述了"和谐世界"理念,向世界传递了中国追求和平、做负责任大国的决心和意愿。[①]

二、战略目标与战略手段

(一)战略目标

"911事件"对世界产生了深刻的影响,恐怖主义和战争为国际政治格局带来了深刻的变动。美国主要精力投向了中东地区的战争,国内更

---

① 胡锦涛.努力建设持久和平、共同繁荣的和谐世界[N].人民日报,2005-9-16.

是遇到次贷危机。中国这一时期则紧紧抓住了加入世界贸易组织带来的经济发展机遇，一跃成为世界第二大经济体。胡锦涛主席在联合国首脑峰会上提出了"和谐世界"理念，宣示了中国爱好和平、要做负责任的大国，希望与世界各国人民一起共建和平、繁荣、和谐世界。中国在这一时期继续坚持走和平发展道路，没有挑战现有国际秩序，是在现有国际秩序内的和平崛起。这一时期中国国际组织战略目标是继续高举和平、发展、合作的大旗，积极参与国际合作与竞争，全面发展同多边国际组织关系，致力于建设持久和平、共同繁荣的和谐世界。

（二）战略手段

这一时期中国重视多边外交，全面参与国际组织，发展与联合国等国际组织互动关系，共同应对全球发展、恐怖主义、气候变化、粮食安全等全球性问题，促进全球治理体系完善。中国采取的战略手段主要如下：

1.将联合国作为中国国际组织战略的核心

中国高度重视与联合国的关系，维护联合国和安理会的权威，将联合国视作中国国际组织战略的核心。2002—2012年十年间，胡锦涛主席先后两次赴纽约联合国总部出席活动：一次为2005年9月15日出席联合国成立六十周年首脑峰会，并在会上全面阐述了中国对国际形势的看法，表达了中国坚定支持联合国发挥作用，支持联合国改革等主张；另一次是2009年9月出席联合国气候变化峰会和第64届联大一般性辩论会议。这也是中国国家元首第一次出现在联合国大会一般性辩论的讲台上。

中国向联合国缴纳的会费也逐年递增。1995年，中国在联合国正常预算中的会费比例仅为0.72%，1999年上升至0.97%，2004年上升至2.05%，2010年上升至3.189%。中国也是联合国维和经费的主要提供者，是五个安理会常任理事国中派出联合国维和人员最多的国家。从1989年中国首次参与联合国维和行动到2012年底，中国已累计派出14650人次维和官兵参与联合国维和行动，成为目前联合国维和行动中的一支重要力量。① 中国还积极参与联合国裁军谈判会议,呼吁核大国履行全面禁止和销毁核武器的责任和义务。2012年胡锦涛主席会见来华访问的联合国秘书长潘基文时表示,联合国作为国际多边组织和机制的核心,在维护世界和平、促进共同发展、推动国际合作方面发挥了不可替代作用,中国将继续支持秘书长工作,为促进中国和联合国合作做出积极努力。②

2.向国际组织输送人才并提供经费支持

这一时期中国与国际组织合作日益全面,主要体现在两点:一是中国向国际组织输送了更多的中国籍领导人。如2005年,教育部副部长章新胜高票当选为联合国教科文组织执行局主席;2006年,中国香港的陈冯富珍女士当选为新一任世界卫生组织总干事;2006年,赵厚麟当选为国际电信联盟副秘书长;2007年,沙祖康被任命为联合国副秘书长;2008年,林毅夫被任命为世界银行首席经济学家兼高级副行长等。③二是中国在经费上给予国际组织更多支持。自加入国际原子能机构以来,中国已向其提供了超过1200万美元的现金援助。④2004年9月,世界银行发展门户基金会中国捐赠项目在北京启动,中国政府加入该基金会,并向基金会提供100万美元现金捐赠和400万美元非现金项目。⑤在2009年的G20伦敦峰会上,二十国集团领导人一致决定将国际货币基金组织的可用资金提高两倍至7500亿美元,并增发2500亿美元特别提款权(SDR)。中国在权利与义务平衡、分摊与自愿结合的原则下,积极支持基金组织扩大融资,宣布购买不超过500亿美元的基金组织债券,支持发展中国家应对经济危机。中国还积极参与国际机构的贸易融资计划,积极履行购买世界

---

① 李华.从工具性利用到决策性参与——中国国际组织公共外交评估[J].教学与研究,2014(1):58—64.

② 胡锦涛会见联合国秘书长[N].人民日报(海外版),2012-7-19.

③ 孙洁琬.中国与国际组织"亲密接触"[J].人民论坛,2007(6):48—49.

④ 张丽华.国际组织概论[M].北京:科学出版社,2015:245.

⑤ 苏长和.发现中国新外交——多边国际制度与中国外交新思维[J].世界经济与政治,2005(4):11—16.

银行15亿美元私募债券的承诺。^①2012年,G20领导人第七次峰会在墨西哥举行,中国宣布向国际货币基金组织增资430亿美元。

3.重视地区国际组织和国际机制

这一时期,中国除了与全球性国际组织密切合作外,还重视参与地区国际组织和国际机制。胡锦涛主席出席了历年的亚太经合组织领导人非正式会晤,在2006年亚太经合组织领导人非正式会议上提出了构建"和谐亚太"的理念;在此之前的亚信组织领导人阿拉木图峰会上,还提出了建设"和谐亚洲"的主张。2010年,中国与印度、俄罗斯等国共同发起了金砖国家领导人会晤机制,作为发展中国家和新兴经济体的代表,金砖国家日益成为参与全球治理的重要力量和南南合作的重要平台。中国积极推动上海合作组织开展区域合作,创建了中非、中阿合作论坛机制,推动中国东盟"10 + 3"机制进一步发挥作用,促进朝核问题、伊朗核问题解决,中国在中国—东盟《南海各方行为宣言》、中国—东盟自由贸易区等地区组织机制建设过程中扮演积极角色,努力为地区和平、稳定与繁荣贡献力量。^②

三、案例分析:非典时期中国与世界卫生组织的合作

非典时期中国与世界卫生组织的关系经历了从紧张到合作的转折。通过这一公共卫生事件,中国学习到如何与国际组织交往并维护国家利益,也意识到中国应该更全面参与国际组织、增强在国际组织的影响力,利用国际组织平台拓展国家利益。

1946年,64个国家在纽约签署了《世界卫生组织组织法》,规定了世界卫生组织的宗旨和任务。^③世界卫生组织成立于1948年,是在卫生领域影响力最大的政府间国际组织。世界卫生组织的宗旨是促进世界各国

① 胡锦涛主席即将出席联合国系列会议和二十国集团领导人第三次金融峰会[N].经济日报,2009-9-16.

② 李华.国际组织与中国的公共外交[J].上海大学学报(社会科学版),2016-5(3):31—43.

③ 郑启荣.国际组织[M].北京:高等教育出版社,2018:201.

人民获得高水平的健康。世界卫生组织目前共有194个成员和2个准成员。组织机构包括世界卫生大会、执委会及秘书处。世界卫生组织总部在瑞士日内瓦，总干事为埃塞俄比亚人谭德塞。前任总干事为中国香港籍陈冯富珍。

中国于1972年恢复了在世界卫生组织的合法席位，1978年开始与世界卫生组织签署合作备忘录。自双方开展务实合作以来，中国利用世界卫生组织平台，获取国际上最新卫生领域信息，培养了医学专业人才，提高了中国卫生管理和应急处理能力。卫生和健康问题关系到每一个人的生存和发展，加入世界卫生组织对中国卫生事业起到了很大的推动作用，也为中国健康事业发展做出了重要贡献。

四、战略评估

在战略目标的达成度上，这一时期中国积极参与多边外交，承担大国国际义务，推动全球和地区问题的国际合作，发展与国际组织关系，在世界上朋友越来越多，以实际行动践行了构建和谐世界的理念。中国国际组织战略迈向了相对成熟阶段。中国全面参与现有国际组织特别是国际经济组织，搭乘经济全球化列车，促进了经济快速发展。随着参与国际组织数量的增多，中国对国际组织有了更加全面的认识，中国积极参与制定和完善国际规则，推动国际秩序朝着更加公平合理的方向发展。这一时期，中国在联合国改革、朝核六方会谈、东亚区域合作、上海合作组织建设、反恐、核不扩散等领域都发挥了举足轻重的作用。中国已经是国际体系中建设性的合作者，国际矛盾中积极的协调和斡旋者、周边和地区秩序务实的塑造者和维护者。

在战略手段的有效性上，中国作为联合国安理会常任理事国，利用联合国平台积极参与朝鲜核问题、伊朗核问题、缅甸问题、伊拉克问题及阿富汗问题的解决进程。中国充分利用世界贸易组织规则和机制，扩大进出口，为中国企业寻找外向型发展机会，促进了中国经济增长。除了常规交往和活动，中国多次承办了国际组织交办的大型国际活动，将举办大型国际活动作为检验中国政府组织协调能力,展示国家形象和增强国际影响力的机会。国际组织对中国的认可度和信任感在增加,中国的国际地位稳步提升。举办大型国际组织活动被证明是改善中国国家形象,推动中国融入世界,扩大中国影响力和提升中国软实力的有效手段和方式。中国加强了向国际组织输送高级别领导人的步伐,一批中国籍高官走向了国际组织领导岗位,提升了中国在国际组织内部的话语权和影响力。国际组织自身发展离不开各会员国资金支持。美国之所以在诸多国际组织保持着领导地位,与其在经费上对国际组织的支持密不可分。在符合中国国情、国家利益、外交政策和财政预算的前提下,加大对国际组织的经费投入,应该成为中国国际组织战略的重要手段。

小结

本章将党的十八大以前中国国际组织战略演变历程按三个阶段区分。第一个阶段是1992年以前,主要是讲中国国际组织战略早期背景,这一阶段时间跨度较长,涵盖了近现代及新中国成立以后中国与国际组织交往历史。本章试图对这段历史进行简要概括和总结,主要聚焦1992年以后的国际组织战略。对1992年以前中国参与国际组织的特征可以概括为从早期接触到有限参与阶段。第二个阶段是1992—2002年,这是东欧剧变、苏联解体后,也是邓小平同志南方谈话之后中国主动融入、积极参与国际组织的阶段。第三阶段是2002—2012年,中国与国际组织关系迈向了全面参与阶段。

1992年以前中国国际组织外交随着国家实力、国内发展和国际压力而起伏,参与方式也是主动与被动、积极与消极交织并存。随着中国对外开放的逐步推进,国际组织对中国的重要性已经开始显现,参与国际组织对拓展中国国家利益的积极作用也日益明显。中国对国际组织的重要性认识逐步加深,与国际组织交往逐步扩大。

1992—2002年是中国主动融入和积极参与国际组织阶段。这一阶段中国国际组织战略的主要特点是重视发挥联合国的作用、主动寻求加入世界贸易组织、发起成立上海合作组织及积极与其他国际组织合作等。这一阶段中国国际组织战略是在确保自身稳定和发展的前提下,逐步确立中国大国形象。有别于20世纪90年代以前邓小平时期中国主要强调国际组织的经济和工具属性,这一阶段中国也在摸索作为一个发展中大国如何在世界上承担相应的国际责任。

2002—2012年这十年是中国国际组织战略走向相对成熟和全面参与的阶段。中国与联合国的关系更加密切,中国积极发展与地区国际组织关系等,对国际组织经费支持力度加大,一批中国籍高官走向国际组织重要领导岗位,这些手段都为扩大中国在国际组织内影响力发挥了重要作用。

党的十八大以前,中国国际组织战略演变历程的三个阶段,是中国国家实力与国际地位的投射,既反映了中国国家实力的不断增强和国际地位的提高,也体现了中国在发展过程中对国际组织认识的变化。研究中国国际组织战略的历史演变,可以为国家未来制定更加科学的国际组织战略提供事实依据和经验借鉴。

第三章　新时代中国国际组织战略的实践与评估

在第一章确立了中国国际组织战略的理论基础和分析框架后,第二章回顾了中国国际组织战略的历史演变。历史演变主要时间节点是从晚清中国到2012年(即党的十八大召开以前)。对每一阶段的历史演变遵循第一章所确立的有关国际组织战略研究一般性分析框架展开。本书希望以历史为镜鉴,更多关注当下国际组织战略实践和对未来展望,也考虑到研究的现实意义,本书研究重心是当前中国国际组织战略的实践和评估及进一步设计。

党的十八大以来,以习近平同志为核心的党中央科学精准地把握中国前进的方向,在全球层面和地区层面做了一系列完整、具有前瞻性的战略布局,推动中国发展迈向新的阶段,全面提升了中国在世界上影响力。新时代中国国际组织战略主动谋划能力增强,国际战略布局更为合理,与国际组织的关系进一步提升,中国通过国际组织切实推动国际关系民主化。

第一节　新时代中国国际组织战略实践

以习近平同志为核心的党中央审时度势,统筹国内国际两个大局,紧紧围绕"两个一百年"的奋斗目标和中华民族伟大复兴的中国梦,提出了一系列治国理政的新思想和新理念,将中国特色社会主义事业推向新的阶段。中国在2010年就成了世界第二大经济体,中国经济成为世界经济增长的重要引擎。与此同时,以金砖国家为代表的发展中国家群体性崛起日益成为国际社会关注的重要议题,国际政治格局面临着深刻变革和调整。

一、战略形势判断

(一)国内发展状况

党的十八大开局之年,我国的经济形势如下:国家取得一系列新的历史性成就,为全面建成小康社会打下了坚实基础。我国经济总量从世界第六位跃升到第二位,社会生产力、经济实力、科技实力迈上一个大台阶,人民生活水平、居民收入水平、社会保障水平迈上一个大台阶,综合国力、国际竞争力、国际影响力迈上一个大台阶,国家面貌发生新的历史性变化。综观国际国内大势,我国发展仍处于可以大有作为的重要战略机遇期。我们要全面把握机遇,沉着应对挑战,赢得主动,赢得优势,赢得未来,确保到2020年实现全面建成小康社会的宏伟目标。这个目标进一步发展为"两个一百年",即一是到2020年,国内生产总值和城乡居民人均收入在2010年的基础上翻一番,全面建成惠及十几亿人口的小康社会;二是到21世纪中叶,即中华人民共和国成立一百年时,建成富强民主文明和谐的社会主义现代化国家。①

(二)外交形势

党的十八大以来,中国外交的广度和深度得到空前拓展。以习近平同志为核心的党中央高度重视外交工作,科学把握国际形势和时代脉搏,大力推进外交理论和实践创新,开创了外交工作的新局面,取得了丰硕的成就。新时代十年(截至2022年底),我国建交国总数从172个增加到

---

① 胡锦涛.坚定不移沿着中国特色社会主义道路前进,为全面建成小康社会而奋斗——在中国共产党第十八次全国代表大会上的报告[N].人民日报,2012-11-18.

181个,同世界各国和地区组织建立伙伴关系的数量从41对增加到113对,中国的朋友圈不断扩大。[①]在世界形势错综复杂多变的情况下,中国与世界各主要大国关系保持着平稳发展,保证了总体稳定的国际环境。

首先是构建新型大国关系。中美元首会晤引领双边关系发展。习近平主席和奥巴马总统会面九次。除了在圣彼得堡G20峰会、海牙第三届核安全峰会、安塔利亚G20峰会及巴黎气候峰会等国际会议期间的简短会晤外,习近平主席和奥巴马总统进行了互访,安纳伯格"庄园会晤"、中南海"瀛台夜话"和"布莱尔国宾馆秋叙"等都传为佳话。特朗普就任总统后,习近平主席和特朗普总统先后在海湖庄园和G20汉堡峰会上举行了会晤。2022年,中美元首三次会晤通话,特别是11月14日习近平主席应约同拜登总统在巴厘岛举行面对面会晤,就事关中美关系及世界和平发展的重大问题进行了坦诚、深入、建设性、战略性沟通。习近平主席为中美关系划出红线,亮明底线,强调中美关系发展历史表明,中美合则两利,斗则俱伤,双方应该建立相互尊重、和平共处、合作共赢的相处之道,推动中美关系重回健康稳定的正轨。中俄关系继续保持亲密势头,战略互信不断加深。党的十八大以来,习近平主席与普京总统先后会面二十多次,这在元首外交上也属少见。中俄新时代全面战略协作伙伴关系保持高水平发展。习近平主席和普京总统在北京实现"冬奥之约",在撒马尔罕举行重要会晤,为中俄关系在新的历史条件下开拓前行提供战略引领。中俄关系建立在不结盟、不对抗、不针对第三方基础之上,更不受第三方的干扰和挑拨。不管国际风云如何变幻,中俄双方都将保持战略定力,将新时代全面战略协作伙伴关系不断推向前进。

中欧是维护世界和平的两大力量,促进共同发展的两大市场,推动人类进步的两大文明。中欧关系不针对、不依附,也不受制于第三方。中国与欧盟的关系也保持良好势头。双方在相互尊重、互利共赢基础上开展

---

① 二十大新闻中心第四场记者招待会实录[EB/OL].(2022-10-20)[2022-11-14].http://switzerlandemb.fmprc.gov.cn/wjbxw_new/202210/t20221020_10788846.shtml.

对话合作,将为动荡的世界局势提供更多稳定因素。中国和欧盟在2003年建立全面战略伙伴关系,合作涵盖了上百个领域,特别是经贸方面中欧之间互补性很强,目前双方正围绕《中欧合作2020战略规划》,以贸易为主要驱动力,辐射其他领域拓展合作,丰富中欧关系内涵。

中方高度重视发展同非洲的友好关系,大力弘扬"中非友好合作精神",推动构建中非命运共同体。中国对非合作重信守诺,不开"空头支票"。中国对非洲的援助不带有其他附加条件,不搞大国霸权和强权政治,坚持正确的义利观,帮助非洲实现自身可持续发展,乐意见到非洲国家提升国际地位和国家形象。中国还积极发展与中东欧地区、拉美地区及阿拉伯世界的友好关系,为世界和平与稳定贡献自身力量,携手与世界各国推动构建人类命运共同体。

为进一步扩大对外开放,让世界分享中国发展红利,实现中国与世界共同繁荣发展,习近平主席在2013年提出了建设丝绸之路经济带和21世纪海上丝绸之路。作为一个开放包容的合作平台,其指导原则是共商、共建和共享,目标是最终实现互利共赢发展。中国提供发展方案和公共产品,共建"一带一路"国家参与其中,分享合作收益。"一带一路"倡议得到了国际社会认可和积极响应。2017年5月,中国成功举办了"一带一路"国际合作高峰论坛。29位外国元首和政府首脑、130多个国家和70多个国际组织负责人和代表出席了论坛。2019年中国成功举办第二届"一带一路"国际合作高峰论坛,40位国家元首、政府首脑等领导人和全球主要国际组织负责人齐聚一堂,150个国家、92个国际组织的6000余名外宾共襄盛举,推动达成283项合作成果。[1]截至2023年初,151个国家和32个国际组织组成"一带一路"大家庭,打造了促进各国发展新引擎。[2]"一带一路"倡议不是一句口号,中国同有关国家和地区制定了具体的合作计划和行动指南,将合作落到实处,为世界经济增长提供了新动能。2013年

---

① 王毅.不忘初心 接续奋斗 全力开拓中国特色大国外交新局面[J].求是,2020(1):24—30.
② 王毅.矢志民族复兴,胸怀人类命运 奋进中国特色大国外交新征程[J].求是,2023(1):24—30.

至2021年,中国同共建"一带一路"国家累计货物贸易额近11万亿美元、双向投资超过2300亿美元。共建"一带一路"倡议及共商共建共享的核心理念被写入联合国、二十国集团、亚太经合组织及其他区域组织等有关文件中,成为全球治理的重要共识。亚洲基础设施投资银行、丝路基金等多边开发机构和合作平台的设立,推动全球治理体系朝着更加公正合理的方向发展。[①]

党的十八大以来,以习近平同志为核心的党中央在中国外交各领域积极创新和实践,开创了中国特色大国外交新局面。习近平总书记作为中国特色大国外交的总设计师,洞察国际风云、把握时代脉搏,提出一系列原创性外交战略策略和重大理念倡议,创立了习近平外交思想。王毅指出,习近平外交思想是习近平新时代中国特色社会主义思想的重要组成部分,是当代中国马克思主义在对外领域的最新理论成果,是中华文化和中国精神的时代精华体现,为新时代中国外交提供了根本遵循和行动指南,为解决全球重大问题贡献了中国智慧和中国方案,为推动人类发展与进步凝聚了共识与合力。[②]习近平外交思想和中国特色大国外交理念超越了国际政治中传统现实主义逻辑,超越了零和博弈思维,开辟的是合作共赢、互利互惠的合作之路,体现了中国特色、中国风格和中国气派,为国际关系注入了新的活力。而构建人类命运共同体等重大理念被相继写入联合国决议、联合国安理会决议和联合国人权理事会决议,成为全球治理话语体系的重要组成部分,更彰显了中国特色大国外交理论的影响力和生命力。王毅曾经在美国国际战略与国际问题研究中心发表了题为《发展中的中国和中国外交》的演讲,阐述了中国外交和国际战略的使命:一是让更多国家和民众了解并理解中国选择的社会制度和发展道路;二是中国坚定维护二战胜利以后形成的国际秩序和国际体系,包括以联合国为核心的当代国际体系和自由开放的世界贸易体系,以及不断完善的

---

① 和音.共建"一带一路"朋友圈越来越大[N].人民日报,2023-1-12.

② 王毅.学思践悟习近平外交思想 坚守新时代外交使命担当[N].学习时报,2022-7-25.

国际经济金融治理机制；三是更加积极有为地为中国自身发展服务，积极推进"一带一路"建设；四是有效维护中国不断拓展的海外利益；五是建设性地参与国际和地区热点问题的解决。①

二、战略目标与战略手段

（一）战略目标

新时代中国国际组织战略目标可以确定为全面参与国际组织，提高我国的国际影响力、感召力和塑造力。中国国际组织战略目标应围绕中国国家总体发展目标，要与党的二十大报告所提出的奋斗目标一致，即中国国际组织战略应该服务于实现从2020年到2035年基本实现社会主义现代化；从2035年到21世纪中叶把我国建成富强民主文明和谐美丽的社会主义现代化强国的目标。从外交层面看，党的二十大报告同样对中国未来国际战略目标做出了清晰规划，即"中国始终坚持维护世界和平、促进共同发展的外交政策宗旨，致力于推动构建人类命运共同体""中国人民愿同世界人民携手开创人类更加美好的未来"②。

具体来说，新时代中国国际组织战略目标从内容上主要体现在以下方面：一是为世界提供中国方案和中国智慧，推动全球治理体系朝着更加公正合理的方向发展。中国积极参与全球治理体系改革和建设，在联合国、二十国集团、世界贸易组织、亚太经合组织、金砖国家组织、上海合作组织等国际组织平台上主动设置议题，推动国际合作。坚定维护以联合国为核心的国际体系、以国际法为基础的国际秩序，践行真正的多边主义。二是通过国际组织积极拓展伙伴关系，稳定与世界主要大国关系，构建新型国际关系。中国目前已经同世界上110多个国际和地区组织建立

---

① 外交部网站：发展中的中国和中国外交[EB/OL].https://www.mfa.gov.cn/web/wjbz_673089/zyjh_673099/201602/t20160226_7478448.shtml.

② 习近平.高举中国特色社会主义伟大旗帜 为全面建设社会主义现代化国家而团结奋斗——在中国共产党第二十次全国代表大会上的报告[N].人民日报，2022-10-26(1).

了伙伴关系,"朋友圈"不断扩大,伙伴关系网络覆盖全球。三是以周边国家为轴,发挥国际组织的桥梁作用,推动构建人类命运共同体。四是利用国际组织推进"一带一路"倡议实施,为世界经济增长注入强劲的动力。"一带一路"倡议是中国以开放心态向世界提供的国际合作公共产品,"一带一路"倡议秉承共商、共建、共享的原则,深化了沿线参与国家之间的合作,让各国分享中国改革发展红利。五是主动承担相应国际责任,利用国际组织平台参与国际热点问题的解决,在国际组织里倡导用和平手段、通过谈判和对话解决危机和冲突,为维护世界和平与发展做出自身贡献。

(二)战略手段

新时代中国国际组织战略手段上呈现了从积极参与到全面参与、主动塑造的重要转变。新时代中国有能力也有实力做国际组织发展和改革的推动者。这一时期主要战略手段有:

1.以首脑外交为引领,拓展全球伙伴关系网络

党的十八大以来,习近平主席与联合国前任秘书长潘基文、现任秘书长古特雷斯多次会面。①习近平还在不同场合包括以视频方式分别会见过联合国教科文组织前任总干事博科娃、现任总干事阿祖莱、世界卫生组

---

① 2013年6月19日,习近平主席在人民大会堂会见了联合国秘书长潘基文;2014年3月23日,习近平主席在荷兰会见潘基文秘书长;2014年5月19日,习近平主席在上海会见潘基文秘书长;2014年8月16日,习近平主席在南京会见潘基文秘书长;2014年9月26日,习近平主席在纽约联合国总部会见潘基文秘书长;2015年9月3日,习近平主席在北京人民大会堂会见潘基文秘书长;2015年9月26日,习近平主席在纽约联合国总部会见潘基文秘书长;2016年7月7日,习近平主席在北京钓鱼台国宾馆会见潘基文秘书长。2016年11月28日,习近平主席在北京钓鱼台国宾馆会见候任联合国秘书长古特雷斯。2017年1月18日,习近平主席在瑞士日内瓦万国宫会见古特雷斯秘书长。2018年4月8日,习近平主席在北京人民大会堂会见古特雷斯秘书长。2018年9月2日,习近平主席在北京人民大会堂会见古特雷斯秘书长。2018年11月30日,习近平主席在布宜诺斯艾利斯会见古特雷斯秘书长。2019年4月26日,习近平主席在北京人民大会堂会见古特雷斯秘书长。2019年6月28日,习近平主席在大阪主持中非领导人会晤并会见古特雷斯秘书长。2020年9月23日晚,习近平主席在北京以视频方式会见古特雷斯秘书长。2021年10月25日,习近平主席在北京人民大会堂以视频方式会见古特雷斯秘书长。2022年2月5日,习近平主席在人民大会堂会见来华出席北京2022年冬奥会的联合国秘书长古特雷斯。2022年11月16日下午,习近平主席在印尼巴厘岛会见联合国秘书长古特雷斯。

织前任总干事陈冯富珍、现任总干事谭德塞、欧洲理事会主席米歇尔和欧盟委员会主席冯德莱恩、世界银行前行长金墉、国际货币基金组织前总裁拉加德、现任总裁格奥尔基耶娃、世界贸易组织总干事阿德维多、联合国工业发展组织前总干事李勇、联合国人权事务前高级专员巴切莱特、红十字国际委员会前主席莫雷尔、上海合作组织前秘书长梅津采夫、亚信秘书处前执行主任宫建伟等多个国际组织领导人。

党的十八大以来，习近平主席出席了历次二十国集团领导人峰会、上海合作组织成员国元首理事会、金砖国家领导人会晤、亚太经合组织领导人非正式会议等重要多边外交活动，阐述一系列中国外交和国际战略重大理念主张。

2014年习近平主席访问了总部位于巴黎的联合国教科文组织总部。这是该组织成立近70年来中国国家主席首次到访其总部。2015年，习近平赴纽约出席了联合国成立70周年系列活动。2017年1月，习近平在访问瑞士并出席达沃斯世界经济论坛年会时，专程访问了在瑞士的国际组织联合国日内瓦总部、世界卫生组织和国际奥委会。习近平的这次出访是中国国家主席第一次到访世界卫生组织和国际奥委会总部。

党的二十大胜利召开后，中国特色大国外交踏上新征程，习近平启动举世瞩目的东南亚之行。2022年11月14日至19日，习近平应邀赴印尼巴厘岛出席二十国集团（G20）领导人第十七次峰会、赴泰国曼谷出席亚太经合组织（APEC）第二十九次领导人非正式会议。2022年12月，习近平开启中东之旅，出席了首届中阿、中海峰会，引领中阿和中海关系迈进全面深化发展的新时代。习近平系列出访代表中国发出了促进全球发展、改善全球治理的响亮声音，彰显中国理性、自信、负责任的大国担当。习近平面对变乱交织的国际形势，从宏阔时空维度剖析人类重大挑战，倡导真正的多边主义，坚持开放的区域主义，为时代之问提供中国答案，为国际社会带来宝贵信心。

2.承办国际组织会议及活动，提升中国国际影响力

党的十八大以来，中国承办了多个重要国际组织峰会和多边国际会议。2013年,中国承办了世界审计组织第二十一届大会,李克强总理出席大会开幕式并会见了世界审计组织主席特伦斯·农贝贝。2014年5月,中国承办亚洲相互协作与信任措施会议第四次峰会,习近平主席出席会议并致辞。2014年11月,亚太经合组织第22次领导人非正式会议在北京怀柔雁栖湖举行,习近平主持会议并讲话。2015年12月,上海合作组织成员国政府首脑理事会第十四次会议在郑州举行,李克强主持会议。2016年5月,中国政府和世界旅游组织共同举办首届世界旅游发展大会,李克强出席大会开幕式并致辞。2016年9月,第39届国际标准化组织大会在北京召开,李克强出席会议并致辞。2016年9月,二十国集团领导人峰会在杭州举行。2017年7月,中欧峰会在北京举行,李克强和欧盟委员会主席容克出席大会。2017年9月,国际刑警组织第86届大会在北京举行,习近平出席了大会开幕式并发表主旨演讲。2017年9月,金砖国家领导人第九次会晤在厦门举行。2018年6月上合组织峰会在青岛举行。2018年9月中非合作论坛峰会在北京举行。2019年4月,北京世园会开幕。习近平出席了上述会议。2021年10月习近平以视频方式出席《生物多样性公约》第十五次缔约方大会。2021年11月,习近平在北京以视频方式出席并主持中国—东盟建立对话关系30周年纪念峰会。中国东盟正式宣布建立中国—东盟全面战略伙伴关系。同年11月,习近平在北京以视频方式出席中非合作论坛第八届部长级会议开幕式。2022年2月,北京成功举办了冬奥会。多位国家元首、政府首脑和国际组织负责人应约而来。习近平连续3天密集出席20余场外事活动,凸显中国弘扬奥林匹克精神、加强国际合作、促进世界团结进步的强大号召力。2023年5月,中国—中亚峰会在陕西省西安市举行。2023年10月在北京举办了第三届"一带一路"国际合作高峰论坛。此外,中国领导人还多次出席博鳌亚洲论坛、夏季达沃斯等常设论坛年会开幕式。通过承办国际组织活动,向世界较好地讲述中国故事,展现可信、可爱、可敬的中国形象。

3.推动中国籍人士竞争国际组织领导岗位,提升中国在国际组织话语权

占据国际组织中的高级职位意味着在国际组织中拥有更大影响力和话语权,因而是各国外交争取的重点。由于现有国际组织体系主要是在二战后形成,因此美国等西方国家在国际组织中高级管理人员居多。党的十八大以来,中国加大了对国际组织的重视力度,接连推出相关人士竞选和出任国际组织高级官员。2013年6月,财政部副部长李勇当选为联合国工业发展组织总干事(2017年连任)。2013年8月,中国驻世界贸易组织大使易小准任世贸组织副总干事。2013年8月,徐浩良被任命为联合国助理秘书长,在经过19年历练后,徐浩良成为非我国政府委派的在联合国任职的最高职务中国籍官员。2013年9月,鞍钢总经理张晓刚当选为国际标准化组织主席。2013年11月,教育部副部长郝平当选联合国教科文组织大会主席。2014年10月,赵厚麟当选国际电信联盟秘书长。2015年,柳芳博士被任命为国际民航组织首任女秘书长。2016年1月,财政部杨少林司长被任命为世界银行的常务副行长兼首席行政官。2016年8月22日,央行副行长张涛正式就任国际货币基金组织(IMF)副总裁一职,成为IMF四位执行副总裁之一。2016年1月4日,国家卫生计生委国际合作司原司长任明辉被任命为世界卫生组织助理总干事。2017年中国政府推出唐虔参与联合国教科文组织总干事竞选。2017年6月,联合国秘书长古特雷斯任命刘振民为联合国主管经济和社会事务的副秘书长。2018年3月,曲星被任命为联合国教科文组织副总干事。2018年2月,首位国际法院中国籍女法官薛捍勤当选国际法院副院长(2020年连任国际法院法官)。2019年6月,农业农村部副部长屈冬玉当选为联合国粮农组织总干事。2019年10月,舒印彪正式就任为国际电工委员会(IEC)第36届主席。2019年11月,南开大学原校长龚克正式就任世界工程组织联合会主席,任期两年。这是该组织成立50年以来首次由中国科学家任主席。2020年7月,国际奥委会全会首次线上全会投票同意,将国际奥委会副主席于再清的国际奥委会委员资格延长至2025年底。2020

年7月,亚洲基础设施投资银行第五届理事会年会选举金立群为亚投行第二任行长(连任)。2021年5月,张向晨担任世界贸易组织副总干事。2021年8月,中国人民银行副行长李波于出任国际货币基金组织副总裁。2024年2月20日,世界银行宣布任命张文才担任世界银行常务副行长兼首席行政官。上述中国籍人士陆续在国际组织中担任重要领导岗位,无形中增强了中国在国际组织内的话语权。

4.通过国际组织发出中国声音,扩大中国思想感召力和影响力

国际组织的道义价值和全球责任使其成为各国宣示自身价值观和外交理念的重要舞台。公正合理的国际经济新秩序需要更多地体现新兴经济体意愿,需要中国更多参与到全球议程设置中。中国通过参与和承办二十国集团领导人峰会、上海合作组织成员国元首理事会、金砖国家领导人会晤、亚太经合组织领导人非正式会议等,将中国智慧和中国理念融入世界,积极参与全球治理体系变革。2017年,世界的目光聚焦在中国国家主席习近平在瑞士的两篇重要演讲上,一是习近平主席在达沃斯世界经济论坛开幕式上的主旨演讲《共担时代责任 共促全球发展》,二是习近平在联合国日内瓦总部的演讲《共同构建人类命运共同体》。习近平通过两篇演讲阐述了中国对世界未来发展方向和人类命运前途的主张与理念,也就是中国的全球治理观。两篇演讲引起了世界范围的热议和深思,联合国秘书长古特雷斯对习近平主席的演讲给予了热情回应:"联合国愿同中国共同推进世界和平与发展事业,实现构建人类命运共同体的伟大理想。"构建人类命运共同体理念,被联合国社会发展委员会、联合国安理会、联合国人权理事会及联合国大会第一委员会等通过的5项决议吸收和采纳。构建人类命运共同体,是"中国为地球村提供的一把发展的钥匙"[①]。

2021年9月,习近平主席在第76届联合国大会一般性辩论中首次提出"全球发展倡议",希望通过开展卓有成效的国际发展合作,推动构建全

---

① 人民日报长篇述评:让思想之光引领世界前行之路[N].人民日报,2018-1-25.

球发展共同体。2022年4月,习近平主席在博鳌亚洲论坛上提出"全球安全倡议",强调人类是休戚与共的命运共同体,各国要坚定信心,同心合力,和衷共济,合作开创未来。2023年3月,习近平总书记出席中国共产党与世界政党高层对话会,在这场全球性政党盛会上首次提出"全球文明倡议"——共同倡导尊重世界文明多样性,共同倡导弘扬全人类共同价值,共同倡导重视文明传承和创新,共同倡导加强国际人文交流合作。"全球发展倡议""全球安全倡议"和"全球文明倡议"都是通过国际组织和国际会议平台提出的中国倡议和中国理念。

三大倡议立足百年变局的现实、顺应时代演进的潮流、谋划世界发展的出路、展望人类进步的未来,充分体现了以习近平同志为主要代表的中国共产党人深邃的历史眼光、博大的天下胸怀、敏锐的问题意识和强烈的责任担当,丰富拓展了人类命运共同体理念的思想内涵、实践路径和价值意蕴,是中国积极贡献给世界的政治智慧与实践方案。

三、案例分析:成立亚洲基础设施投资银行

(一)亚投行成立的背景和基本情况

成立亚洲基础设施投资银行(亚投行)是新时代中国国际组织战略的重要手段之一,体现了新时代中国国际组织战略的创新和发展。亚投行的成立是现有国际金融机制和金融秩序无法满足新兴发展中国家需要二者矛盾的结果。中国一直强调亚投行不是对现有国际经济秩序的颠覆和革命,亚投行与现有多边金融机构是相互补充、相互合作,其目的也是促进亚洲和世界经济发展,推动构建人类命运共同体。

在前文的假设里提到,大多数国际组织的规则和权力分配对中国都是合理的,但是中国在国际经济组织(如国际货币基金组织、世界银行等)中相对发言权较小。从下文的表格中可以看出,中国在现有国际经济组织中的投票权、份额、话语权都与中国在全球经济体量中的地位和实力不相符合。这也是为何新兴发展中国家一直呼吁对国际经济组织进行改革

和调整,增加新兴发展中国家在国际组织中的分量和代表性。在这一背景下,中国顺势而为发起成立亚投行。

表9　中国在国际经济组织中的投票权①

名称	投票权	备注
国际货币基金组织	份额 30482.9(millions of SDR),占比 6.40%,票数 306288,投票权占比 6.08%,仅次于美国、日本	2010 年改革后的数据
世界银行	国际金融公司(IFC):份额 604,443(千美元),占比 2.75%,票数 611,392,占比 2.63% 国际复兴开发银行(IBRD):份额 15489.9.(millions of U.S. Dollars),占比 5.97%,票数 155705,占比 5.67% 多边投资担保机构(MIGA):份额 55.30(millions of SDR),占比 3.12%,票数 5772,占比 2.61% 国际开发协会(IDA):票数 722,899,占比 2.42%	世界银行官网显示,其投票权重(voting power)在四个机构中不同,份额单位也不同。
亚洲开发银行(中国内地,不包括香港)	总资本 95.7 亿美元,实缴资本 4.78 亿美元,份额(占股)684000 股,占比 6.43%,票数 723114,在全体会员国中占比 5.44%,在地区会员国中占比 8.35%	
亚投行	份额 29780.4(百万美元),占比 30.7126%,票数 299876,占比 26.5735%	
金砖国家新开发银行	股份 100000 股,占比 20%,投票权 20%	金砖五国股份一样,投票权也一样

亚投行是由中国发起成立的第一个多边金融机构。亚投行总部设在北京,注册资本 1000 亿美元。截至 2020 年,亚投行共有 103 个会员,少于世界银行 189 个会员,多于亚洲开发银行 68 个会员,很多非洲国家还在申请入会。亚投行成立顺应了国际和地区经济发展需要。一方面,新兴发展中国家崛起并成为全球治理的重要力量,呼吁改革现有经济和金融制度中不合理部分,从而更好地反映国际力量变化和调整。另一方面,亚洲

---

① 国际货币基金组织网站 https://www.imf.org/external/np/sec/memdir/members.aspx;数据截至 2023 年 1 月 11 日;

世界银行网站 https://www.worldbank.org/en/about/leadership/votingpowers;数据截至 2022 年 12 月 31 日;

亚洲开发银行网站 https://www.adb.org/countries/prc/overview;数据截至 2022 年 4 月;

亚投行网站 https://www.aiib.org/en/about-aiib/governance/members-of-bank/index.html;数据截至 2022 年 12 月 31 日;

金砖国家新开发银行网站 https://www.ndb.int/about-us/organisation/members;数据截至 2022 年 12 月 31 日。

基础设施建设面临巨大需求和资金缺口。根据亚洲开发银行关于《满足亚洲基础设施需求》的报告,亚洲国家从2016年至2030年基础设施建设投资约需要26万亿美元,每年约需1.7万亿美元。若不考虑气候变化的情况下,需投资22.6万亿美元,每年约需要1.5万亿美元。①世界银行2017年向全球伙伴国提供贷款总额为617亿美元(实际支付435亿美元),②亚洲开发银行2017年全年实际提供项目贷款及其他援助经费总额为289亿美元。③即使两家银行将全部年度贷款和援助资金都投向亚洲基础设施建设,也不到1000亿美元,可见亚洲基础设施建设的资金缺口非常大。在这一背景下,习近平主席在2013年10月2日会见时任印尼总统苏西洛时提出筹建亚洲基础设施投资银行,为亚洲地区基础设施建设及经济增长提供金融支持。经过八次谈判代表会议的反复磋商和谈判,2015年6月29日亚投行正式宣告成立,57个创始成员国代表出席了成立仪式。2016年1月16日,亚投行开业仪式在北京钓鱼台国宾馆举行。金立群当选为亚投行首任行长。

　　与世界银行、亚洲开发银行等由西方国家主导的多边金融机构不同,亚投行成员主体是发展中国家,也有部分发达国家参与。亚投行的成立为不同区域间、发达与发展中国家合作提供了平台,它充分表明了中国以开放包容的胸怀推动世界经济发展,以全球通行的规则和方式参与国际合作,有利于推动国际金融秩序改革和全球治理体系变革,使发展中国家能够受益于基础设施互联互通。亚投行从成立伊始就高度注重民主协商和公开透明,建立了高标准的内部治理制度,这也是亚投行获得英国等西方发达国家认可并不顾美国反对选择加入的重要原因之一。国际三大信用评级机构也先后给予了亚投行3A的最高评价级别。亚投行主要业务

---

　　① 满足亚洲基础设施建设需求[EB/OL].(2018-03-25)[2022-12-26].https://www.adb.org/publications/asia-infrastructure-needs.

　　② 世界银行集团《2017年度报告》[EB/OL].(2018-03-25)[2022-12-26].http://www.shihang.org/zh/about/annual-report/fiscal-year-data.

　　③ Statement of the Asian Development Bank's Operations in 2017[EB/OL].(2018-03-25)[2022-12-26]https://www.adb.org/sites/default/files/institutional-document/403381/in33-18.pdf.

集中在基础设施建设,贷款以商业利率计算。亚投行12个董事中9个来自亚洲。

当前,中国在亚投行占股30%,投票权约为26%,在亚投行的决策中享有实际意义上的一票否决权,但中国并没有刻意去行使在亚投行的一票否决权。对中国来说,成立亚投行的战略意义不仅仅在于创建了一个国际金融机构,更重要的意义是体现了中国经济发展和改革开放的成果。中国正在成为国际经济合作的积极推动者,不断为世界贡献发展智慧,主动为世界发展提供更多公共产品。

亚投行应继续沿着成立之初的宗旨,高标准高起点打造国际顶尖的发展银行,特别是与世界银行、国际货币基金组织、亚洲开发银行等国际机构合作,吸收已有国际金融机构的优势和经验,规避它们的缺点和不足,将中国经验和国际需求相结合,制定长远发展战略;加强亚投行与"一带一路"倡议的对接,打造符合双方共同利益的合作项目,实现互利共赢;积极参与东盟、东亚、中亚区域及大湄公河次区域经济合作,提升亚投行在全球经济治理中的影响力。

(二)亚投行成立的启示

发起成立亚投行,表明新时代中国国际组织战略走向了主动谋划、积极有为阶段。这一阶段,中国要紧紧围绕外交总体布局,从全球层面和地区层面对国际组织战略进行科学谋划,把国际组织作为中国参与完善全球治理、构建人类命运共同体的重要平台和抓手。

在全球层面,构建人类命运共同体理念经过中国不断诠释后逐渐被世界接受,联合国系统多个会议都将"构建人类命运共同体"理念写入了会议决议。[①]在这一理念的指引下,中国积极推进国际秩序的改革,特别是推动国际政治经济秩序朝更公平合理的方向发展。中国坚持正确的义

---

① 常红,姚雪.特稿:人类命运共同体何以获得全球认同[EB/OL].(2018-01-23)[2022-12-27].http://world.people.com.cn/n1/2018/0123/c1002-29781137.html.

利观,在国际组织内主张大小国家一律平等,推进国际关系民主化和法治化。中国国际组织战略抛弃了西方传统的零和斗争思维,而且是通过国际组织扩大全球朋友圈,是建立新型国际关系的努力实践,特别是参与国际经济治理体系的改革和完善。党的十八大以来,中国多次参与国际重要金融和经济会议和论坛。习近平主席2017年在达沃斯论坛上的演讲向世界重申了经济全球化的意义和重要性,为全球经济指明了航向。中国国际战略全球布局的重要抓手之一是"一带一路"倡议。截至2022年底,150个国家和32个国际组织参与"一带一路"倡议,打造了促进各国发展新引擎,标志着国际经济合作新高度。

新时代中国国际组织战略在地区层面首先体现在重视周边国际组织。2013年中央专门召开了周边外交工作座谈会,研究周边外交顶层设计问题,习近平主席提出了"亲、诚、惠、容"的周边外交工作理念,这是新中国成立后中央第一次专门研究周边外交的会议。①中国国际组织战略布局首先是立足周边。中国重视与东盟的关系。中国与东盟是近邻,双方之间你中有我、我中有你,只有携手合作才能保持本地区的持续繁荣与稳定。中国1991年与东盟正式建立了对话关系,中国是第一个加入《东南亚友好合作条约》的非东盟国家。中国与东盟自贸区于2010年正式启动,中国与东盟一起制定了2016—2020年合作行动计划,启动了澜沧江—湄公河合作机制。习近平主席访问多个东盟国家,李克强总理多次出席中国—东盟领导人会议。中国地区战略重视西边,即"西进战略"。中国与中亚邻国在上海合作组织平台框架下保持睦邻友好关系,这对于稳定中国西部边境,遏制三股势力起到了重要作用。中国积极发展与西亚、中东欧等亚欧大陆国家关系,该地区很多国家是共建"一带一路"国家,是中国国际战略的重要抓手。

新时代中国国际组织战略在地区层面还表现为重视以发展中国家为主的地区组织。中国重视与拉美及加勒比海国家关系,2018年1月召开

---

① 为我国发展争取良好周边环境 推动我国发展更多惠及周边国家[N].人民日报,2013-10-26.

了中国—拉共体论坛,2021年12月3日,习近平主席向中国—拉共体论坛第三届部长会议发表视频致辞。中拉同属发展中国家,双方本着加强团结协作、推进南南合作的初心,将论坛打造成双方互利的主要平台,推动中拉关系进入新时代。

2018年中国举办了中非合作论坛北京峰会,在习近平主席的亲自主持和引领下,中非双方密切合作,精诚协作,峰会取得圆满成功。峰会达成一系列具有深远意义和重要影响的成果,其中最主要的就是中非双方一致同意构建更加紧密的命运共同体,非洲国家积极支持并踊跃参与共建"一带一路"。2022年9月9日,习近平主席同非洲联盟轮值主席、塞内加尔总统萨勒互致贺电,庆祝非盟成立20周年和中国非盟建立外交关系20周年。中方高度重视中国同非盟关系发展,愿以中国非盟建立外交关系20周年为新起点,弘扬中非友好合作精神,全面落实中非合作论坛第八届部长级会议成果,在涉及彼此核心利益和重大关切问题上坚定相互支持,不断增强发展中国家在国际事务中的代表性和发言权,为构建新时代中非命运共同体作出新贡献。

新时代以来,中国同阿拉伯国家联盟建立了全面合作、共同发展、面向未来的战略伙伴关系。2022年12月9日下午,首届中国—阿拉伯国家峰会在沙特首都利雅得举行。习近平主席在峰会上发表了题为《弘扬中阿友好精神 携手构建面向新时代的中阿命运共同体》的主旨讲话。这是中国同阿拉伯国家首次举行元首峰会,也是阿拉伯国家联盟首次集体同其他国家举行元首峰会。峰会的举行充分体现了中国对阿拉伯国家和阿盟的高度重视,在全球范围内产生了积极影响,促进了地区与国际和平与发展。

当前国际制度体系主要是二战后由美国主导建立的。国际贸易、经济、军备、文化及各种专业性行业组织规则主要是由西方国家主导制定的,因此西方国家在很多国际组织内拥有主导性话语权。随着以中国为首的发展中国家群体性崛起,新兴发展中国家对既有国际制度有不同诉求,希望国际组织更多满足发展中国家需求。此外,全球化带来了系列国际挑战,如非传统安全、气候变化、网络安全、极地事务、太空事务等领域新问题层出不穷,这些都需要通过国际组织和国际制度加强国际合作,共同应对风险和挑战。但现实情况是国际组织还不能满足全球化带来的各种挑战和全球治理的需要,存在着供需矛盾。解决这一矛盾,则需要中国等新兴崛起国家承担更多责任、提供更多方案、贡献更多力量。

第二节　新时代中国国际组织战略评估

一、战略指导思想评估

战略指导思想是整个战略实施过程的灵魂,必须贯穿于国际组织战略的全过程。战略指导思想对战略目标确定、战略手段实施及战略路径的选择至关重要。不同国家有不同的战略指导思想,社会主义国家与资本主义国家的战略指导思想不同,发展中国家与发达国家的战略指导思想也不尽相同。通常来讲,战略指导思想应当具备全局性、系统性、前瞻性等特征。

新时代中国外交和国际战略的指导思想是习近平外交思想。党的十八大以来,习近平总书记高瞻远瞩、运筹帷幄,以马克思主义政治家、思想家、战略家的非凡理论勇气、卓越政治智慧、深厚天下情怀,提出一系列富有中国特色、体现时代精神、引领人类发展进步潮流的新理念新主张新倡议,形成了习近平外交思想。习近平外交思想是习近平新时代中国特色社会主义思想的重要组成部分,是马克思主义基本原理同中国特色大国外交实践相结合的重大理论成果,是以习近平同志为核心的党中央治国理政思想在外交领域的集中体现,是新时代我国对外工作的根本遵循和行动指南。

杨洁篪认为,习近平外交思想以"十个坚持"为总体框架和核心要义,明确了新时代我国对外工作的历史使命、总目标和必须坚持的一系列方针原则,深刻揭示了新时代中国特色大国外交的本质要求、内在规律和前进方向。①这十个坚持分别从党的领导、民族复兴使命、人类命运共同体、中国特色社会主义、"一带一路"建设、和平发展道路、全球伙伴关系、全球治理体系改革、国家核心利益和中国外交风范等方面,全方位、系统性、战略性地阐述了中国外交的总体指导思想。十个坚持中,构建新型国际关系是构建人类命运共同体的主要路径和战略手段,实现人类命运共同体是构建新型国际关系的最终目标,促进全球治理体系的变革是构建新型国际关系和构建人类命运共同体的主要抓手和当前重要任务,三者互动构成了中国国际组织战略的主要内容。作为中国外交的重要组成部分,中国国际组织战略必须始终以习近平外交思想为指引,瞄准国际组织外交在中国外交中的定位和作用,助力中国外交和国际战略布局,拓展中国国家利益。

习近平外交思想深刻分析了人类社会的发展趋势和世界百年未有之大变局特点,提出了构建人类命运共同体的理念和解决全球性问题的中国方案和中国主张,体现了中国的大国责任和担当。习近平外交思想是系统的科学理论体系,它清楚回答了"世界发展与中国道路"的核心命题,体现了对世界格局变化的战略判断和对中国自身实力与地位的清晰认知。习近平外交思想超越了以冷战思维、零和博弈、强权政治等为基础的西方传统国际关系理论窠臼,创新了中国外交理论,体现了马克思主义在中国的继承和发展。习近平外交思想包含了深厚的中国传统文化思想。其中,人类命运共同体思想体现了中华优秀传统文化中"世界大同""和而不同""包容共生"等理念,蕴含了中华文明几千年来的思想精华和智慧,是中国思想和中华文明对世界的贡献。习近平总书记提出正确义利观、全球发展倡议、全球安全倡议、全球文明倡议等理念主张,高举推动构建人类命运共同体的伟大旗帜,为动荡不定的世界指明了前进方向。

---

① 杨洁篪.以习近平外交思想为指导 深入推进新时代对外工作[J].求是,2018(15):3—7.

二、战略形势判断评估

党的二十大报告指出：当前，世界之变、时代之变、历史之变正以前所未有的方式展开。一方面，和平、发展、合作、共赢的历史潮流不可阻挡，人心所向、大势所趋决定了人类前途终归光明。另一方面，恃强凌弱、巧取豪夺、零和博弈等霸权霸道霸凌行径危害深重，和平赤字、发展赤字、安全赤字、治理赤字加重，人类社会面临前所未有的挑战。[①]经过一代又一代中国共产党人的领导和中国人民的艰苦奋斗，我国经济、政治、文化、军事等综合实力都已经迈入了世界领先行列，国家整体实力得到跨越式提升，中华民族和中国人民实现了从站起来到强大起来的飞跃。中华民族摆脱了积贫积弱的落后面貌，前所未有地接近民族复兴的伟大目标。

中国面临的严峻挑战则表现在：中国作为世界上人口最多的国家，国家发展还不均衡，东部富裕西部落后的面貌没有得到根本性的改变，民生问题依然十分突出，国家创新能力和发展质量不高，社会矛盾和隐患依然潜在，公共卫生和应急处理能力不足，民族问题没有得到彻底解决，国家尚未统一，等等。新时代中国发展形势是光明前景和严峻挑战并存。

国家实力的基础是经济实力。在主要经济数据方面，根据2021年国民经济统计公报显示：全年国内生产总值1143670亿元，比上年增长8.1%，两年平均增长5.1%。全年人均国内生产总值80976元，比上年增长8.0%。国民总收入1133518亿元，比上年增长7.9%。全员劳动生产率为146380元/人，比上年提高8.7%。[②]2013—2021年，我国经济年均增长6.6%，大大高于2.6%的同期世界平均增速，也高于3.7%的发展中经济体平均增速，经济增长率居世界主要经济体前列。2020年，面对新冠疫情严重冲击，我国经济增长2.2%，是主要经济体中唯一保持正增长的国家。

---

① 习近平.高举中国特色社会主义伟大旗帜 为全面建设社会主义现代化国家而团结奋斗——在中国共产党第二十次全国代表大会上的报告[N].人民日报，2022-10-26.

② 中华人民共和国2021年国民经济和社会发展统计公报[EB/OL]（2022-02-28）[2023-02-27].http://www.gov.cn/shuju/2022-02/28/content_5676015.htm.

2013—2021年,我国对世界经济增长的平均贡献率达到38.6%,超过G7国家贡献率的总和,是推动世界经济增长的第一动力。①从数据可以看出中国经济年均增长高于全球平均经济增长速度,中国对世界经济增长贡献巨大,已经成为世界经济增长的重要引擎。

新时代以来,中国经济社会发展取得了历史性成就,实现历史性跨越,人民生活水平跃上新台阶,综合国力跻身世界前列,国际影响力显著提升。从世界经济发展看:根据国际货币基金组织(IMF)2022年10月发布最新一期《世界经济展望报告》,预计2022年全球经济将增长3.2%;2023年全球经济增速将进一步放缓至2.7%,发达经济体2022年预计将增长2.4%,2023年将增长1.1%。新兴市场和发展中经济体2022年预计将增长3.7%。②经济合作与发展组织(OECD)《经济展望报告》指出,2023年世界经济增长率为2.9%。

在经济全球化遭遇逆风、世界经济复苏陷入低迷的背景下,共建"一带一路"对促进有关国家和地区经济增长、推动全球共同发展的作用更加重要。世界银行2019年的研究报告显示,若共建"一带一路"框架下的交通基础设施项目全部得以实施,到2030年每年有望为全球产生1.6万亿美元的收益,占全球经济总量的1.3%。未来,更多国家携手高质量共建"一带一路"是大势所趋。③

新时代中国国家实力增强和国际地位提升,表现在外交层面是全方位外交布局和中国特色大国外交理念的形成。中国高度重视国际组织和多边外交的作用,通过系列国际组织和多边外交活动,积极地参与全球治理,为中国国家利益的拓展贡献力量,也为人类和平与进步作出了重要贡献。成就固然显著,但战略制定需要居安思危,机遇中也要看到不利和制

---

① 党的十八大以来经济社会发展成就系列报告之十三[EB/OL].(2022-09-30)[2023-02-27].http://www.stats.gov.cn/tjsj/sjjd/202209/t20220930_1888880.html.

② 光明网.国际货币基金组织下调明年全球经济增长预期至2.7%[EB/OL].(2022-10-12)[2023-02-27].https://m.gmw.cn/baijia/2022-10/12/1303170758.html.

③ 和音.共建"一带一路"朋友圈越来越大[N].人民日报,2023-1-12.

约因素：

一是美国在国际上组建对华包围圈。新中国成立以来，"中国威胁论"一直没有停止过。随着俄乌战争的发展，以美国为首的西方主要发达国家全方位加大了对中国的围堵。美国与英国、澳大利亚三国组成的印太新安全架构"澳英美联盟"（AUKUS）。日本、美国、澳大利亚、印度构建了"四方安全对话"（QUAD）机制。美国、英国、澳大利亚、加拿大和新西兰组成了"五眼联盟"（FVEY）。美国通过在亚太地区组建一系列联盟体系形成了针对中国、遏制中国、围堵中国的包围圈和反华同盟。美国还联合西方盟友在高科技领域加大对中国的制裁，打着"保护国家安全"的旗号，将中国企业拉入制裁名单。美国滥用出口管制措施行为，借助美国在全球科技行业的领先优势，形成对中国的"芯片封锁"，破坏全球半导体产业链和国际贸易的正常秩序。

在美国，麦卡锡经过创纪录的15轮表决才当选众议院议长三天后，美国国会众议院就通过了众议院议长麦卡锡所提出的成立"中美战略竞争委员会"的决议案。而在此前，拜登政府更是在众多文件和报告中不断强调中国是美国头号全球战略竞争对手，是对美国国家安全的威胁，美国需要采取更多措施全方位围堵和遏制中国。

2023年1月11日下午，美日安全保障磋商委员会"2+2"会议在华盛顿举行。美国国务卿布林肯、国防部长奥斯汀与日本外务大臣林芳正、防卫大臣滨田靖一出席会议。双方在会后的联合声明中称，中国对国际秩序构成"前所未有的"威胁，"中国的外交政策旨在重塑国际秩序以使自身受益，并为此运用中国不断增长的政治、经济、军事和技术实力"。"我们一致认为，中国是我们及盟友和伙伴面临的最大共同战略挑战。"①

2023年1月10日，北约秘书长斯托尔滕贝格同欧洲理事会主席米歇尔、欧盟委员会主席冯德莱恩共同签署俄乌冲突后首个安全合作联合声

---

① 美日加紧军事勾连对准中国，在冲绳组建"濒海作战团"[EB/OL].（2023-01-13）[2023-03-15].https://3w.huanqiu.com/a/de583b/4BGLRYNkksI.

明《欧盟—北约合作联合宣言》，老调重弹，炒作"中国威胁论"，声称"中国给欧盟和北约带来需要应对的挑战"。对此，我驻欧盟使团发言人回应称，《欧盟—北约合作联合宣言》首次以官方文件形式表达双方对华共同立场，暴露出对华认知的偏见和傲慢。中方对《联合宣言》中的对华无理指责和冷战思维表示坚决反对。①

英国对华政策也发生了转变。英国首相苏纳克2022年11月28日发表了他上任以来的第一次外交政策演讲，妄称中国是"英国价值观和利益的制度性挑战"，中国在新疆、香港"侵犯和限制人权"，他还提及英方在5G网络和一些项目上阻止了中国企业投资。②英国还在香港事务、台湾问题等议题上不断发表错误言论、横加干涉。

澳大利亚在2017年11月23日发布了十年来首份《外交政策白皮书》，白皮书强调澳大利亚将加强与美国的战略联盟，呼吁美国参与地区事务，白皮书称澳大利亚特别关注中国在南海的行动。澳大利亚对外战略是围绕美国打造美日印澳的亚太地区战略联盟，试图围堵和限制中国崛起。③近年来，随着美国对华态度变得强硬，澳大利亚也追随美国一起遏制中国。美国利用了澳大利亚在安全上对美国的深深依赖，拉拢英国、澳大利亚组成了奥库斯（AUKUS）三边同盟，遏制中国意图明显。2018年2月，在第54届慕尼黑安全会议上，德国外长加布里尔宣称中国正在打造另类体系，呼吁西方社会应对中国崛起。奥地利总理库尔茨也提及中国在填补权力真空，要当心"快鱼吃慢鱼"。④两国还在国际场合呼吁对中国保持警惕。中国周边邻国印度、日本、韩国等同样对中国发展抱有复杂态

① 驻欧盟使团网站.驻欧盟使团发言人就《欧盟—北约合作联合宣言》涉华内容答记者问[EB/OL].（2023-01-11）[2023-03-15].http://eu.china-mission.gov.cn/chn/stxw/202301/t20230111_11005460.htm.

② 驻英国使馆发言人就英国首相苏纳克涉华错误言论答记者问[EB/OL].（2022-11-29）[2023-03-15].http://gb.china-embassy.gov.cn/lcbt/sgryr/202211/t20221129_10982689.htm.

③ 张畅，陈瀚.澳大利亚2017外交政策白皮书评析[J].国际研究参考，2018（3）：10—15.

④ 德外长称中国正打造另类体系 吁西方携手应对中国崛起[EB/OL].（2018-02-19）[2023-03-15].http://www.cankaoxiaoxi.com/world/20180219/2256196.shtml.

度,不愿意看到中国的崛起,有意向美国靠拢,加强与美国合作或者组建联盟,利用美国来平衡中国在亚太地区的影响力。

中国在制定国际组织战略时需考虑如何在反华势力的围堵遏制之下,尽可能通过国际组织平台,积极向国际社会传递中国和平发展理念和走和平发展道路的决心,充分利用好国际组织多边平台广交朋友、增信释疑。要合理把握融入与塑造两者之间的平衡,在融入国际组织上要有选择性,以有利于维护中国利益、改善中国形象、促进世界和平与发展为原则;在塑造新的国际制度和国际规范时要尽量顺势而为,获取最广泛支持,让国际社会认识到中国无意挑战和改变现有国际制度和国际秩序。

二是美国利用国际组织对中国进行遏制。中美建交以来,美国对中国的外交基本政策目标是希望将中国纳入国际体系、国家制度和国际规范中,推动中国承担相应的国际责任。克林顿政府对中国奉行"接触政策",小布什政府副国务卿佐利克提出了著名的"利益相关者"主张,奥巴马政府则主张"战略再保证"。特朗普上台后,发起对中国的全面战略竞争,打压中国无所不用其极。2018年初特朗普政府连续发布了《国家安全战略》《国防战略》及《核态势评估》三份报告,将中国视作"竞争对手"及国际秩序的修正者和挑战者,认为中国崛起是美国当前的核心挑战。在特朗普政府孤立主义和保守主义思想引导下,美国在贸易和经济领域与中国的矛盾日趋明显。特朗普政府多次表达对中美之间贸易逆差的不满,指责中国"大规模偷窃知识产权""补贴贸易"和"国家操纵计划经济",并采取贸易保护主义手段,肆意提高对来自中国产品的关税。在文化领域,美国佛罗里达州参议员马可·卢比奥曾公开敦促该州4所大学和1所高中结束与孔子学院项目的合作关系,其视孔子学院为中国对美国的"渗透活动"。2018年2月13日,美国联邦调查局(FBI)局长克里斯托弗·雷在参议院情报委员会听证会上形容孔子学院是来自中国的"间谍威胁"。2020年初,围绕新冠疫情,特朗普政府针对中国进行了莫须有的抹黑和攻击,在全世界煽动"反华""排华"的情绪,其目的就是对中国进一步围堵和遏制。

在对待国际组织态度上,凡是对美国不利的,美国均大肆抨击,并先后退出了跨太平洋伙伴关系协定、应对气候变化《巴黎协定》、联合国教科文组织、伊朗核协议、联合国人权理事会,威胁退出万国邮政联盟、世界贸易组织,削减联合国人口基金经费,暂停向联合国近东巴勒斯坦难民救济和工程处提供资金。在全球应对新冠疫情的特殊时刻,特朗普政府还宣布暂停对世卫组织的资助并启动对世界卫生组织的审查。特朗普政府对待国际组织和国际机制的态度表明美国正在放弃长期以来所维护的国际秩序及在全球的影响力。美国不但自身不愿意承担国际责任,还处处阻挠中国在国际组织发挥作用。2020年4月,中国常驻联合国日内瓦办事处公使蒋端被任命为联合国人权理事会协商小组的五位成员之一,彰显了联合国及国际社会对中国人权事业发展的肯定。但美国七名共和党参议员联合致函联合国秘书长古特雷斯反对这一上任。美国在2018年已经退出了联合国人权理事会,却不忘在此时站出来反对中国籍人士上任,干预联合国人权理事会内部事务。这不是美国第一次反对中国籍候选人。2019年初,美国试图阻止熟悉非洲大湖地区问题、拥有丰富对非外交经验的中国外交官夏煌担任联合国秘书长非洲大湖地区特使(副秘书长职级)。但联合国秘书长古特雷斯并未遵从美国意愿,于1月22日亲自宣布任命夏煌为其非洲大湖地区特使。2019年6月23日,在联合国粮农组织总干事选举中,来自中国的原农业农村部副部长屈冬玉以108票高票当选为首位中国籍总干事。屈冬玉的竞争对手、美国支持的候选人格鲁吉亚前农业部长基尔瓦利泽仅获得12票。围绕这场总干事选举,美国使出了浑身解数,希望阻止中国候选人屈冬玉的当选。但事与愿违,最终屈冬玉还是以压倒性优势当选。这场选举被美国国内视为美国多边外交的一次惨痛失败。为改变这一状况,阻止中国在国际组织的影响力继续扩大,特朗普政府任命马克·兰伯特为联合国多边机构行为操守特使。马克·兰伯特上任第一件事就是在2020年3月阻止中国籍候选人王彬颖竞选世界知识产权组织总干事。王彬颖女士在世界知识产权组织工作长达三十多年,担任副总干事十年,熟悉国际组织运作、能力出众、享有很高声誉,本应是最强有力竞争者。这一提名也符合国际社会关于推动更多杰出女性担任国际组织负责人的期待。但是特朗普政府却用尽媒体抹黑、游说、向盟国全力施压等种种手段阻挠中国候选人参选,最终美国支持的新加坡籍候选人邓鸿森当选。①

面对中国顺应国际社会呼吁,积极参与国际组织,向国际社会提供公共产品,承担国际责任和国际义务的负责任行为,美国完全从自身利益和意识形态出发,不对候选人资质和对国际组织的贡献度进行基本的是非判断,执意阻挠中国籍人士担任国际组织高官,打压中国主动为国际社会服务的努力,这种"见不得别人好",自己又不愿意承担责任和义务的行为,深刻折射出了"美国优先"面对"构建人类命运共同体"时的极不自信,也证明了美国已经沦为现有国际秩序的破坏者和抛弃者,是国际社会不负责任的大国,正在逐渐销蚀掉其曾经拥有的国际信誉和全球影响力。正如前世界银行行长、美国前副国务卿罗伯特·佐利克近期在美国《国家利益》双月刊网站发表的评论文章中提道:"美国正在推翻自己七十多年来建立的国际经济和安全体系,历届政府长期积累起来的外交资本正在被特朗普政府挥霍殆尽。"②

拜登总统上任后就签署两项基础设施建设法案,就重建美国基础设施、加强制造业、创造高薪就业机会、发展经济和解决气候变化危机等问题提出了六个优先事项,包括有效投资公共事项、避免资金浪费、公平使用公共资金、建设能够有效抵御气候变化影响的基础设施等。除了国内措施,拜登政府还在国际上大力构筑打压中国的供应链"小圈子",如与日本、荷兰达成协议限制向中国出口制造先进半导体所需的设备。

在对待国际组织和与中国关系上,拜登政府更加注重与盟友协调。拜登政府摒弃了特朗普政府脱离国际组织的做法,积极表态要重振美国在联合国的威信和领导地位,一度令西方盟友深受鼓舞,貌似"多边主义

① 董川.阻挠中国不会让美国"再次伟大"[N].中国青年报,2020-4-30.
② 罗伯特·佐利克.中美仍互为"利益攸关方"[N].参考消息,2020-2-27.

回来了"。2021年9月21日,拜登在出席联合国大会时,强调美国基于盟友和伙伴的外交政策愿景,继续推动基于维护国际规则的多边主义外交。实际上,拜登政府主张的多边主义是"美国优先"的多边主义,是维护自身利益的多边主义,是以意识形态划线的多边主义和奉行强权政治的多边主义。拜登政府所强调"基于规则的国际秩序"中的"规则",实为对美国有利的"规则"。

拜登就任总统第一天就在白宫签署一系列行政文件,宣布美国将重新加入《巴黎协定》和世界卫生组织。美国虽然重回世卫组织,但质疑、干扰甚至抹黑世卫组织的行为照旧。世卫组织2022年原计划推动一项改革,旨在增强其独立性、增加成员国常设年度捐款。但拜登政府提出反对,还酝酿建立一个由捐助方直接控制的所谓"独立基金",架空世卫组织意图明显。显然,美国重返世卫组织的前提是世卫组织必须"按美国标准行事"和"确保美国利益最大化"。

美国还利用北约来遏制中国。北约是以美国为首的军事条约组织,是西方的重要军事力量,是战后资本主义阵营军事同盟的标志,是"马歇尔计划"在军事领域的延伸。美国通过北约得以控制欧洲的防务体系。冷战结束、苏联解体时,北约一共有16个成员国,北约彼时本应结束其历史使命,但是其不仅没有解散,反而在美国主导下一步步不断东扩。2022年6月29—30日,北约成员国首脑峰会在西班牙首都马德里召开,峰会通过了指导北约未来近十年行动的新版"战略概念"。北约首次将"中国挑战"相关表述纳入其中,妄称中国挑战北约"利益、安全和价值观",与俄罗斯联手"破坏以规则为基础的国际秩序",对北约构成"系统性挑战"。这标志着北约将联合针对中国纳入未来行动纲领,企图将"集团对抗"套路移植到亚太地区。本次北约峰会借新"战略概念"出台之机,加码渲染"中国挑战",其实质是美国拉拢盟友威胁认知、对华围遏的又一次尝试。不仅如此,在俄乌冲突愈演愈烈之际,2023年1月30日,北约秘书长斯托尔滕贝格在韩国发表演讲,敦促韩国等印太盟友加强对乌克兰的军事支持,同时将矛头直指中国,声称中国对西方的"价值观、利益和安全构成挑战"。北约早已企图将势力范围伸进亚洲,意欲搞"亚洲版北约"。这应引起亚太地区国家的高度警惕。

联合国人权理事会于2006年成立,美国直到2009年才加入该机构。2018年6月,特朗普宣布退出人权理事会。尽管美国在种族问题上积弊已久、沉疴难返,美国仍不忘对世界其他国家的人权问题指手画脚,四处充当国际"人权卫士"。2021年2月,拜登政府宣布美国以观察员身份重返联合国人权理事会。随后,在第76届联合国大会,美国当选为成员国。美国在193票中获168票,得票率在18个当选成员国中排倒数第二。美国重返人权理事会的核心目的在于主导该组织,并夺回美国在联合国人权议题上的影响力和话语权。2022年10月6日,联合国人权理事会第51届会议对美国牵头提交的一项涉疆问题决定草案进行表决,有19个国家反对,17个国家赞成,11个国家弃权,美西方国家针对中国的阴谋最终以失败告终。大会期间,中国代表团通过国家发言、共同发言、举办辩论会和图片展等多种形式,全面宣介中国人权理念和成就,挫败美西方国家涉疆决定草案,坚决驳斥少数西方国家诬蔑攻击,坚定维护国家主权、安全、发展利益。

世界贸易组织本是美国主导建立的多边自由贸易机制,但美国国内的贸易保护主义力量却不断冲击这一机制。奥巴马政府一边利用世界贸易组织机制,一边则"另起炉灶"打造TPP和TIIP等跨地区区域自贸协定。特朗普政府则强推贸易保护主义,肆意对来自中国的产品加征关税,不惜与贸易伙伴国打贸易战。拜登政府同特朗普政府一样任意破坏国际贸易体系。无论是限制中国的《芯片和科学法案》还是针对气候和清洁能源及医疗保健领域的《通胀削减法案》,都是美国经济政策的重大逆转,美国现在已变成国际贸易体系的破坏者,无视正常的国际贸易规则,一切贸易规则都必须按照美国利益和意志来行事。不仅如此,美国还指责中国正常的贸易措施,指责世贸组织在保护中国非市场政策和做法,借口不能在世贸组织争端解决机制中审议国家安全问题,并对涉及中国等国的一系列世贸裁决提出上诉。通常,世贸组织上诉机构有三个月时间来裁决成员提出的上诉。但这个被称为"世界贸易最高法院"的机构自2019年底以来一直处于被冻结状态,因为特朗普任内阻止任命上诉法院新法官,并要求世贸组织进行"重大改革"。这一上诉机构不仅因特朗普时代停顿逾两年,而且在拜登任内,华盛顿也拒绝了世贸组织成员国批准任命法官的呼吁,而是一直在主导如何重启世贸组织争端解决机制的闭门磋商。

综上,拜登政府重视利用国际组织和多边机制,通过规则的制定、修改和议程设置等推进对华竞争,打压和限制中国。中美两国在多边领域的博弈力度将不断增强,美国对多边机制的功利态度会越来越突出,必将严重制约两国在多边领域合作的空间和成效。①尽管在一些国际组织,发达国家适度向发展中国家"分权",如2016年国际货币基金组织正式通过了2010年IMF改革方案,发达国家向发展中国家转移了约6%的份额,中国占份额比重从3.9%上升到6.3%,位居美国、日本之后。但实际上美国仍然掌握有超过15%的关键否决权。这也表明,尽管国际制度和国际组织自身出发点和愿景是希望独立自主地发挥作用、表达立场和做出决定,实际上却难以摆脱大国控制和影响。当今国际关系最主要行为体仍然是国家,大国是决定国际关系走向的根本力量。因此,以美国为首的西方发达国家不会拱手将国际组织主导权让给发展中国家。当国际组织无法满足美国利益和需要的时候,美国还会直接绕过国际组织,甚至退出国际组织。

三是台湾问题的干扰。国际空间问题与国家主权息息相关,对台湾当局通过参与国际组织试图分裂国家的行径,大陆坚决反对并在国际组织平台上进行了针锋相对的斗争,多次挫败台湾当局的图谋。但是,对台湾民众参与国际组织享受基本国际权利和民生福祉,大陆一直都给予了足够善意,做出了合理安排。在马英九任期内,台湾就获邀参加了世界卫生组织大会、列席了国际民航组织大会等国际组织活动。习近平主席2015年11月7日会见马英九时对此做过完整阐述:"我们了解台湾同胞对参与国际活动问题的想法和感受,重视并推动解决了许多与之相关的问题。只要不造成'两个中国''一中一台',两岸双方可以通过务实协商

---

① 吴心伯.拜登执政与中美战略竞争走向[J].国际问题研究,2021(2).

作出合情合理的安排。"①

特朗普政府上台后多次利用台湾问题做文章,一方面在军事上加大对台军售力度。另一方面,在政治上也不断挑起事端。2019年,美国参议院通过了"台北法案",美国还多次呼吁世界卫生组织接受台湾的入会申请。拜登政府上台后加大对台湾参与国际组织及其活动的支持。我们应按照习近平总书记关于台湾地区参与国际活动的讲话精神,就有可能出现的问题和风险提早做好预判和应对方案,牢牢掌握在台湾参与国际组织这一问题上的主导权。

三、战略目标的达成度评估

(一)中国与国际组织关系基本情况评估

2022年9月24日,时任国务委员兼外长王毅在第77届联合国大会一般性辩论上指出:"中国全方位参与多边事务,加入了几乎所有普遍性政府间国际组织和600多项国际公约,对外缔结超过2.7万项双边条约,认真履行自身国际义务。"②由于国际组织数量较多,笔者无法就中国与每一个独立的国际组织关系进行深入论述和评估。仅从中国外交部网站等处简要搜集整理了中国与部分重要政府间国际组织关系发展现状,便于对中国国际组织关系全貌有一个大概了解:

表10 中国参与部分全球性国际组织关系

国际组织	中国与国际组织关系	中国籍人士担任高官
联合国	习近平主席多次会见联合国秘书长,2015年出席第70届联合国大会一般性辩论并发表重要讲话,2019年到访联合国日内瓦总部。中国作为安理会常任理事国影响力举足轻重。	2017年,刘振民被任命为主管经济和社会事务的副秘书长。2022年,李军华被任命为主管经济和社会事务的副秘书长。

① 跨越66年的握手[N].人民日报(海外版),2015-11-08.
② 王毅.为和平发展尽力 为团结进步担当[EB/OL].(2022-09-25)[2023-04-17].https://www.mfa.gov.cn/web/wjbz_673089/xghd_673097/202209/t20220925_10771110.shtml.

国际组织	中国与国际组织关系	中国籍人士担任高官
世界贸易组织	2018年发布《中国与世界贸易组织》白皮书,支持世界贸易组织和多边贸易机制。	2013年,易小准任副总干事,2017年连任。2021年,张向晨被任命为副总干事
世界卫生组织	1972年第25届世界卫生大会恢复中华人民共和国合法席位。中国出席了此后历届大会和西太平洋区地区委员会会议,多次当选执委会委员。中国与世界卫生组织在防控新冠疫情上开展了紧密合作。	2016年,任明辉就任世界卫生组织助理总干事,负责艾滋病毒/艾滋病、结核病、疟疾和被忽视的热带病事务。
世界银行集团	中国于1980年恢复世界银行集团的合法席位,现在中国为世界银行的第三大股东国。	2016年,杨少林任世界银行首任常务副行长兼首席行政官。2024年2月20日,张文才担任世界银行常务副行长兼首席行政官。
国际货币基金组织	1980年,国际货币基金组织恢复了中华人民共和国合法席位。2016年,中国成为IMF第三大股东。中国份额占比将从3.996%升至6.394%	2016年,张涛被任命为国际货币基金组织副裁。2021年,李波被任命为副总裁。
联合国教科文组织	中国为创始成员国之一。1971年中华人民共和国在该组织内恢复合法席位,并出席了此后历届大会。自1972年起连任执行局委员至今。中国与教科文组织在世界遗产、文明多样性等领域开展了紧密合作。	2018年,曲星被任命为教科文组织副总干事。
联合国工业发展组织	中国在1972年第27届理事会上当选为理事国,并连任至今。1998年,工发组织驻华代表处正式成立。自1979年以来,工发组织在中国共开展了500多个项目。	2013年,李勇当选联合国工业发展组织总干事,2017年连任。
国际电信联盟	中国于1920年加入该组织。1972年5月,国际电信联盟恢复中国合法席位。此后,中国一直担任国际电联理事国。	2014年10月,赵厚麟当选国际电联秘书长,成为电联历史上首位中国籍秘书长,2018年连任,任期至2022年底。
国际民用航空组织	中国是《国际民用航空公约》缔约国之一。中国1946年成为正式成员。1971年11月,国际民航组织正式承认中华人民共和国为中国唯一合法代表。2004年第35届大会上,中国当选为一类理事国并连任至今。	2015年,柳芳成功当选国际民航组织历史上首位中国籍秘书长,也是首位女性秘书长。2018年连任。2021年,马涛被任命为亚洲和太平洋地区办事处主任。

续表

国际组织	中国与国际组织关系	中国籍人士担任高官
世界知识产权组织	中国于1980年加入世界知识产权组织，参加了历次成员国大会。2014年7月，世界知识产权组织中国办事处在北京正式成立。	2014年，王彬颖女士连任副总干事。2021再次连任。
国际海事组织	中国1973年恢复成员国地位，1989年当选A类理事国后连任至今。	2017年，张晓杰当选国际海事组织理事会主席。
联合国粮农组织	中国于1973年恢复为粮农组织成员。1982年，粮农组织宣布设立驻中国代表处。2017年，中国农业部和联合国粮农组织共同发布了《中国—联合国粮农组织国别规划框架（2016—2020）》。	2019年，中国农业农村部副部长屈冬玉当选为总干事。
国际原子能机构	1984年，中国向机构递交了接受《规约》的申请书，成为正式成员。	2015年，杨大助被任命为副总干事，分管技术合作。2021年2月，刘华任副总干事兼技术合作司司长。
国际刑警组织	1984年国际刑警组织正式接纳中华人民共和国作为代表中国的唯一合法代表成为其成员国。	2021年，胡彬郴当选执行委员会亚洲地区执委。

表11 中国与部分区域性国际组织关系

国际组织	中国与国际组织关系	备注
上海合作组织	2001年，中国发起成立上海合作组织	2022年，张明担任秘书长
亚洲开发银行	中国1986年加入亚洲开发银行。从1986年到2016年的三十年间，亚行一共贷款给中国约200多个项目，总计援助是340亿美元。	2013年，张文才开始担任亚洲开发银行副行长。2018年，陈诗新担任副行长。
亚洲基础设施投资银行	2015年，中国发起成立了亚洲基础设施投资银行。	2015年，金立群当选为亚洲基础设施投资银行首任行长。2021年连任。
金砖国家新开发银行	2015年7月，金砖国家新开发银行成立，总部设在中国上海，是国际金融组织首次将总部落户中国。中国提供410亿美元储备基金。	秘书处在中国上海。
亚太经合组织	1991年11月，中国以主权国家身份，中华台北和中国香港以地区经济体名义加入亚太经合组织。2001年10月，APEC会议在我国上海举办，2014年在举办北京APEC会议。	中国两次承办APEC领导人峰会。

国际组织	中国与国际组织关系	备注
中国（作为非会员国）与部分国际组织关系		
欧洲联盟	1975年5月6日，中国与欧洲经济共同体建立外交关系。1983年11月1日，中国与欧共同体正式宣布全面建交。2003年，中欧建立全面战略伙伴关系。2013年，双方发表《中欧合作2020战略规划》。双方已建立了近70个磋商对话机制。2014年4月，习近平主席访问欧盟总部，这是中国国家主席首次访问欧盟总部。	
东南亚国家联盟	中国和东盟自1991年建立对话关系。中方始终视东盟为维护地区和平稳定、促进区域一体化和世界多极化发展的重要力量，把东盟作为周边外交优先方向，坚定支持东盟共同体建设，支持东盟在区域合作中的中心地位，支持东盟在国际地区事务中发挥更大作用。中方愿与东盟国家共同建设更为紧密的中国—东盟命运共同体。	
非洲联盟	自2002非盟成立以来，中国多次派团出席其首脑会议。2014年中国设立驻非盟使团，2015年3月中国首任驻非盟使团团长旷伟霖大使赴任。中国与非盟在气候变化、2030年可持续发展议程等重大国际问题及非洲热点问题上加强沟通协调。非盟在涉及中国核心和重大利益问题上坚定支持中国。中国向非盟能力建设和有关维和行动提供了援助。	
阿拉伯联盟	中国同阿盟于1956年建立联系。近年来，阿盟首脑会议和外长理事会连续作出对华关系决议，呼吁阿盟成员国积极发展同中国在各个领域的关系。2016年1月21日，习近平主席访问阿盟总部，会见阿盟秘书长阿拉比，并发表了题为《共同开创中阿关系的美好未来》的演讲。2022年11月1日，习近平主席向阿盟首脑理事会会议轮值主席阿尔及利亚总统特本致贺信，祝贺第31届阿盟首脑理事会召开。	
拉美和加勒比国家共同体	2014年7月17日，国家主席习近平访问巴西期间出席在巴西利亚举行的中国—拉美和加勒比国家领导人会晤并集体会见拉共体"四驾马车"成员国领导人。2015年1月，中国—拉共体论坛首届部长级会议在北京举行。2018年1月，中国—拉美和加勒比国家共同体论坛第二届部长级会议在智利开幕。2021年12月3日，习近平主席向中国—拉共体论坛第三届部长会议发表视频致辞。	
湄公河委员会	中国十分重视与湄委会的关系，自1996年以来中国与湄委会连续举行了19次对话会。湄委会秘书处历任首席执行官多次访华。中国—湄委会已经举行了超过20次对话会。	

注：上述资料来自中国外交部网站。

从以上表格可以看出，中国基本上加入了全部重要全球性国际组织，特别是联合国系统内专门机构。中国与这些国际组织保持了良性互动关系，很多全球性国际组织中都有中国籍高官。党的十八大以来，有四个联合国专门机构的一把手由中国人或曾经由中国人担任。在其他一些国际组织也有中国籍人士担任助理总干事、副总干事、副秘书长等高级管理岗位。这表明中国与国际组织的关系经历了革命、接触、磨合、融入等阶段后,逐步走向了在国际组织拥有更大话语权的阶段。在区域性国际组织里,作为会员国,中国在亚投行和上海合作组织有较大影响力。作为非会员国,中国与重要的区域性国际组织都建立有良好互动机制。区域性国际组织,特别是区域性国家联盟或国家共同体已经成为中国外交的重要着力点。

(二)中国与部分重要国际组织关系现状

1.全球性国际组织

(1)联合国

联合国是世界上最具普遍性和代表性的国际组织。联合国的前身是国际联盟。国际联盟仅存在于两次世界大战之间的 20 年,二战爆发宣告了国联的失败。1945 年 4 月 25 日至 6 月 26 日,来自 50 个国家的代表在美国旧金山召开了旧金山制宪会议。会后 50 国代表签署了《联合国宪章》,在大多数签字国批准了《联合国宪章》后,1945 年 10 月 24 日联合国正式成立。联合国创始会员共有 51 个(50 国加波兰),现共有会员 193 个。联合国总部在美国纽约,并在日内瓦、维也纳和内罗毕设有办事处。联合国由六大机构组成,分别是大会、安理会、经社理事会、秘书处、国际法院和托管理事会。联合国系统包括 16 个与联合国签订关系协定或依据联合国决定创设的联合国专门机构,以及与联合国关系密切的世界贸易组织和国际原子能机构。这些国际组织涵盖了人类生存和发展的方方面面,是参与全球治理的重要利益相关方。

中国是联合国创始会员国,但联合国成立之初,中国的合法席位一直被台湾国民党政权非法占据。直到 1971 年 10 月 25 日,在亚非拉兄弟国家的帮助和中国的积极努力下,第 26 届联大才恢复了中华人民共和国在联合国的一切合法权利,也就是著名的 2758 号决议。随着中国改革开放的深入,中国与联合国的关系也日趋紧密。1988年12月,中国加入了联合国维和特别行动委员会。1990年4月,中国首次参加了联合国维和行动(初期以观察员和工程兵为主,2003年正式派出维和部队)。至今,中国已经派出了超过3万名维和部队官兵,分布在世界各地的热点和不稳定地区。中国1980年开始参加联合国裁军谈判,1983年向联合国派出裁军事务大使。中国签署了《核不扩散条约》《全面禁止化学武器公约》《全面禁止核试验条约》等国际公约。中国1981年当选为联合国人权委员会成员,1982年正式担任人权委员会成员并一直连选连任。中国至今已加入了26项国际人权公约,于1997年10月签署、2001年2月正式批准了《经济、社会及文化权利国际公约》。2006年人权理事会成立后,中国积极参与人权理事会活动,努力为发展中国家争取发展权和消除种族歧视。在发展领域,中国为联合国千年发展目标做出了较大贡献。中国率先使5亿人口摆脱了贫困,成为落实联合国千年发展目标的榜样和典范。中国在20世纪80年代还是联合国的受援对象之一,现在已成为向世界其他国家提供援助的重要援助国,中国累计向发展中国家提供了近4000亿元人民币的援助。[①] 2015年9月,习近平主席在联大宣布中国设立中国—联合和平发展基金和南南合作援助基金。中国还向联合国下属的开发计划署、妇女署、儿童基金会等机构提供了大量捐款。2018年中国应缴纳联合国会费为2.13亿美元,分摊比重为全部会费的7.92%,居会员国第三位。2019年中国缴纳联合国会费上升至第二位,净额约为3.347亿美元,占全部会费的12.01%。2022—2024年,中国承担的联合国会费约为4.381亿美元,占比15.25%。中国维和摊款从6.64%增加到15.2%,仅次于美国。中国积极参与联合国有关环境保护和气候变化的讨论与合作,支持联合国在全球治理和应对共同危机领域发挥重要作用。

2023年2月1日至4日,第77届联大主席克勒希应邀访华。克勒希列举此次访华期待实现的目标:寻求中国政府对联大转型工作的支持;争

---

① 张贵洪.谱写中国与联合国关系新篇章[N].中国社会科学报,2015-9-29.

取中国对下个月举行的联合国水事会议的支持,届时各国将采取共同行动,使得这次会议的意义堪比气候变化领域的"巴黎时刻";建立一个有中国参与、贡献的全球水信息网络系统;在中国的支持下,建立或提升联大科学决策水平;考虑中国是否有兴趣参与经济发展思维革新的工作,或者说是"超越GDP";在(国际)危机时期提升联合国的形象。克勒希谈道:"不难看出,这些都是艰巨的目标和任务,如果其中一半都能得到合作伙伴的积极回应,这就称得上是一种紧密的合作关系。我可以告诉你的是,我提出的这些目标都得到了中国政府的大力支持。所以,这就是为什么我说中国不仅仅是伙伴(partners),而且是可以与之合作解决战略问题的志同道合的朋友(allies)。"①从克勒希访华的成果和反馈可以看出中国对联合国事业的支持,以及与联合国紧密的互动合作关系。

习近平主席2022年在巴厘岛会见联合国秘书长古特雷斯时表示,中国是以联合国为核心的国际体系的坚定支持者。要实现世界和平,《联合国宪章》宗旨和原则必须遵守,各国合理安全关切必须重视。中方愿同联合国加强合作,共同推进全球发展倡议、全球安全倡议取得实实在在的成果。中方将继续坚持真正的多边主义,坚定支持联合国的工作。②未来,中国应把联合国作为中国国际组织战略最重要的平台和抓手,支持联合国在全球治理和国际事务中发挥核心作用。长期以来,中国国际组织外交的重点就是联合国外交。中国应继续维护联合国的权威,将自身发展理念和实践与联合国倡议和行动相融合,与联合国携手帮助落后国家,关注气候变化等全球性问题和挑战,推动真多边主义成为国际关系的主流,努力构建人类命运共同体。

(2)国际货币基金组织

国际货币基金组织在2016年正式通过了份额改革方案,将全部约

---

① 王露.钟睿.专访 | 联合国大会主席:国际危机下,联合国形象与行动能力面临挑战[EB/OL].(2023-02-13)[2023-06-17].https://m.thepaper.cn/newsDetail_forward_21898014.

② 习近平会见联合国秘书长古特雷斯[EB/OL].(2022-11-16)[2023-06-17].http://www.xin-huanet.com/world/2022-11/16/c_1129134355.htm.

6%的份额向发展中国家和新兴市场转移,中国在其中占据的份额比从3.996%上升至6.394%,成为国际货币基金组织第三大股东国。人民币也于2016年1月正式纳入国际货币基金组织特别提款权(SDR)货币篮子,成为"世界货币"。人民币"入篮"及中国配套的金融改革,将推动国际投资组合的再平衡,这可能导致到2020年近3万亿美元流入中国。①人民币"入篮"是国际货币基金组织对中国过去多年来努力改革货币和金融体系的认可,也是对中国经济发展和改革开放的肯定,有助于增强SDR代表性,完善现有国际货币体系,对中国和世界是双赢举措。

作为全球经济和货币政策的协调者及国际金融治理的中枢机构,国际货币基金组织与中国在许多领域开展了务实合作。2015年,中国正式采纳国际货币基金组织数据公布特殊标准,将按照国际特殊标准公布统计数据。这表明中国提高经济数据透明度的意愿,是中国和国际货币基金组织合作的又一个里程碑。②2016年11月23日,中国证监会与国际货币基金组织签署了《关于开展中长期技术援助的谅解备忘录》。根据备忘录,中国将与国际货币基金组织在资本市场监管、系统性风险防范等领域开展合作,助力中国资本市场健康稳定发展和监管体系的完善。③2017年5月14日,在中国举办"一带一路"国际合作高峰论坛期间,央行行长周小川与国际货币基金组织总裁拉加德签署了《中国人民银行与国际货币基金组织关于建立中国—基金组织联合能力建设中心谅解备忘录》,旨在加强双方在能力建设方面的合作,服务中国宏观经济金融发展。④经过近一年筹备,2018年4月12日,该联合能力建设中心正式启动。李克强总理在会见拉加德总裁时积极评价了国际货币基金组织对中国经济发展

---

① 加入SDR将为中国带来多少外资? [EB/OL].(2015-12-17)[2023-06-17].http://www.ftchinese.com/story/001065296#adchannelID=5000.

② 中国正式采纳国际货币基金组织数据公布特殊标准[N].人民日报2015-10-9.

③ 中国证监会与国际货币基金组织签署谅解备忘录[EB/OL].(2016-11-23)[2023-06-19]. http://www.xinhuanet.com/fortune/2016-11/23/c_1119976693.htm.

④ 李国辉.中国人民银行与国际货币基金组织在华建立联合能力建设中心[EB/OL].(2017-5-15)[2023-06-19].http://www.financialnews.com.cn/jg/dt/201705/t20170515_117493.html.

的关注和支持,表示愿同国际货币基金组织加强政策沟通和协调,促进经济全球化、贸易投资自由化、便利化和多边合作,推动全球经济在稳定发展的轨道上继续前进。[1]2022年11月12日,李克强总理在柬埔寨金边会见出席东亚合作领导人系列会议的国际货币基金组织总裁格奥尔基耶娃。李克强指出,中国是最大发展中国家,改革开放是中国实现现代化的必由之路。中方愿继续参与G20缓债倡议。中国与国际货币基金组织保持了长期良好合作关系。希望基金组织继续发挥积极作用,推动完善主权债务协调的国际机制,应对全球经济面临的复杂局面。[2]未来中国与国际货币基金组织可依托已经成立的联合能力建设中心,开展对共建"一带一路"国家的能力建设,为沿线国家提供宏观经济管理培训;参与国际货币基金组织改革,提升新兴经济体在国际货币基金组织的分量;支持国际货币基金组织在全球贸易领域发挥作用,共同反对贸易保护主义。

（3）世界贸易组织

世界贸易组织前身是关税与贸易总协定。二战后世界经济百废待兴,国际社会呼吁建立新的国际贸易秩序。1946年,联合国经社理事会成立了一个筹委会开始起草国际贸易的规则和章程。1947年4月至10月,筹委会经过长时间会议商讨决定将正在起草过程中的国际贸易章程有关条款组成单独协定,即《关税与贸易总协定》,1947年英、法、美等23国在瑞士日内瓦签署了《关税与贸易总协定》临时议定书,1948年1月1日该协定正式生效。关税与贸易总协定存在了47年时间。自1947年开始,关贸总协定共举行了八轮多边贸易谈判。1993年第八轮谈判取得重要进展,决定建立世界贸易组织取代关税与贸易总协定。1995年1月1日,世界贸易组织开始运作。世界贸易组织与关税与贸易总协定并存了一年时间。1995年12月12日,关贸总协定在日内瓦举行了最后一次会议,1996年1月1日,世界贸易组织正式取代了关贸总协定。

---

[1] 李克强会见国际货币基金组织总裁拉加德[N].人民日报(海外版),2017-5-15.
[2] 李克强会见国际货币基金组织总裁格奥尔基耶娃[EB/OL].(2022-11-13)[2023-06-19]. http://www.gov.cn/xinwen/2022-11/13/content_5726556.htm.

世界贸易组织是独立于联合国的全球性贸易机构,其职责是协调世界经济和贸易秩序,主张市场开放、非歧视和公平贸易原则,推动世界贸易自由化。与关税与贸易总协定相比,世界贸易组织的业务除了商品货物贸易,还包括服务贸易和知识产权贸易。经过15年艰苦谈判,中国于2001年12月11日正式加入了世界贸易组织,成为其第143个成员。加入世界贸易组织是中国国家发展史上的重大事件,也被比喻为中国的第二次改革开放。加入世界贸易组织近20年来,中国经济发生了巨大变化,中国发展受益于经济全球化和贸易自由化,世界也分享了中国经济增长的红利。2001年,中国GDP总额为11.09万亿元,占全球GDP的比重仅为4.02%。2020年,李克强总理在两会上作的政府工作报告显示,中国国内生产总值达到99.1万亿元,增长6.1%,[①]占世界经济比重15%左右,对世界经济增长贡献率超过了30%。中国已经成为世界第一大贸易国和全球第二大经济体。加入世界贸易组织对促进中国和世界经济发展都起到了重要推动作用。加入世界贸易组织为中国带来了很多好处,但中国也做出了大量的牺牲和让步,特别是国内一些产业受到了较大冲击。在中央的正确领导下,中国克服了种种困难,认真履行了加入世界贸易组织的承诺,成功应对了各种挑战,中国也从新成员发展成为世界贸易组织内核心成员国。中国不仅努力适应世界贸易组织规则,也积极推动世界贸易组织规则朝着更加合理的方向发展,成为多边贸易体系的坚定捍卫者。

特朗普上台后,美国贸易保护主义态度日趋明显。特朗普政府第一时间退出了前任总统奥巴马力推的跨太平洋伙伴关系协定(TPP)。美国迟迟不任命驻世界贸易组织大使,并且一再阻拦对世界贸易组织上诉机构法官的任命,致使世界贸易组织上诉机构运转案件积压、面临瘫痪。2018年3月份,奉行"美国优先"政策的特朗普政府又发起了贸易战。特朗普政府宣布对包括中国在内的有关国家钢材和铝材征收关税,但对加

---

① 李克强.2020年5月22日在第十三届全国人民代表大会第三次会议上的政府工作报告[EB/OL].(2020-5-22)[2023-06-21].http://www.gov.cn/premier/2020-05/22/content_5513757.htm.

拿大等友好国家实施了豁免。特朗普政府宣布将对每年从中国进口的价值600亿美元商品征收关税,并开始限制中国对美国科技产业的投资等。中国为此采取了相应的反制措施。世界贸易组织总干事阿泽维多认为,美国和中国之间的贸易冲突是世贸组织23年来历史上最艰难的时刻,将对全球经济造成严重影响。拜登政府同样在肆意破坏国际贸易体系。无论是《芯片和科学法案》,还是《通胀削减法案》,美国现在已变成国际贸易体系的破坏者。不仅如此,美国还阻挠世界贸易组织上诉机构的正常运行。

随着美国转向贸易保护主义,全球多边贸易体制遭受冲击。发展中国家没有形成合力,或者还不具有足够话语权共同反对贸易保护主义。一些不发达国家正在被彻底边缘化,在全球经济体系中的话语权越来越小。世界贸易组织的全体一致谈判通过机制也制约了其权威性,很多谈判难以产生有效共识和成果。

尽管多边贸易体系面临冲击和困难,需要对其进行合理的改进,但是当前尚没有可行的方案能立即替代现有多边贸易体系。如果缺少世界贸易组织协调机制,很难想象全球贸易将会呈现出何种乱象,全球经济将会走向何方。时任商务部部长钟山在2017年世贸组织第十一届部长级会议全体会议发言中表示,世贸组织规则是经济全球化的重要制度保障,符合各国的共同利益。面对新形势新挑战,中方愿同世贸组织成员共同努力,推动经济全球化向着更加开放、包容、普惠、平衡、共赢的方向发展。①

中国政府于2018年6月发表了《中国与世界贸易组织》白皮书,全面阐述了中方切实履行加入世界贸易组织的承诺,坚定支持多边贸易体制,介绍了入世后的中国对世界经济和贸易发展的积极贡献等。②2019年5月13日,中国向世界贸易组织正式提交了《中国关于世贸组织改革的建

① 中国商务部部长钟山出席世贸组织第十一届部长级会议并发言[EB/OL].(2017-12-12)[2023-07-09].http://www.chinanews.com/gn/2017/12-12/8398042.shtml.

② 国务院新闻办网站.中国与世贸组织白皮书[EB/OL].(2018-06-28)[2023-07-10].http://www.scio.gov.cn/ztk/dtzt/37868/38521/index.htm.

议文件》。中方支持对世贸组织进行必要改革,解决其面临的生存危机,增强其权威性和有效性,支持其在全球经济治理中发挥重要作用。

（4）联合国教科文组织

联合国教科文组织成立于1946年,是联合国专门机构之一。联合国教科文组织成立的背景是二战结束后,英法两国饱受战争伤害,希望建立一个智力型国际组织,促进人类团结和发展,避免新的战争。英法牵头于1945年举行了一次联合国会议,会议决定成立联合国教科文组织。联合国教科文组织总部在法国巴黎,其主要宗旨是促进各国间教育、跨文化理解、科学合作和保护言论自由等。联合国教科文组织机构由大会、执行局和秘书处三部分组成。大会为教科文组织最高权力机构,两年举行一次会议。秘书处是教科文组织的日常工作机构。目前总干事是法国人奥德蕾·阿祖莱,中国的曲星为教科文组织副总干事。

中国曾经是联合国教科文组织的创始会员国。1945年,胡适代表当时的国民政府出席了在伦敦召开的教科文组织筹委会。同年底,赵元任出席了教科文组织成立大会。[①]1971年,在中国恢复在联合国的合法席位后,联合国教科文组织成为第一个恢复中国合法席位的重要国际组织。新中国真正意义上开始参与联合国教科文组织是在1979年。邓小平同志亲自批准成立了中国联合国教科文组织全国委员会。至此,中国参与联合国教科文组织可分为四个阶段,分别是接触与初步参与期（1945—1949）、适应期（1971—1979）、全面学习期（1979—1999）和深度参与期（1999年至今）。[②]特别是随着2013年教育部副部长郝平担任联合国教科文组织第37届大会主席以来,在中国联合国教科文组织全委会等机构的努力下,双方合作举办了系列重要活动和会议,中国与教科文组织的关系更为紧密,双方关系迈向了新的阶段。

作为联合国系统的智库,联合国教科文组织在世界上享有较高的声

---

① 任羽中.开展UNESCO外交的日本经验与中国作为[J].四川师范大学学报(社会科学版),2015(6):24—30.

② 谢喆平.中国与联合国教科文组织的关系演进[J].太平洋学报,2010(2):28—40.

望和影响力,业务领域关系到人类进步与发展、文化传承与文明保护等。相比当前国际上活跃的政治类和经济类国际组织,教科文组织显得低调许多,它不涉及经济援助,不涉及战争与制裁,主要是促进各成员国对和平、正义、宽容、文化多样性等的向往和对困难人群的帮助。正因为教科文组织这种特殊性,反而使得它在全球事务中发挥着更独特的作用,越来越多的国家注重与教科文组织开展合作。

　　未来,中国要从人力和财力上加大对教科文组织的投入。一方面要培养更多中国人到联合国教科文组织工作。最近几年先后有唐虔、郝平、曲星等中国人担任教科文组织的高级官员,但是教科文组织的中层干部和核心岗位缺少中国人的身影,制约了中国在教科文组织内扩大影响力,应该继续加大向教科文组织输送中国籍职员的力度。另一方面,要加强对现有从事教科文工作人员的能力培养和提升,增强跨文化沟通能力、外语水平、谈判技巧、外事经验等。会费方面,在美国退出之前,会费分摊第一位是美国(22%),第二位是日本(9.6%),第三位是中国(7.9%)。随着2017年美国宣布退出联合国教科文组织,日本也拖延教科文组织会费,中国成为缴纳会费最多的国家(占整体会费的15.49%)。中国应积极参与教科文组织在其专业领域国际标准和规则、战略发展方向的讨论,鼓励企业、高校、科研机构和民间组织积极参与或者承办教科文组织活动;通过参与教科文平台国际活动传递中国声音和主张,把中国经验分享给世界,利用教科文组织支持发展中国家教科文事业,提升中国在国际社会的形象和道义影响力;加强国内涉及教科文业务的部门(外交部、教育部、文旅部等)协调与沟通,及时研判申遗等敏感问题和风险点,做好应急预案;充分研究联合国教科文组织的议事规则和制度,积极参与教科文组织关于教育、科学和文化领域国际规则的制定和价值观念的传播,将中国构建人类命运共同体的理念与教科文组织促进人类和平的宗旨相结合,共同为世界和平与进步作出贡献。

　　(5)世界卫生组织

　　党的十八大以来,中国高度重视与世界卫生组织合作。2016年,中国和世界卫生组织联合召开了"第九届全球健康促进大会"。120多个国家的卫生部长等代表参加了大会。中国积极参与会议,引导会议成果文件吸纳中国卫生发展理念和实践经验,提升了中国在全球卫生治理中的话语权和影响力。2017年1月18日,习近平主席访问了世界卫生组织。这是中国国家主席第一次访问世界卫生组织,表明中国对世界卫生组织的重视和与世界卫生组织开展合作的意愿。习近平还见证了中国与世界卫生组织签署《中华人民共和国政府和世界卫生组织关于"一带一路"卫生领域合作的谅解备忘录》等协议。这一协议的签署也意味着中国与世界卫生组织合作步入了新的发展阶段,即从双边合作扩展到与共建"一带一路"国家合作及多边卫生合作。在这一框架下,中国创建了中国—中东欧卫生部长论坛、中阿卫生合作论坛等合作机制。①中国通过自身努力为地区和全球卫生事业做出贡献,为全球卫生治理贡献中国智慧和中国力量。

2020年初,新冠疫情暴发。中国人民在习近平总书记和党中央的带领下积极地应对并防控疫情。世界卫生组织对中国采取的措施给予了高度肯定,总干事谭德塞表示:"在疫情面前,中国政府展现出坚定的政治决心,采取了及时有力的举措,令世人敬佩。……中方采取的措施不仅是在保护中国人民,也是在保护世界人民,我们对此表示诚挚感谢。中方行动速度之快、规模之大,世所罕见,展现出中国速度、中国规模、中国效率,我们对此表示高度赞赏。"②世界卫生组织在这次重大疫情应对过程中,与中国始终保持紧密磋商,支持中国政府和人民抗疫,展现了中国与国际组织的良好互动关系。

中国应发展与世卫组织在"一带一路"框架下的卫生合作,推动共建"一带一路"国家卫生水平;与世界卫生组织一起努力,落实联合国2030年可持续发展目标;加大对贫困国家和不发达国家的卫生援助,履行大国

---

① 王潇雨.构筑人类卫生安全命运共同体[EB/OL].(2018-5-21)[2023-07-22].http://health.people.com.cn/n1/2018/0521/c14739-30001935.html.

② 习近平会见世界卫生组织总干事谭德塞[N].人民日报,2020-1-29.

责任、展现大国担当。对内,中国应以《中国—世卫组织国家合作战略(2016—2020)》文件为指导,在全民健康体系覆盖、降低重大疾病和公共卫生风险导致的疾病和死亡、食品和药品监管、健康城市运动、应对环境和气候变化对健康的影响,以及扩大中国对全球卫生贡献等六大领域开展与世界卫生组织的合作,全面提升中国的卫生和健康水平。

2.地区类国际组织

(1)东南亚国家联盟

东南亚国家联盟(简称东盟)1967年8月8日正式成立。创始会员国一共有五个,分别是新加坡、马来西亚、泰国、印尼和菲律宾。文莱、越南、老挝、缅甸、柬埔寨后来加入了东盟。现在东盟共有十个成员国,总面积448万平方千米,人口约6.28亿。东盟峰会是东盟的最高决策机构,东盟各国轮流担任峰会主席国。东盟秘书处负责东盟日常事务协调,秘书处设在印尼首都雅加达,秘书长是东盟首席行政官。根据《东南亚国家联盟成立宣言》规定,东盟的宗旨是:本着平等合作精神,共同致力于推动本地区经济增长、社会进步及文化发展,加强东南亚国家成为繁荣、和平共同体的基础。在处理本地区国家关系时,遵守正义法治,遵循《联合国宪章》的原则,促进地区和平稳定。[1]东盟国家在经历了1997年亚洲金融危机后,更强烈意识到单靠东盟某个国家自身力量难以有效应对外部冲击和保证区域安全与繁荣,因此希望能建立一个类似于欧盟的共同体。东盟各国也一直希望加强成员国之间的合作,在涉及本地区重大问题上对外以一个共同声音说话,维护东盟整体利益,建立东盟共同体的具体构想和计划应运而生。东盟于1994年7月发起成立了东盟地区论坛。1997年,东盟各国通过了《东盟2020年愿景》,决定将东盟打造成共同体。2007年11月20日,东盟十国领导人在第十三届首脑会议上签署了《东盟宪章》和《东盟经济共同体蓝图宣言》等重要文件,会议决定于2015年建

---

[1] 东南亚国家联盟(东盟)概况.[EB/OL].(2015-01)[2023-07-26].http://www.asean-china-center.org/2010-04/23/c_13264207.htm.

成东盟共同体。2008年12月15日,《东盟宪章》正式生效。《东盟宪章》是东盟的法律依据,为东盟共同体建设提供了制度和法律保障。2015年12月31日,时任东盟轮值主席国、马来西亚外交部长阿尼法宣布东盟共同体正式成立。

中国高度重视与东盟的关系,坚定支持东盟共同体建设,支持东盟在东亚区域合作和一体化建设中发挥核心作用。中国与东盟1991年开启了对话进程。2003年,中国加入《东南亚友好合作条约》,与东盟建立了战略伙伴关系。2009年,中国设立了非常驻东盟大使。2010年,中国—东盟自贸区建成。2012年,中国正式设立了常驻东盟使团并派出首位常驻东盟大使。中国与东盟自建立战略伙伴关系以来,双方的合作频繁、互信增强,双边关系取得了重大进展。2018年11月,中国—东盟领导人会议发表《中国—东盟战略伙伴关系2030年愿景》,中国成为第一个与东盟制定中长期愿景的对话伙伴。2019年4月,东盟10国领导人和东盟秘书处负责人集体出席第二届"一带一路"国际合作高峰论坛,这都凸显了双方之间的高度互信。[①]2022年,中国与东盟互为最大贸易伙伴,双方经贸往来更加密切,进出口规模达到6.52万亿元,同比增长15%。双方携手推动高质量实施《区域全面经济伙伴关系协定》,共同宣布中国—东盟自贸区3.0版谈判正式启动,努力建设更加包容、现代、全面和互利互惠的中国—东盟自贸区。2022年,习近平主席应邀赴印尼巴厘岛出席二十国集团领导人第十七次峰会、赴泰国曼谷出席亚太经合组织第二十九次领导人非正式会议并对泰国进行访问,同东盟国家领导人举行一系列双边会谈会见,为中国—东盟关系健康发展指明方向、注入动力。中国—东盟达成全面战略伙伴关系行动计划(2022—2025),全方位合作成果丰硕。中国—东盟全面战略伙伴关系树立了地区合作共赢的典范。[②]

中国与东盟关系也有一些不和谐因素。作为中国近邻,东盟个别国

---

① 赵益普.中国—东盟关系进入全方位发展的新阶段——专访中国驻东盟大使黄溪连[EB/OL].(2019-7-31)[2023-07-28].http://world.people.com.cn/n1/2019/0731/c1002-31268075.html.

② 史忠俊.向着共建"五大家园"坚定前行[N].人民日报,2023-2-6.

家对中国态度并不友好,在一些事情处理上采取了不利于双边关系的做法,干扰了中国与东盟的合作进程,破坏了互信关系。东盟历史上是大国角逐的地区,特别是美国在该地区的势力和影响由来已久。东盟国家如新加坡、泰国、马来西亚、印尼等在冷战期间都采取了直接或者间接"亲美"政策,泰国和菲律宾与美国结盟,新加坡和马来西亚则同属英联邦国家。中国与陆地东南亚国家柬埔寨、缅甸、老挝关系较好。随着东盟共同体的建立,东盟希望在地区合作上发挥自身的主导作用,不想成为大国博弈和国际力量变革的牺牲品,因此既不想倒向中国,也不愿意过分依赖美国。

中国支持东盟在东亚区域经济合作中发挥主导作用,支持东盟积极推动区域全面经济伙伴关系协定的签署,推动地区经济一体化和反对贸易保护主义;维护与东盟在贸易和经济领域的良好发展势头,不断提升双方经济合作与贸易往来,为双方人民创造实实在在的收益;加强中国"一带一路"倡议与东盟国家发展战略对接,东盟是海上丝绸之路的重要地区,也是"一带一路"的重要支撑地带,双方在战略上有很强的互补性和共生性;与东盟在南海等敏感问题上加强沟通和对话,妥善处理分歧,确保南海地区的和平与稳定;加强中国与东盟人文交流,开展各种形式的青年交流活动,努力实现中国与东盟民相亲、心相通;充分发挥好中国—东盟中心这一总部设在北京的国际组织作用,搭建中国与东盟对话交流平台,促进中国与东盟全方位交流与互信。

（2）欧洲联盟

欧洲联盟(简称欧盟)前身是欧洲煤钢共同体。1967年欧共体成立。1993年11月,《欧洲联盟条约》生效,欧共体发展为欧洲联盟。2002年1月,欧盟实现了货币一体化,2009年《里斯本条约》生效后,欧盟正式取代了欧共体。欧盟经历数次扩大,现今有28个成员国。欧盟由欧洲理事会(欧盟最高决策机构,又称首脑会议)、欧盟理事会(又称部长理事会,是欧盟立法与政策的协调机构)、欧盟委员会(欧盟的立法建议与执行机构)、欧洲议会(欧盟的监督、咨询和立法机构)及欧盟对外行动署(主要是协调成员国外交政策)等机构组成。欧盟人口约5.1亿,总面积438万平方千米,总部在比利时首都布鲁塞尔。

中国于1975年5月6日与欧共体建立了外交关系。1983年11月1日,中国与欧共体全面建交。2003年,中欧建立全面战略伙伴关系。2013年,中国与欧盟共同发布《中欧合作2020战略规划》①,并提出打造中欧之间"和平、增长、改革、文明"四大伙伴关系的远景目标,中欧关系被提升到空前的战略高度。中国与欧盟之间已经建立了近七十个对话和磋商机制,涉及政治、经济、人文、科技、能源等方方面面。中国欧盟领导人年度会晤机制是中欧双方最高级别的政治对话机制。2003年和2014年,中国政府先后发表了两份对欧盟政策文件,为促进中欧关系发展提供了重要指导。2018年,中国发布第三份《中国对欧盟政策文件》,进一步明确新时代深化中欧全面战略伙伴关系的方向、原则和具体举措,推动中欧关系取得更大发展。②作为世界上最大的发展中国家和世界上最集中的发达国家集团,中国与欧盟是维护世界和平与稳定的重要两极。中国与欧盟在国际事务中密切合作与沟通,双方均致力于维护联合国的权威及以联合国为核心的战后国际秩序。双方在气候变化、反恐、打击海盗、裁军、网络安全、伊核问题等领域保持了良好合作关系。欧盟连续多年都是中国第一大贸易伙伴,双方的年度贸易额突破了5700亿美元。2022年,我国对欧盟进出口5.65万亿元,增长5.6%。近几年,中国与欧盟成员国每年货物贸易总额达6000亿美元左右,中欧之间平均每分钟贸易往来超过100万美元。中国保持为欧盟第二大贸易伙伴、第三大出口市场、第一大进口来源地。③

中欧之间经贸合作密切,但欧盟与中国立场也并非完全一致。欧盟与中国在经济和贸易方面除了合作也有竞争,特别是在光伏产品、钢铁产

① 第十六次中国欧盟领导人会晤发表《中欧合作2020战略规划》[EB/OL].(2013-11-23)[2023-08-06].http://www.xinhuanet.com/world/2013-11/23/c_118264906.htm.

② 中国对欧盟政策文件[EB/OL].(2018-12-18)[2023-08-12].http://www.xinhuanet.com/world/2018-12/18/c_1123868707.htm.

③ 张红.中欧共同应对全球问题 携手推动经济复苏发出[N].人民日报(海外版),2020-6-25.

能等问题上。欧盟在意识形态、人权、价值观、政治体制、宗教等方面常常攻击中国。特别是作为美国的盟友,欧盟在人民币汇率、市场准入等很多问题上支持美国立场。欧盟也在积极介入南海问题,参与亚太地区事务。一边与中国开展以经济为主的合作,一边借人权等对中国施压,构成了欧盟对华政策的基本格调。

中国应继续坚定支持欧洲一体化进程,支持欧盟作为全球事务重要一极发挥作用,为维护世界和平与稳定多做贡献。携手欧盟加强在国际事务和热点问题上的沟通与协调,如气候变化、伊核、中东、朝鲜等问题,坚定维护多边主义原则,共同推进世界多极化发展;逐步扩大对外开放,放宽对欧盟企业的市场准入,让欧盟分享中国经济发展成果;降低中欧之间贸易逆差,实现中欧贸易可持续发展,为世界经济发展贡献力量;加强与欧盟在"一带一路"倡议上的战略对接,扩大彼此合作共同利益点,拓宽中欧合作的广度和深度。

(3)非洲联盟

非洲联盟前身是非洲统一组织(1963年成立)。1999年非洲联盟成立。2002年7月,非洲联盟取代非洲统一组织。非盟现有成员国55个,总部设在埃塞俄比亚首都亚的斯亚贝巴。非盟的组织机构有首脑理事会(非盟最高权力机构,每两年召开一次)、执行理事会(各成员国外长或者部长组成,每年两次例会)、非盟委员会(为非盟常设机构,负责日常行政事务)、泛非议会(非盟立法机构,每个成员国派驻5名议员组成)、和平与安全理事会、非洲发展新伙伴计划、经济社会和文化理事会、非洲法院、金融机构等。

由于非洲和非盟在世界上影响力逐步扩大,世界主要国家和国际组织都同非盟保持关系往来。美国最早在非盟设有常驻使团。日本近年来不断加大对非洲援助力度,有抗衡中国与非洲关系意图。日本重视与非盟关系,希望非盟在其谋求联合国安理会常任理事国一事上给予支持。印度自2008年就开始举行印度—非洲论坛峰会。德国政府出资2700万欧元,援建了非盟委员会和平安全大楼。联合国与非盟建立了定期沟通机制,两个国际组织经常就重大国际问题交换意见。世界银行与非盟也定期举行高级磋商会,互相邀请派员出席彼此重要会议。非洲国家自身也十分重视非盟的作用,积极承办非盟相关会议,竞争非盟组织重要领导岗位。非盟逐渐发展成为非洲地区最具权威性的国际组织,在维护非洲地区和平、促进非洲发展上做出了重要贡献,如非盟积极参与调解了苏丹达尔富尔冲突、索马里内乱等。

中国同非统组织和非盟都保持着友好关系。自2002年非盟取代非统组织以来,中国多次派团出席非盟首脑会议。2005年,中国成为首批向非盟派驻代表的非洲外国家。2012年,由中国援建的非盟会议中心落成,成为中非友谊的又一重要见证。2014年中国设立了驻非盟使团,中国首任驻非盟使团团长为旷伟霖大使。中国与非盟在国际事务中也保持了友好合作关系。非盟支持中国的核心利益诉求,如西藏和台湾问题。中国则坚定支持非盟在区域和国际事务中发挥重要作用,反对西方国家干涉非洲内部问题。十年来,在中非领导人共同引领和推动下,中非关系取得了举世瞩目的历史性成就,迈入了构建高水平中非命运共同体的新时代。站在新的历史起点上,中方愿同非方一道,加快落实中非合作论坛第八届部长级会议成果,推动共建"一带一路"合作深入发展。

中国需妥善处理与非盟的一些分歧,如非盟对中国援助的高期望值,非盟与中国在联合国改革问题上的不同意见等。特别是还要警惕一些西方国家对中国—非盟关系的挑衅,如美国前国务卿蒂勒森2018年3月访问非盟总部,公开诋毁中国对非洲援助影响了非洲国家主权;法国媒体造谣中国在非盟总部大楼安装窃听设备,等等。这些不友好言行都会成为中国发展与非盟关系的干扰因素,需要我们提前防范、积极应对。总体上,非盟的国际地位和影响力将会继续上升,中国应制定合理的对非盟关系发展规划,以高层领导交往为主轴,以双边战略对话机制为平台,进一步深化与非盟在各领域的合作。

(4)上海合作组织

上海合作组织是由中国、俄罗斯、哈萨克斯坦、吉尔吉斯斯坦、塔吉克斯坦和乌兹别克斯坦六国于2001年6月15日在中国上海共同发起成立的地区安全组织。2003年9月19日,《上海合作组织宪章》正式生效。2017年6月,上海合作组织接纳了巴基斯坦和印度为正式成员。至此,上海合作组织成员国共有八个。此外,上海合作组织还有四个观察员国家,分别是阿富汗、伊朗、蒙古和白俄罗斯。上海合作组织是首个在中国成立、并以中国城市命名的国际组织。上海合作组织的最高机构为成员国元首理事会,每年召开一次。上海合作组织有两个常设机构,它们是位于北京的秘书处和位于塔什干的地区反恐机构。

上海合作组织前身是上海五国机制,主要目的是维护中亚地区和平与安全,促进各成员国的边境稳定和地区安全。上海合作组织倡导新安全观和地区合作新模式,主张以成员国之间共同安全和共同发展为目标,不建立军事同盟,不针对任何第三国,不主张武力和武力威胁等。经过十几年发展,上海合作组织也从最初的军事、安全合作扩展到经济、科技、文化、教育、能源等多领域合作。

中国通过上海合作组织与中亚国家开展了一系列合作。安全合作是上海合作组织成立的最主要目的。上海合作组织自成立以来,举行了联合军演,签署了一系列关于反恐、禁毒、打击跨国犯罪等协议和文件。通过上海合作组织的合作框架,有效抑制了中亚地区极端势力和"东突"等恐怖组织的活动,维护了中国西北部边境的稳定。在经济领域,上海合作组织于2003年签署了《上海合作组织多边经贸合作纲要》,重视成员国之间的经贸合作,促进区域经济合作机制化发展。中国通过上海合作组织平台加强与哈萨克斯坦、乌兹别克斯坦、土库曼斯坦等中亚国家的关系。在上海合作组织框架下,中国与有关中亚国家解决了边界问题,加强了边界地区军事信任。2007年,上海合作组织成员国共同签署了《上海合作组织成员国长期睦邻友好合作条约》,将本地区世代友好的思想以条约形式固定下来。此外,中国还依托上海合作组织与中亚国家在教育、旅游、体育等领域开展了形式多样的合作,促进了中国与中亚国家人民之间的交往,加深了彼此理解和友谊。

上海合作组织在吸收巴基斯坦和印度为正式会员后，也面临着组织内机构调整和凝聚力建设等问题。未来，中国应该积极推动各国落实青岛宣言，保持上海合作组织成员国之间的联络热度，增强组织的凝聚力；继续共同打击"三股势力"，加强执法合作，继续开展上海合作组织联合军事演习；推动上海合作组织积极参与"一带一路"建设，促进地区多边贸易与合作；加强上海合作组织内部成员国、观察员国及对话伙伴国之间人文交流，促进民心相通，提升上海合作组织的国际形象。

（5）东盟地区论坛

冷战结束后，亚太地区国家为了加强彼此之间的对话和沟通，维护地区安全，由东盟牵头于1994年发起成立了东盟地区论坛。东盟地区论坛迄今共有27个成员。除了东盟国家外，中国、日本、韩国、印度、俄罗斯、美国、加拿大等国家及欧盟均加入了东盟地区论坛。东盟地区论坛是区域性政府间多边安全合作论坛。东盟地区论坛自身并不是一个严格意义上的国际组织，它没有秘书处和固定机构，主要是依托东盟开展工作。东盟地区论坛主要工作和活动沿着政府间第一轨道和民间第二轨道开展。政府间活动主要是外长会议和高级官员会议，就一些重要的问题进行磋商。外长会议主要关注地区安全、核不扩散和裁军、预防性外交等问题。民间活动主要是通过智库和研究机构进行政策研究和学术探讨。东盟地区论坛也是一个大国博弈的论坛。因为美、日、印、俄等域外国家的加入，东盟地区论坛的影响力得以加强，但协调立场的成本和难度也在增加。大国均希望通过加入东盟地区论坛保持自身在东盟和亚太地区的影响力，拓展各自在国际上的战略发展空间。

1994年中国作为创始成员参加了东盟地区论坛首次会议，这是中国第一次参加除联合国以外的多边安全机制。[①]尽管东盟地区论坛只是一个会议机制，主要是为论坛内各国在安全领域提供一个交换意见、沟通磋

---

① 聂文娟.中国与东盟地区论坛（ARF）：从积极参与到创新实践[J].东南亚纵横,2013(11)：16—22.

商的平台,但中国十分重视参与东盟地区论坛。二十多年来,中国广泛参与了东盟地区论坛第一轨道和第二轨道各领域活动。第一轨道活动主要包括救灾、反恐、跨国犯罪、毒品控制、传染病防治、建立信任措施、核不扩散等。第二轨道活动则包括了能源安全研究、出口管制、东北亚多边安全机制、海上安全合作能力、亚洲经济危机影响等。中国还积极利用东盟合作论坛平台,向国际社会阐释中国的安全理念。中国在2002年东盟地区论坛上发布了《中方关于新安全观的立场文件》,全面阐释了中国的新安全观理念,即以"互信、互利、平等、协作"为核心,通过全方位的对话和沟通来增进彼此信任,确保地区和平与安全。中国特别支持东盟在东盟地区论坛的主导作用。①

　　鉴于东盟地区论坛成员国数量众多,大国都将其作为地区力量博弈的平台,支持东盟发挥作用有助于减少域外国家对东盟地区论坛的干扰和操控,让东盟国家决定本地区的安全和防务事宜,有利于本地区的和平与稳定。因此,中国应继续支持由东盟主导的东盟地区论坛发展;推动东盟地区论坛多关注非传统安全领域合作,如跨国犯罪、毒品交易、海上安全、救灾等领域;警惕个别国家介入和干预中国与东盟关于南海问题的对话,坚持由直接有关的主权国家通过友好磋商和谈判,以和平方式解决南海岛礁领土和管辖权争议。

　　(6)亚洲相互协作与信任措施会议

　　亚洲相互协作与信任措施会议是哈萨克斯坦总统纳扎尔巴耶夫在1992年第47届联合国大会上倡议成立的。亚信组织实质是关于亚洲地区安全问题的政府间论坛,目前有26个成员国和14个观察员。亚信设有常设机构秘书处,秘书处在哈萨克斯坦当时的首都阿拉木图。亚信的主要工作机构为国家当时的元首和政府首脑会议、外长会议、高官委员会会议等。亚信峰会和外长会议均每四年举行一次。

　　亚信成立的背景是苏联解体后,亚洲国家希望建立一个类似欧安会

① 刘国新.中国新安全观的形成及实践[J].思想理论教育导刊,2006(1):63—69.

的集体安全组织,共同应对地区安全挑战,维护地区和平与稳定,加强地区内国家间互信。亚信会议形成的亚洲安全规范坚持了维护主权、不干涉国家内政等原则,也没有集体安全行动的强制性条款。作为一个对话和协商的平台,亚信各成员国以协商一致原则讨论地区安全事务。亚信会议从创立初期就确立了一个原则,即"首先关注所有成员国都感兴趣的问题,然后再研究矛盾和有争议的问题"①。经过25年的发展,亚信已经成为亚洲最有影响力、成员最多、代表性最强的安全论坛。

中国作为亚信的创始会员国,始终支持亚信在国际社会发挥重要作用。2014年亚信第四次峰会在上海举行,中国成为新一任亚信主席国。在这次峰会上,习近平主席在会上倡导亚洲各国坚持共同、综合、合作和可持续的亚洲安全观。中国担任亚信主席国,积极推动亚信发展。除了在传统安全领域的交流外,中国还推动亚信青年、经济、人文、农业、环境等领域的合作。未来,中国应继续倡导共同、综合、合作、可持续的亚洲安全观,推动亚信建立长效的亚洲地区安全合作框架,积极探讨亚信与中国"一带一路"倡议的对接,广泛地凝聚共识,尊重和照顾亚信各成员国的核心利益,致力于构建亚洲命运共同体。

(7)亚洲开发银行

亚洲开发银行成立于1966年11月24日,其总部在菲律宾马尼拉。亚洲开发银行共有67个成员,其中48个为亚洲成员,19个是亚洲外成员。中国于1986年3月10日加入亚洲开发银行。目前,中国认股数额在亚洲开发银行排第三位,前两位分别为美国和日本。中国是亚洲开发银行第二大主权借款国,也是亚洲开发银行开发性金融和知识共享倡议的主要捐资国。自1986年至2017年,亚洲开发银行对中国的公共部门贷款超过340亿美元,私营部门业务超过40亿美元。近些年,亚洲开发银行对中国贷款援助项目涉及生态环境改善和保护、空气质量治理、清洁能源、贫困地区交通设施建设、养老服务、贸易融资等领域。

---

① 努尔朗·耶尔梅克巴耶夫.亚洲安全问题[J].俄罗斯中亚东欧研究,2007(5):92—94.

亚洲开发银行与中国在知识共享方面展开了紧密合作。1986年以来，亚洲开发银行对中国技术援助赠款超过3亿美元。亚洲开发银行还开发了大量知识产品，组织了与中国发展有关的知识共享活动，如联合举办高层研讨会等。通过上述合作，亚洲开发银行对中国改革开放、经济体制改革、国际经济人才培养等方面提供了很多有益建议和帮助，中国通过与亚洲开发银行合作也向国际社会展示自身发展经验和改革开放成果，提升了中国在国际社会的影响力。

亚洲开发银行执董会2021年审议通过了指导未来五年对华合作的《中国国别伙伴战略（2021—2025）》，明确亚行将继续支持中国实现高质量绿色发展。未来五年，亚行对华主权贷款承诺总额70亿—75亿美元，非主权贷款承诺总额22.5亿美元左右。亚洲开发银行近些年将聚焦中国政府改革议程和战略优先发展领域，为气候变化及环境、区域合作与一体化、包容性经济增长、知识合作，以及机构和治理改革等议题提供支持。[①]在本轮国别合作伙伴战略期间，亚行对华贷款将聚焦环境可持续发展、适应和减缓气候变化、老龄化社会和卫生健康安全等三大合作领域，以促进中国体制机制改革、支持提供区域和全球公共产品并推动知识分享。

（三）国际组织促进中国发展的效果评估

一是国际组织推动了中国对外开放进程。党的十八大以来，以习近平同志为核心的党中央，统筹国内国际两个大局，提出"一带一路"倡议，发展新型大国关系、构建人类命运共同体。中国积极参与国际组织，利用多边舞台维护国家利益，让世界分享中国发展红利。中国的发展是在现有国际秩序和国际体系内的崛起，在这一崛起过程中，国际组织扮演了重要角色。新时代的中国与国际组织互动更加紧密，推动了中国对外开放进程进一步深化。当前中国正深度参与到全球治理和国际秩序的调整

---

① 亚洲开发银行成员体事实与数据[EB/OL].（2016-12-31）[2023-08-26].https://www.adb.org/sites/default/files/publication/29018/prc-2016-zh.pdf.

中。2022年12月9日李克强总理同世界银行行长马尔帕斯、国际货币基金组织总裁格奥尔基耶娃、世界贸易组织总干事伊维拉、经济合作与发展组织秘书长科尔曼、金融稳定理事会主席诺特和国际劳工组织总干事洪博的特别代表李昌徽在安徽省黄山市举行第七次"1+6"圆桌对话会。此次对话会凝聚了许多新的共识,传递了维护多边主义、加强多边合作、促进全球经济发展的信心。大家都认为,当前世界经济面临多年罕见的多重严峻挑战,越是困难越要共同行动。各主要经济体、主要国际经济机构应加强宏观政策协调,把握好稳增长与防通胀的平衡,维护国际金融稳定,保障能源和粮食市场平稳运行,维护全球产业链供应链稳定畅通。中国是全球开放的受益者、推动者,是现有国际秩序、经贸规则的维护者、参与者,中国坚定支持六大国际经济机构更好发挥平台作用,推动扩大相互开放。①

二是国际组织提升了中国的国际影响力。在全球层面上,中国重视发挥联合国特别是联合国安理会在维护世界和平与稳定中的关键性作用。作为安理会常任理事国,中国是在联合国具有重要影响力的世界大国,与联合国的互动关系十分密切。中国提出"一带一路"倡议,与联合国2030年可持续发展议程对接,与联合国专门机构合作,并积极利用南南合作的机制和平台,以开放包容的心态,主动为全球发展提供国际公共产品。除联合国外,中国积极构建全球层面的战略合作伙伴关系网络,扩大自己的"朋友圈"。中国在国际货币基金组织中的份额得到较大提升,增强了在国际货币和金融领域的影响力。中国特别重视发展与联合国教科文组织、世界卫生组织、国际海事组织等专业类国际机构的关系,积极参与国际组织活动,通过国际组织平台展现大国形象和责任担当。中国积极参与二十国集团、亚太经合组织、上海合作组织及金砖国家组织首脑峰会等重要国际峰会,向世界阐述中国对全球治理、对和平与发展的主张和

---

① 伍岳,曹嘉玥.李克强同主要国际经济机构负责人共同会见记者[EB/OL].(2022-12-10)[2023-08-27].http://www.gov.cn/xinwen/2022/12/10/content_5731314.htm.

理念。在地区层面,中国推动上海合作组织成为地区事务中重要建设性力量,从加强政治互信到共担国际道义,从维护地区安全稳定到促进共同繁荣发展。中国推动全球发展倡议在上海合作组织地区先行先试落地生根,助力各成员国实现可持续发展。中国加强与东盟的战略对话与合作,打造与东盟的命运共同体。中国重视澜沧江—湄公河合作,深化澜湄六国睦邻友好和务实合作,促进沿岸各国经济社会发展,打造澜湄流域经济发展带,建设澜湄国家命运共同体,助力东盟共同体建设和地区一体化进程,共同维护和促进地区持续和平和发展繁荣。中国推动创建亚洲基础设施投资银行,亚投行将作为多边开发体系的新成员、新伙伴,和世行、亚行等现有多边开发银行一道,为促进亚洲地区基础设施互联互通和经济可持续发展作出积极贡献,服务区域经济发展,推动国际金融制度改革。综上,中国通过发展与全球性和地区性国际组织关系,提升了中国国际影响力。

三是国际组织拓展了中国国家利益。新时代中国国家利益的内涵和外延都在不断拓展。国际组织对于维护和拓展中国国家利益十分重要。联合国是世界上最重要的国际组织,也是中国开展多边外交的最大平台。中国是联合国安理会常任理事国,在联合国拥有实质性的话语权。这种话语权对维护国家利益十分重要。国际经济组织援助和贷款促进了中国经济发展。截至2021年12月31日,我国利用国际金融组织(包括世界银行、亚洲开发银行、国际农业发展基金、欧洲投资银行、新开发银行、亚洲基础设施投资银行、欧佩克国际发展基金、北欧投资银行)和外国政府贷款累计承诺额约1824.81亿美元,累计提款额约1494.75亿美元,累计归还贷款本金约938.10亿美元,债务余额(已提取未归还贷款额)约556.65亿美元。贷款用于支持我国3840个项目,涉及疫情防控、大气污染防治、节能环保、应对气候变化、绿色发展、乡村振兴、交通、城建、教育、医疗卫生、灾后重建等领域。[①]东盟、欧盟和非盟都是地区性重要国际组织,中国虽

---

① 我国累计利用国际金融组织和外国政府贷款概况(2021年)[EB/OL].(2022-07-08)[2023-08-27].http://gjs.mof.gov.cn/gongzuodongtai2019/xmdt/202207/t20220708_3825687.htm.

然不是它们的会员,但是通过发展与上述地区性国际组织关系,可以为中国发展创造和平的外部条件。由于中国安全环境的首要战略地带是周边地区。中国通过发展与上海合作组织、东盟地区论坛、亚信组织活动,有效维护了中国的周边安全。在安全层面之外,中国也借助这些国际组织平台,扩大成员国之间经济、文化等领域的合作,促进国家和地区经济发展。联合国教科文组织和世界卫生组织等专业性国际组织与中国在教育、科学、文化与卫生等关系国计民生的领域开展了卓有成效的合作,促进了中国相关领域事业发展。

表12　国际金融组织和外国政府贷款总体情况表　单位:个/亿美元

贷款来源	贷款项目个数	累计承诺额	累计注销额	累计提款额	未提取贷款额	累计还本额	债务余额
世界银行	450	656.7	49.77	565.77	41.16	399.92	165.85
亚洲开发银行	283	413.65	23.49	313.89	76.27	130.01	183.88
国际农业发展基金	33	11.44	0.11	9.06	2.27	3.49	5.57
欧洲投资银行	10	32.89	0.00	16.65	16.24	5.43	11.22
新开发银行	18	75.42	6.61	38.86	29.95	0.24	38.62
亚洲基础设施投资银行	4	13.19	0.00	5.59	7.6	0.06	5.53
欧佩克国际发展基金	13	3.22	0.14	1.84	1.24	0.35	1.49
北欧投资银行	324	15.14	0.44	14.70	0.00	13.97	0.73
外国政府贷款	2705	603.16	46.52	528.39	28.25	384.63	143.76
合计	3840	1824.81	127.08	1494.75	202.98	938.10	556.65

备注:由于部分贷款以欧元计价,按国家外汇管理局2021年12月31日汇率折算,欧元对美元汇率较上年同期降幅较大,因此2021年累计签约额、累计提款额、累计还本额等数据较上年相比有所下降。如别除汇率变动因素,上述累计签约额等数据均小幅上升。

四、战略手段的有效性评估

新时代国际形势复杂多变。新旧势力对比明显,国际格局面临着深刻调整。美国奉行单边主义和贸易保护主义,对国际组织采取功利主义态度。在这一调整变革的特殊时期,世界各国都在思考如何维护和拓展各自国家利益,国际组织成为各国角逐的场所。早期的国际组织功能和形式较为单一,基本上由大国完全主导。如今,国际组织已经深入国际社会方方面面,呈现出更大的独立性和专业性。特别是全球治理大背景下,任何一个国家都无法独善其身,国际社会需要国际组织更多地参与公共议题的讨论和全球性危机的共同应对等。中国作为新兴崛起国家的代表,既要高度重视双边外交,发展与世界各国的友好关系,为中国进一步深化改革开放创造良好的外部环境,也要积极参与国际组织活动,科学制定中国参与国际组织的战略和策略,通过国际组织维护和拓展中国国家利益,提升中国国际形象和道义影响力。

国际组织种类繁多,功能和作用各异。有学者从是否参与国际制度的角度,将单个国际制度的参与国家类型做了如下划分:一是国际制度的参与国,二是国际制度的非参与国。其中,国际制度参与国分为主导国和非主导国两种,主导国又分为霸权国和一般主导国;非主导国分搭便车国家、消极参与国、积极参与国。这是针对参与国际制度的不同国家类型划分。对国际制度的非参与国家,可分为不自觉型非参与国和自觉型非参与国,后者又划分为挑战国、自愿型非参与国、被迫型非参与国。[①]中国与世界上绝大多数重要政府间国际组织都有官方交往,每一个国际组织都有自己的独特性,这意味着我们在制定战略时要区别对待,针对不同类型、不同重要程度的国际组织做出不同的战略选择。概括说,中国参与国际组织可以有以下几种战略选择手段:不积极参与(不参与、消极参与、搭便车参与)和积极参与。

---

① 门洪华.构建中国大战略的框架:国家实力、战略观念与国际制度[M].北京:北京大学出版社,2017:239.

（一）战略手段的实施方式

从战略手段的类型上看,中国国际组织战略手段可以按照经济手段、政治手段、军事手段、文化手段等进行划分。回顾历史不难发现,冷战前中国在国际组织战略上更多采取政治手段,通过政治手段参与和发展与国际组织关系,在这一参与过程中夹杂着一些意识形态因素,与国际组织的关系谈不上紧密,是一种不太积极的状态。冷战后,随着改革开放的深入推进,中国国际组织战略更加重视经济手段的作用,中国加大了对国际组织的经济投入。经济手段推动了中国与国际组织关系的不断深化发展,提升了中国在国际组织里的话语权和影响力,反过来也促进了中国经济发展。因为中国一直坚持和奉行和平发展道路,中国在国际组织战略上不太使用军事手段。考虑到中国国际组织战略手段通常会综合经济、政治、文化、外交等多种手段,无法将其一一剥离开来,在这里将重点论述战略手段的实施方式,即中国参与国际组织的不同方式和参与程度。前文已经阐明,从战略手段的实施方式看,国际组织战略手段包括不积极参与、积极参与并承担国际责任、发挥领导者作用并提供主要的国际公共产品三种。如前文的假设所指出的,国家采取什么样的战略实施方式,既要考虑国家的相对实力,即有多大的能力去参与国际组织运作,也要考虑国家与现存国际秩序的关系。

一是不积极参与(不参与、消极参与、搭便车参与)。不参与国际组织在本文指主动不参与型,很多国家没有加入有关国际组织就属于这类情况。关于中国未参与的全球性国际组织,笔者参考了科尼格-阿尔基布吉《绘制全球治理》①一文及学者王玮的著作《跨越制度边界的互动——国际制度与非成员国关系研究》②,摘取列表如下:

---

① [英]安东尼·麦克格鲁,戴维·赫尔德.治理全球化——权力、权威与全球治理[M].曹荣湘、龙虎译.北京:社会科学文献出版社,2004:60.

② 王玮.跨越制度边界的互动——国际制度与非成员国关系研究[M].上海:上海人民出版社,2012:246.

表13　中国没有参与的全球性国际组织

名称	
GICHD	日内瓦国际人道主义排雷中心
ICBL	国际禁雷运动
ICC	国际刑事法院
WA	瓦森纳安排
AI	大赦国际
HRW	人权观察
ICFTU	国际自由工会联盟

中国参与联合国系统内全部安全、人类福利、环境和经济类国际组织和联合国系统外经济类和环境类国际组织。对联合国系统之外的安全和人类福利国际组织,中国则有所保留,没有参与(如上表)。

中国不参与国际组织属于主动不参与型,主要有两类情况:一是中国是该组织的域外国家或者与该国际组织没有业务相关性。如中国没有参与英联邦委员会、黑海经合组织、西非经济货币联盟、波罗的海国家理事会等国际组织。这一类国际组织总体上与中国关系不密切。二是该国际组织宗旨和理念不符合中国利益。国际刑事法院成立于2002年,中国在其筹备阶段和成立之初都给予舆论支持,但始终没有加入国际刑事法院,主要原因是国际刑事法院坚持《罗马规约》所规定的普遍管辖权、将国内武装冲突纳入其管辖范围及对危害人类罪的定义等做法有违中国利益和主张。中国加入了大多数的裁军和防扩散机制,如《不扩散核武器条约》(NPT)、《禁止化学武器公约》(CWC)等,但中国长期没有加入违背中国国家利益或者有损中国国家形象的国际组织和国际制度,如澳大利亚集团(AG)、核供应国集团(MTCR)等。中国也没有加入由西方发达国家组成的"巴黎俱乐部"。

中国早期曾经对国际组织采取消极参与态度。中国在1971年重返联合国后采取了"不参加投票"的参与方式,即正常的"赞成、反对、弃权"之外,中国只参加会议但不投票。这是当时中国对国际事务和国际规则不熟悉、不了解背景下的一种被动选择。随着中国实力的不断增长,中国现在参与国际组织已经很难采取消极参与战略。一方面中国加入国际组织就是希望能在国际组织内扩大影响力,利用国际组织维护国家利益,消极参与不符合中国作为世界大国的利益选择。另一方面,现有主要国际组织多是二战后国际秩序调整的产物,西方发达国家在最初创建国际组织时就确立了国际组织的议事规则和程序,多年来中国都是在西方主导的国际规则下参与国际组织活动。随着国际格局的变化和调整,中国对国际组织不合理的制度和规则敢于亮明自身立场、提出不同意见;同时,本着互利共赢、平等协商等原则进行充分沟通,必要时候推动对现有国际组织进行合理性改革。因而,消极参与不应该成为今天中国参与国际组织的战略选择。

采取搭便车参与方式的国家多为小国,这些小国主要追随体系内拥有主导权的大国或国际组织里的主导国家。中国作为有世界影响力的发展中大国,一直都奉行独立自主的和平外交政策,中国不会在国际组织内依附其他大国生存。中国的实力也决定了中国不会去搭别国便车。相反,日益强大的中国可以允许其他国家在国际组织中搭中国的便车,分享中国发展红利。

二是积极参与。中国积极参与了多数重要国际组织,包括全部联合国专门机构及与联合国关系密切的世界贸易组织、国际原子能机构等。中国还参与了全球重要的经济类国际组织和经济论坛,以及有关人类福利和民生的专业性国际组织。外交部长王毅曾指出,新中国成立以来,中国累计缔结了23000多项双边条约与协议,加入400多项多边条约,参加了几乎所有政府间国际组织,切实履行应尽的责任与义务。①

通过积极参与国际组织,中国也成为全球治理的重要参与者。国际事务离不开中国的参与,国际组织需要中国支持。在参与国际组织的过程中,中国积极贡献自身智慧,为全球治理提供中国视角,在融入国际组织中学习如何处理国际事务、利用国际制度,以及维护国家利益。中国积

---

① 王毅.在第四届世界和平论坛午餐会上的演讲(全文)[EB/OL].(2015-6-27)[2023-09-13].http://www.xinhuanet.com/world/2015-06/27/c_127958149.htm.

极参与国际组织也证明中国是现行国际制度和国际秩序的维护者。中国不但积极参与国际组织事务,还推动国际组织内部机制进行合理改革,以适应国际格局和国际力量对比的变化。中国成功推动了IMF份额改革和世界银行的投票权改革。中国对近年来在国际上较为活跃的国际组织和国际机制非常关注,如中国积极参与二十国集团、金砖国家会晤机制、亚太经合组织系列活动。

作为世界第二大经济体,中国在全球范围影响力和朋友圈越来越大。中国在联合国维和、落实千年发展目标和2030可持续发展议程等领域发挥了引领性作用。中国推动创建了新的国际组织、国际机制和国际论坛,如亚洲基础设施投资银行、金砖国家新开发银行、"一带一路"高峰论坛等。中国籍人士逐步出现在重要国际组织的高级领导岗位上。中国提出的"一带一路"倡议得到了越来越多国家和国际组织认可,多个国际组织开展与中国"一带一路"倡议的对接与合作。中国的积极参与还体现在对国际组织议程设置能力的增强。在二十国集团杭州峰会、亚太经合组织北京会议等主场国际组织会议中,中国主动设置会议议程,引导会议走向,协调各方达成会议共识。中国还借助国际组织平台和国际政党合作平台提出了"全球发展倡议""全球安全倡议"和"全球文明倡议",推动全球治理体系变革。

中国积极参与国际组织还表现在对关系人类福利和未来生存领域的关注,如深海、极地、网络、太空等。这些新疆域的国际事务协调目前多由国际组织和国际机制在牵头,关系到全球治理能否得到有效开展,应尽早谋划、提前布局。中国重视与国际通信卫星组织、北极理事会、联合国环境规划署、《联合国气候变化框架公约》缔约方会议等有关国际组织和国际机制的合作,把握新兴领域未来发展方向,积极参与全球治理。

对于那些有损中国国家利益的国际组织,中国无须理会和参与,在必要时候要与之作坚决的斗争。对与中国国家利益关系密切,但由于历史和组织结构原因中国尚无法在其中发挥重要作用的国际组织,中国要保持积极参与的态度,同时加强在组织内的实质性话语权。对于那些与中国向来友好,对中国利益至关重要且中国可以发挥较大作用的国际组织,中国更要采取积极参与方式。

(二)战略手段的有效性评估

党的十八大以来,中国国际组织战略手段呈现出主动谋划、积极有为的特征。

一是体现了中国对国际组织关系的主动性。伴随着中国在外交领域的开拓创新和外交新局面的到来,中国与国际组织关系稳步发展。如果说过去中国更多是以加入国际组织、参与国际组织和利用国际组织为主,党的十八大以来中国更多地从战略层面来谋划如何发展与国际组织关系。习近平主席第一次到访联合国教科文组织、世界卫生组织和国际奥委会总部,李克强总理在联合国总部主持召开国际组织领导人座谈会……这体现了中国在国际组织外交上积极有为和创新,另一方面也是中国在国际舞台上越来越自信的表现。中国成功举办了博鳌亚洲论坛、亚信组织上海峰会、亚太经合组织领导人北京峰会,展现了中国在区域合作进程中的作用。中国积极向国际组织输送高级别领导人,提升中国在国际组织中的话语权。

二是促进了中国与世界互利共赢。新时代中国外交的总体目标是打造人类命运共同体,基本原则是合作共赢,战略选择是和平发展,主要路径是伙伴关系,价值取向是正确的义利观。中国国际组织战略紧紧围绕中国外交总体布局和理念,通过国际组织向世界传递构建人类命运共同体的中国方案。中国维护联合国的权威,支持联合国在维护世界和平、促进人类发展中发挥更大作用。中国通过国际组织全面发展伙伴关系,如加强上海合作组织内部各成员国的合作,维护中国边境地区和平,加强与东盟的沟通协调进而维护南海地区稳定等。中国坚持正确的义利观,重视南南合作,强调发展中国家利益,在国际组织里提升新兴发展中国家话语权和代表性。这些都是中国以国际组织为平台,促进中国与世界的互动,实现中国与世界的共赢发展。

　　三是推动了全球治理体系的变革。习近平总书记在主持召开中央政治局第三十五次集体学习时强调,随着国际力量对比变化和全球性挑战日益增多,加强全球治理、推动全球治理体系变革是大势所趋。①中国积极推动基于联合国制度体系的多边机制改革,致力于不断完善全球治理体系,更加有效地应对当今全球问题。国际规则只能由联合国193个会员国来共同制定,不能由个别国家或者国家集团来决定。中国促成了国际货币基金组织的份额改革,使国际货币基金组织6%的份额向发展中国家转移;中国提出了“一带一路”倡议;创建了新的多边金融机构——亚洲基础设施投资银行;中国成功举办二十国集团领导人杭州峰会,并在峰会上主动设置议题,引领峰会达成一系列创造性成果,为世界经济发展确立了风向标;中国支持世界卫生组织在全球卫生治理中发挥核心作用,向世卫组织提供捐款支持全球抗疫;中国加强与联合国合作,在华设立全球人道主义应急仓库和枢纽,推动构建人类卫生健康共同体;中国还提出全球疫苗合作行动倡议,发起“一带一路”疫苗合作伙伴关系倡议,强调各国要相互支持,加强防疫措施协调,完善全球公共卫生治理,形成应对疫情的强大国际合力;中国高度重视相关国际组织作用,积极参与网络、太空、深海、极地等新疆域的合作。

（三）战略手段的不足

　　一是在国际组织代表性不足。国际组织中的高级职位一直是各国激烈竞争的目标,更有能力影响国际组织的国家,也更成功地使本国国民占据高级职位。当前中国为很多国际组织缴纳了大量会费,但在国际组织内的代表性却不够,中国派遣去国际组织工作的职员比例不高。根据外交部公布的预算,2019年中国国际组织会费预算为252025.23万元,比2018年增加105198.53万元,上升71.65%,这主要是中国承担的联合国会

---

① 习近平.加强合作推动全球治理体系变革 共同促进人类和平与发展崇高事业[N].人民日报,2016-9-29.

费增加,我国分摊联合国会费比额从1990年的0.77%逐步增加到2019年的12.005%,现已成为仅次于美国的第二大会费国。按照会费缴纳比例和人口分布情况,中国在联合国秘书处的理想员额幅度是164至222人,但目前仅为81人,属于员额构成不足的44个国家之一。①联合国教科文组织按会费比例中国在2018年应该有23—39个中国职员工作名额,但实际上人数远少于下限。②香港《南华早报》2016年曾经报道,在世界银行总共1万名员工中,只有约200名中国人;中国驻联合国粮农组织代表牛盾表示,粮农组织在全球范围聘用了大约3200人,只有约50名是中国人。财政部相关人士称,世界银行大部分的中国工作人员都是咨询师,很少能做到主管级或以上。③

西方国家在世卫组织总部任职的领导人员占比72%,其中,美国任职人员最多,达20位,包括世卫组织助理总干事斯图尔特·西蒙森和数据分析部门助理总干事萨米拉·阿斯玛。非西方国家任职人员只占28%,其中,中国人只有1位,即世卫组织助理总干事任明辉。在世卫组织任职的全部中国人有40名,只占该组织员工总数的1%。世卫组织领导人员大部分来自西方国家,在议题提出乃至规则实施等领域居于优势地位。比如,世卫组织把加强全球传染病监测机制列为优先事项,而非加强广大发展中国家的基础卫生能力建设。④据公开资料信息显示,主要国际机构中,只有不到3%的工作人员是中国人。⑤上述数据和资料显示,中国在很多国际组织都面临着代表性不足、人员紧缺的问题,这与中国经济体量和国际影响力不相符,是亟待解决的问题。

二是人才培养规划不够。中国在国际组织代表性不够,部分原因是

① 郦莉.国际组织代表性不足,中国如何破题?[J].神州学人,2018(9):24—27.
② 唐虔.我在国际组织的25年[M].北京:中信出版集团,2020:353.
③ 港媒:中国雇员在国际机构比例低与全球影响力不匹配[EB/OL].(2016-03-21)[2023-09-15].http://www.xinhuanet.com//world/2016/03/21/c_128816785.htm.
④ 吴瑛,乔丽娟.从制造共识到重构共识:提升中国声音在国际组织的影响力研究[J].社会科学,2021(11).
⑤ 国际主要机构中的中国雇员比例不到3%[EB/OL].(2016-03-22)[2023-09-15].http://world.people.com.cn/n1/2016/0322/c1002-28218604.html.

过去我们对国际组织了解太少、参与程度不够；另一方面也与中国缺乏在这一领域的专门人才有关。国际组织人才应该具备的能力，一般应包括：掌握国际规则、运用国际话语体系、跨文化交际能力、外语表达能力等几个方面。联合国教科文组织前助理总干事唐虔认为，国际组织人才应该具备以下基本条件：有一门专业和从事这门专业的工作经验；英语（或法语）要很好，最好还能会另外一门外语，哪怕不好也没关系；具有丰富的管理经验并能从大局角度考虑问题；具备国际视野和全球格局。①随着中国国家实力的不断强大，在国际上的影响力与日俱增，中国涉外领域精通相关领域业务、熟悉国际组织规则、具备国际谈判能力、懂得国际话语体系的国际组织人才显得较为匮乏。当国际组织职位出现空缺时候，中国人才无法很好地填补上去。中国在国际机构任职的领导人士也不断呼吁加强对国际组织人才的培养。联合国工发组织总干事李勇认为，"培养国际人才是一个长期的过程。近年来中国从战略层面到工作机制上都做了部署安排，比如国际组织实习项目及借调到国际机构等，取得了良好的效果"；国际法院副院长薛捍勤认为，"通过几代人的不懈努力，应该说今天我们已有了一大批国际法人才，不过，在国际制度的运作，在国际规则的解释和适用方面，我们的能力还需加强，各方面依然还存在着不少的薄弱环节，需要下更大的气力去完善"；国际电信联盟秘书长赵厚麟认为，"需要不断向国际组织推荐各个层级的中国人才，特别是推荐更多青年人到相关国际组织锻炼，希望在年轻人身上"②。党的十八大以来，国家高度重视这一问题，已经出台了很多措施加大国际组织人才培养力度，如国家留学基金委设立了专门的留学项目，国内一些知名高校开设国际组织培养课程甚至是成立专门的学院，有计划地培养国际组织人才。但国际组织人才培养是一个长期系统工程，需要有关方面久久为功，以百年树人的决心去付诸努力。要从培养、选拔、任用、服务国际组织人才等多环节加大工作力度，鼓励并支持政府、企业、民间各类优秀人才赴国际组织任职，做

① 唐虔.我在国际组织的25年[M].北京：中信出版集团，2020：357.
② 李强.为国际组织输送更多中国人才[N].人民日报，2018-8-17.

好国际组织人才的后勤保障工作,搭建国际组织人才与国内单位之间的"旋转门"等。

三是国际组织总部在中国落户较少。全国政协常委、民建中央副主席周汉民早在 2006 年全国两会上,就提出了"积极吸引国际组织总部落户中国"的建议,他认为国际组织总部落户中国有利于提升东道国的国际影响力;有利于东道国塑造其良好的外交形象;有利于带动相关国家和城市经济的发展;有利于提升东道国和城市的国际化程度。①世界上一些知名城市都有国际组织总部入驻,如华盛顿、伦敦、日内瓦、纽约、巴黎、布鲁塞尔、波恩、内罗毕等。目前总部设在中国的政府间国际组织有国际竹藤组织、亚太空间合作组织、亚太农业工程与机械中心、上海合作组织、国际马铃薯中心亚太中心、世界旅游城市联合会、国际海事卫星组织、亚投行及金砖国家新开发银行等。

2015 年,习近平主席在纽约联合国总部宣布中国将设立南南合作与发展学院、国际发展知识中心,这两个机构具有准国际组织的性质,现已成立和运作。2020 年,在中国政府的努力和大力支持下,又有三大联合国机构(即设在广州的联合国全球人道主义救援应急中心、设在北京的联合国可持续发展大数据国际研究中心和设在浙江德清的联合国全球地理信息知识与创新中心)落户中国。这些国际组织为中国推动周边与多边的互动带来许多便利。此外,永久会址设在中国的世界互联网大会(浙江乌镇)和世界工业设计大会(浙江杭州)在塑造国际话语权、建构国际规则方面具有重要意义,未来也有可能发展成为国际组织。②

在中国落户的国际组织总部数量远远小于其他一些国家和城市,这也反映了中国国际组织战略的滞后。中国要扩大在国际组织的话语权和影响力,一方面要争取已成立的国际组织总部迁移至中国,这需要中国有

---

① 杨一帆.周汉民:吸引国际组织总部落户中国[EB/OL]. (2023-03-01) [2023-09-16]. https://baijiahao.baidu.com/s?id=1759150481986693519&wfr=spider&for=pc.

② 吴瑛,乔丽娟.从制造共识到重构共识:提升中国声音在国际组织的影响力研究[J]社会科学,2021(11).

很好的税收、法律、出入境等政策和良好的宜居环境,有关部门应出台更多优惠政策以吸引国际组织总部迁至中国;另一方面也要积极谋划筹建新的国际组织,争取将新建国际组织的总部放在中国。

第三节　新冠疫情影响下的中国与国际组织

人类刚刚经历了一场史无前例的公共卫生危机——新冠疫情。在这场危机中,国际组织承担起了历史使命和责任。联合国秘书长古特雷斯表示,世界正在面临联合国成立以来最严峻的考验。抗击冠状病毒疫情是一代人的战斗,也是联合国存在的理由。这场危机也对国际政治和国际组织自身发展产生了重要影响。

一、国际组织对控制新冠疫情的贡献

世界卫生组织是联合国专门机构,是全球卫生健康领域最权威、最专业的国际组织。疫情发生以后,世界卫生组织发挥了重要的领导和协调作用。二十国集团领导人应对新冠疫情特别峰会声明强调,支持并承诺进一步增强世界卫生组织在协调国际抗疫行动方面的职责,包括保护一线医疗工作者,提供医疗用品,特别是诊断工具、诊疗方法、药品和疫苗等等。新冠疫情已经造成超过130个国家实施了全国范围的停课,全球80%学生无法以正常方式继续学业,联合国教科文组织为此发布了指导全球学生居家规划远程学习的建议,全球学习型城市网络也发挥着重要作用,教科文组织还发起多项倡议,支持疫情危机下的文化产业和文化遗产。世界银行集团将在未来15个月调配1600亿美元的资金,帮助各国保护贫困弱势群体,支持企业恢复生产和经济复苏,应对全球经济衰退的风险。国际货币基金组织正通过紧急融资、政策建议和技术援助,确保受新冠疫情影响的国家能够获得快速金融支持,并准备部署1万亿美元资金向成员国提供支持。

新冠疫情使国际组织的重要性凸显。新冠疫情发展之迅猛、对全世界冲击之大超乎任何国家认知和预期。全球没有一个国家和地区能够在这场史无前例的大危机中做到独善其身。在全球抗疫过程中,主权国家是核心力量,但当前形势下,主权国家更多考虑的是如何控制本国疫情蔓延。为控制疫情的全球蔓延,世界需要国际组织发挥协调作用。世界卫生组织在帮助发展中国家应对疫情、提供专业和准确的信息和建议、为有需要的地方提供基本防护设备的供应、培训卫生工作者及疫苗研发等方面体现了它的权威性和专业性。世界银行、国际货币基金组织等经济组织担负起了促进全球经济协调,提供国际经济和金融援助,恢复和重振全球经济的使命。联合国、联合国教科文组织、国际劳工组织、世界旅游组织等国际组织则根据各自职能和专业素养积极参与全球疫情防控。国际组织为控制全球新冠疫情作出了重要贡献。

二、新冠疫情对国际组织的考验

新冠疫情也是对国际组织的考验和挑战。在国际政治中,国家是国际政治的主要行为体,大国决定国际政治格局和国际秩序。国际组织是国家之间协商成立的实体机构,具有促进国际合作的重要职能,也有一定程度的独立性和自主性。但国际组织的权力十分有限,国家对国际组织始终享有独立的自主权。国家可以选择支持国际组织、加入国际组织,也可以选择抨击国际组织、退出国际组织。国际组织的规范和影响对主权国家没有强制性约束力,个别国家可以随意拖欠国际组织会费、批评国际组织乃至退出国际组织。

在应对新冠疫情中,面对自身工作失职和危机处置不当,特朗普总统不仅推卸自身责任,还嫁祸于国际组织,暂停向世界卫生组织缴纳会费、取消对世界卫生组织的资金支持,并启动对世界卫生组织的审查。欧盟作为世界上最成熟的国际组织之一,在新冠疫情初期也因应对措施不力、重视程度不够而受到批评。国际奥委会与日本政府商量后无奈做出延期举办东京奥运会的决定。其他的单项国际体育组织也纷纷取消本年度重大的洲际性体育比赛。疫情也影响了国际组织自身,国际组织很多日常工作不得不改在线上和远程方式开展。尽管这在一定程度上能促进全球信息化的发展,但同时也削弱了国际组织在全球性大危机下的显见度和影响力。

受新冠疫情影响,国际组织也需要调整和变革。资金问题是所有国际组织运作的重点任务,国际组织需要考虑如何实现自身资金稳定性和来源多元化,不会因为某一个大国终止合作而陷入经费困境。国际组织要加强自身工作和决策的透明性、公正性和专业性,提升内部工作效率,加强与媒体和社会大众的沟通,增强在应对危机时的权威。国际组织还应考虑如何改进与会员国的关系,确保在危急状况下能够迅速整合资源,争取国际社会广泛支持。

三、中国应加强与国际组织合作

新冠疫情将会深刻影响国际政治格局和国际秩序的变化。面对国际社会对"逆全球化"的呼吁,如何看待新形势下的全球化和全球治理十分关键。习近平主席在同联合国秘书长古特雷斯通电话时强调,新冠疫情的发生再次表明,人类是一个休戚与共的命运共同体。中国支持国际社会以此为契机,重申对多边主义承诺,加强和完善以联合国为核心的全球治理体系。

与2003年非典时期不同,2020年中国与世界卫生组织在应对新冠疫情上从一开始就保持了紧密合作。中国第一时间向世界卫生组织报告,公开透明发布信息,快速甄别出病原体并主动同世界卫生组织和其他国家分享病毒基因序列。世界卫生组织和谭德塞总干事多次高度评价和称赞中国在疫情中的表现。中国在前期向世卫组织捐款2000万美元现汇基础上,增加3000万美元现汇捐款,用于新冠疫情防控、支持发展中国家卫生体系建设等工作,体现了中国与世界卫生组织良好的合作关系和互信友谊。中国以实际行动再次彰显了中国始终是世界和平的建设者、全球发展的贡献者和国际秩序的维护者。

但是中国与世界卫生组织的合作关系遭到了美国的指责和离间,特朗普总统认为世界卫生组织在偏袒中国和以中国为中心,这真实反映了美国对中国与世界卫生组织良好合作关系的警惕和担忧。很明显,尽管中国一再呼吁中美团结与合作,新冠疫情还是展现了美国对中国的过激反应和肆意抹黑。拜登政府上台后,纠集七国集团共同向世界卫生组织施加压力,要求世卫组织启动"新的、透明地"新冠病毒溯源调查工作。这显然又是美国领导西方世界同盟刻意针对中国的抹黑行动。在2022年底中国放开疫情限制措施后,拜登政府又向世界卫生组织施加压力,表达对中国防疫政策"担忧"。

与世界卫生组织关系只是中国与众多国际组织关系的一个缩影。中国与国际组织合作无法回避美国因素。即使美国不断地退出国际组织,也不会甘心看到中国扩大与国际组织合作。美国还会动用各种资源和手段,阻止中国在国际组织里扩大影响力,如美国联合盟友千方百计阻挠中国候选人当选世界知识产权组织总干事。美国退出了联合国教科文组织,但依然以观察员身份对该组织保持较大的影响力,在一些议题上鼓动盟友反对中国。美国对待国际组织一贯所采取的现实主义原则和工具主义态度。特朗普时期,美国执行单边主义政策,任性地退出一些国际组织,使美国在一些国际组织失去绝对话语权,但美国通过国际组织对中国的围堵和打压从未停止。拜登政府时期,美国重新重视多边主义和盟友的作用,谋求恢复美国在世界卫生组织、联合国教科文组织等国际组织会员和影响力,在这些国际组织内联合其西方盟友限制和遏制中国发挥作用。未来,中国和美国在国际组织里的竞争和博弈仍将持续。

中国是现有国际秩序的参与者、受益者和贡献者。中国的发展离不开与国际组织的合作,这种合作应当以国家实力为基础,以国家利益为出发点,以国际组织意愿为前提,以构建人类命运共同体为最终目标。要将联合国作为中国与国际组织合作的核心和基石,加大对专业性国际组织支持力度。在合作中寻找国家利益、国际组织利益和人类共同利益的结合点,鼓励中国企业、智库和个人参与国际组织活动,通过与国际组织合作积极支持全球最不发达国家人类生存福祉的改善，承担与自身实力相一致的国际责任和道义，为改进全球治理体系，推动构建人类命运共同体做出中国贡献。[①]

小结

本章主要论述新时代中国国际组织战略实践和评估。在实践部分，文章从梳理中国与主要国际组织的关系现状着手，重点研究了中国与具有代表性的全球性和地区性国际组织关系，分析了新时代中国国际组织战略的形势判断、战略目标与战略手段，并选取亚投行作为新时代的国际组织案例进行研究。在评估部分，文章从战略形势判断、战略指导思想、战略目标的达成度和战略手段的有效度等维度对中国国际组织战略进行了评估。战略形势判断上，中国作为世界第二大经济体，经济体量上已经成为世界大国，外交理念上以推动构建人类命运共同体为目标。中国国际组织战略需要关注美国在全球组建遏制中国的包围圈、美国在国际组织内对中国的遏制及台湾问题等因素的干扰。中国国际战略指导思想则需坚定地以习近平外交思想为指引，在推进全球治理体系变革、构建新型国际关系和构建人类命运共同体的互动中实现中国与世界的共赢发展。总结中国的国际组织战略选择，本章认为不积极参与和积极参与都是中国国际组织战略的实现手段，但中国对待国际组织应该把积极参与作为主要手段。新时代中国国际组织战略更加积极有为、促进了中国与世界互利共赢，推动了全球治理体系的变革。但中国国际组织战略也存在国际组织代表性不足、国际组织人才缺乏和对国际组织总部落户吸引力不足等问题。

---

① 董川.疫情大考让国际组织再成长[J].半月谈,2020(10):84—85.

第四章　新时代中国国际组织战略进一步设计

　　当今世界正处在百年未有之大变局下。冷战的结束和全球化发展让世界更加相互依赖,也让人类不断面临新的全球性问题和挑战,国际政治格局复杂多变。2020年一场突如其来的新冠疫情更是给国际秩序带来了重大冲击。疫情之下,大国之间、大国与小国之间,国家与非国家行为体之间的关系错综复杂。

　　百年未有之大变局下,中国与发展中国家力量不断上升,为中国国际组织战略提供了战略依托。中国应坚持作为发展中国家一员,推动国际组织效率和公平合理统一。百年未有之大变局下,逆全球化在一定程度和范围内兴起,需要国际组织更加有效处理全球化的负面因素,如南北差距、非法移民、跨国犯罪、恐怖主义、传染病等问题。百年未有之大变局下,全球经济治理体系由西方国家主导向西方国家与新兴经济体共治转变。国际舞台逐步出现了由非西方国家和发展中国家发起的全球性国际机制,如金砖国家集团、亚洲基础设施投资银行等,对全球地缘政治和经济格局正在产生重大影响。

　　前文对新时代中国国际组织战略进行了评估,中国国际组织战略存在缺乏统筹规划、在国际组织内代表性不足、国际组织人才缺乏和对国际组织总部落户吸引力不够等问题。这也是本章需要探讨和解决的问题,中国如何在纷繁复杂的国际局势中,利用国际组织有效维护国家利益,进而推动构建新型国际关系和人类命运共同体,是一项重要的国际战略任务和课题。新时代,中国国际组织战略必须站在自身实力和力量的基点上,顺应历史规律和时代潮流,做出科学前瞻性的设计和规划。

第一节　新时代中国国际组织战略指导思想

一、指导理论

2023年12月27日至28日,中央外事工作会议在北京举行。中共中央总书记、国家主席、中央军委主席习近平在会上发表重要讲话。会议认为,党的十八大以来,在推进新时代中国特色社会主义事业的伟大征程中,对外工作取得历史性成就、发生历史性变革。一是创立和发展了习近平外交思想,开辟了中国外交理论和实践的新境界,为推进中国特色大国外交提供了根本遵循。二是彰显了我国外交鲜明的中国特色、中国风格、中国气派,树立了自信自立、胸怀天下、开放包容的大国形象。三是倡导构建人类命运共同体,指明了人类社会共同发展、长治久安、文明互鉴的正确方向。四是坚持元首外交战略引领,在国际事务中日益发挥重要和建设性作用。五是全面运筹同各方关系,推动构建和平共处、总体稳定、均衡发展的大国关系格局。六是拓展全方位战略布局,形成了范围广、质量高的全球伙伴关系网络。七是推动高质量共建"一带一路",搭建了世界上范围最广、规模最大的国际合作平台。八是统筹发展和安全,以坚定意志和顽强斗争有效维护国家主权、安全、发展利益。九是积极参与全球治理,引领国际体系和秩序变革方向。十是加强党中央集中统一领导,巩固了对外工作大协同格局。

在党的二十大报告中,习近平总书记阐述了新时代中国特色社会主义大国外交的指导思想:我们全面推进中国特色大国外交,推动构建人类命运共同体,坚定维护国际公平正义,倡导践行真正的多边主义,旗帜鲜明反对一切霸权主义和强权政治,毫不动摇反对任何单边主义、保护主义、霸凌行径。我们完善外交总体布局,积极建设覆盖全球的伙伴关系网络,推动构建新型国际关系。我们展现负责任大国担当,积极参与全球治理体系改革和建设,我国国际影响力、感召力、塑造力显著提升。

新时代中国国际组织战略指导理论从属于中国总体外交指导思想,又具有一定的特殊性。中国国际组织战略首先要立足中国国情,确定中国在国际上的定位,即中国是处在社会主义初级阶段的发展中国家,中国的国际定位正在从地区性大国向具有世界影响力大国转变过程中。中国参与国际组织的主要目的是为国家发展创造良好的外部环境,利用好中国发展战略机遇期,为全面建成社会主义现代化强国和实现中华民族伟大复兴贡献力量。要始终坚持以经济建设为中心,紧紧抓牢高质量发展首要任务,利用国际组织促进中国经济发展,增强中国在国际上的竞争力,提升中国的综合实力;要牢牢坚持和平发展理念,始终做世界和平的建设者、全球发展的贡献者、国际秩序的维护者;要维护世界正义,反对弱肉强食和霸权主义,关注发展中国家和贫穷落后国家,坚持正确的义利观,推动国际关系民主化;要努力建设持久和平、普遍安全、共同繁荣、开放包容、美丽清洁的世界。

新时代中国国际组织战略指导思想应融入构建新型国际关系和推动构建人类命运共同体的外交理念。党的二十大报告提出推动构建新型国际关系,深化拓展平等、开放、合作的全球伙伴关系,致力于扩大同各国利益的汇合点。这一思想体现了中国的大国担当,展现了中国与世界携手合作、共赢发展的决心。人类命运共同体理念是习近平外交思想的重要内容,是新时代中国与世界互动关系的定位。人类命运共同体理念体现了中国对世界和平的追求和向往,对人类共同繁荣的美好愿望。中国是很多国际组织的创始会员国,在国际组织的影响力日益加强,中国的发展也推动了国际组织自身发展和壮大。中国国际组织战略的指导思想应以构建新型国际关系和推动构建人类命运共同体为目标,通过中国与国际组织的良性互动,在中国和世界之间架起一座沟通桥梁,积极地维护世界和平,促进共同发展,实现中国与世界互利共赢。

综上,新时代中国国际组织战略的指导理论应该以习近平外交思想为根本指引和遵循,始终以民族复兴和人类进步为主线,以构建新型国际关系和推动构建人类命运共同体为目标,促进世界和平和共同发展。中国始终坚定做全球治理的融入者、建设者和推动者,做多边主义坚定的倡导者、推动者和践行者。

二、文化传统

探讨中国的国际组织战略,不能忽视对中国传统文化的汲取和借鉴。中国有着五千年的悠久历史,经历了数个朝代对外关系的演变,其中蕴藏着大量战略思想和文化传统。这些战略思想和文化传统根植于中华民族的精神和民族性格中,中国采取何种国际组织战略与传统文化息息相关。潘一禾关注中国加入国际组织的文化因素和理论缺失,在《中国加入当代国际组织的文化定位探索》一文中,认为中国应该在国际交往中明确自己的文化取向,应有文化国际主义立场;要有动态的"观念战略"研究和"文化政治"建设;要高度重视中国传统文化的现代价值。[①]从国际文化关系角度看中国加入国际组织的文化定位,有三种理论即学习进化理论、信息交流理论和文化冲突理论值得我们研究和运用。在《中国加入国际组织建设的"理论缺失"思考》一文中,潘一禾认为大国责任感和文化传统优势是中国加入国际组织的文化动因。在加入国际组织的过程中,中国存在理论缺失,中国的国际表达和国际话语缺乏理论深度,主张要建立中国参与国际组织的理论和话语体系。[②]

第一,中国传统文化主张"以和为贵"。中国自古以来就重视和平,"协和万邦""兼爱非攻""亲仁善邻,国之宝也""亲望亲好,邻望邻好""己所不欲,勿施于人""国虽大,好战必亡"等和平思想深刻影响了中国古代对外关系的发展。追求和平是中国传统文化对外关系的核心要素。孔子

---

① 潘一禾.中国加入当代国际组织的文化定位探索[J].浙江大学学报(人文社科版),2001(2):50—55.
② 潘一禾.中国加入国际组织建设的"理论缺失"思考[J].浙江大学学报(人文社会版),2002(3):95—101.

"礼之用,和为贵"思想从古代延续至今,深入人心。①《孙子兵法》里"不战而屈人之兵""故上兵伐谋,其次伐交,其次伐兵,其下攻城,攻城之法为不得已"②等思想充分表明了中国传统文化强调和平解决争端,注重防御为主,不到万不得已不诉诸武力。中国国际组织战略也以促进世界和平为宗旨,不谋求霸权、不主动进攻别国,促进中国与世界各国的友好关系。

第二,中国传统文化讲究"天下为公"。"大道之行也,天下为公,选贤与能,讲信修睦。"③"天下为公"虽然充满了理想主义色彩,但却是中国传统文化中关于国际关系的最高境界。自汉代以来,天下主义便是中国思想家和政治家孜孜不倦追求的终极目标,"修身、齐家、治国、平天下"也表明个人奋斗的最终目标是治理天下,这是中国古人崇高政治理想和个人家国情怀的体现。天下为公、大同世界的理想具有很强的道义感召力,也与大多数国际组织的宗旨和原则相符合。国际组织就是各国为了协调利益冲突,促进对话与沟通、降低交易成本而主动让渡自身部分主权成立的协调机构,目的是促进共有的价值观念的形成,增进对国际秩序与国际制度的认同。当今世界上最重要的国际组织——联合国的成立就寄托了人类对和平的渴求和对美好未来的向往。中国提出的"构建人类命运共同体"主张也是对中国古代"天下为公"思想的继承和发扬,是中国传统文化对国际关系的重要贡献。

第三,中国传统文化主张厚往薄来。从历史维度看,西方国家的社会治理是以法律和制度为基础,中国古代则更强调意识形态和德育手段。在对外关系上,中国古代也是"以德服人"为首要目的。古代中国朝贡体制是以贸易关系为支撑,在应用上较为灵活、多层次、多侧面并能包容异质因素;事实上体现了等价交换甚至"厚往薄来"、回赐重于进贡的贸易活

---

① 杨伯峻.论语译注[M].北京:中华书局,2016:8.
② 时殷弘.武装的中国:千年战略传统及其外交意蕴[J].世界经济与政治,2011(6):4—33.
③ 陈戍国.礼记校注·礼运[M].长沙:岳麓书社,2004:154.

动。①新时代中国制定国际组织战略,做好地区战略布局,特别是在国际交往中应该主张正确的义利观,坚持义利相兼、先义后利,与各国人民共享机遇。

三、实施原则

(一)国家利益至上

制定新时代中国国际组织战略出发点是维护和拓展中国国家利益。通常,国内因素和国内政治对国家利益起决定作用。但是,随着中国不断与国际接轨,国际因素对国家利益的影响越来越大。近些年中国的发展使得国家利益向海外不断延伸,如何维护中国的海外利益已经成为国家战略层面思考的重大课题。在这一背景下,国际组织战略也要以维护国家的国际战略利益为首要任务,大力发展与各类国际组织关系,助力经济增长和民生改善,同时兼顾好国家安全等其他利益。

(二)发展与安全兼顾

新时代中国国际组织战略制定和实施要做到发展与安全兼顾。中国国家利益中,安全利益和发展利益至关重要。安全事关一个国家和民族能否在国际上生存和立足,发展则关系到人民生活水平能否不断得到改善这一基本诉求,关系到国家政权的根基是否牢固。中国国际组织战略既要维护主权和领土完整,也要促进经济发展和改善民生,二者相辅相成。不能只发展安全能力,忽视了对国计民生的关注;也不能只考虑发展经济,忽视了国防和国家安全。

(三)责任与实力相一致

针对不同国际组织要有区分地制定战略。制定战略时要考虑到实力

---

① 潘一禾,张丽东.作为国际组织建设思想资源的中国文化传统[J].世界经济与政治,2001(9):46—50.

与承担的责任相匹配。首先要基于对自身实力的准确定位,根据实力选择相应的战略方式。作为还在崛起中的世界大国,中国需要在当前国际事务中承担相应的国际责任。对由发达国家主导的国际组织和由发展中国家主导的国际组织,中国的国际责任应有所区别,针对前者应当呼吁发达国家更多承担国际责任并向发展中国家倾斜政策;针对后者,中国可以考虑根据自身情况承担相应责任,尽可能帮助发展中国家特别是落后国家。

(四)国家、地区与全球层面相协调

新时代中国国际组织战略要协调好全球层面、地区层面与国家层面的关系。中国国际组织战略首先要立足于中国国内发展。国内发展是第一要务。制定国际组织战略首先要符合国家需要,先凝聚国内共识。要做好周边和地区规划,周边是中国外交的首要战略地带,国际组织战略要以经营好周边为优先目标。立足周边,辐射东亚、东南亚和亚太地区,最后放眼全球,做好中国国际组织战略的全球规划。只有做到国家、地区和国际战略协同联动,才是完整而系统的国际组织战略。

(五)维护与改革相平衡

新时代中国国际组织战略要处理好维护与拓展的关系。国际组织是当前国际制度的具体组织体现,主要反映和维护当前的国际秩序和国际规则。一方面,中国要做现有国际秩序和国际制度的维护者。因为中国是既有国际秩序和国际制度的受益者,中国崛起被称为"制度内崛起"。中国领导人在多个国际场合表示中国要做国际秩序的积极维护者。另一方面,中国也要对当前不合理的国际秩序和国际制度进行必要的改革,适当时候可以顺势而为建立新的国际制度,为国际社会提供更合理的公共产品。如何处理好维持现有制度与拓展新的制度之间的平衡,是制定国际组织战略需要考虑的原则。

第二节　新时代中国国际组织战略目标设计

一、总体目标

新时代中国国际组织战略要以习近平外交思想为指引,立足新时代中国国情和中国正处于百年未有之大变局的历史关键期,审时度势,抓住机遇,应对挑战,统筹国内国际两个大局,全面提升中国综合国力,为以中国式现代化全面推进强国建设、民族复兴伟业营造更有利国际环境、提供更坚实战略支撑;对外承担与自身实力地位相一致的国际责任和义务,通过发展与国际组织关系,向世界展示中国坚定地走和平发展道路的决心,坚决维护国家主权和领土完整,促进中国与世界的共赢发展,推动构建人类命运共同体。

新时代中国国际组织战略的首要目标是维护中国的主权和领土完整。邓小平说过,主权问题是不允许讨论的。中国发展与国际组织关系要做到时刻维护国家主权和领土完整,在台湾、西藏、新疆、南海等问题上要旗帜鲜明,坚决维护国家核心利益。要利用国际组织平台与国内外分裂势力进行坚决斗争。新时代中国国际组织战略目标还应包括增强中国经济实力和综合国力,提升中国软实力和海外影响力,坚决反对一切形式的霸权主义和强权政治,推动构建新型国际关系,扩大中国的朋友圈和全球伙伴关系,积极参与全球治理体系改革和建设,坚定支持和帮助广大发展中国家加快发展,推进"一带一路"倡议、全球发展倡议及全球安全倡议实施,弘扬和平、发展、公平、正义、民主、自由的全人类共同价值,促进文明交流互鉴等。总体上,经过数十年的磨合与发展,中国全面而积极地参与国际组织,通过与国际组织的良性互动,实现中国国家利益与人类共同利益的有机结合,为建设持久和平、共同繁荣的人类命运共同体贡献中国力量。

二、基本目标

新时代中国国际组织战略的基本目标之一是促进中国经济高质量发展，提升中国综合国力。改革开放后，中国主要参与经济类国际组织，目的是促进中国经济发展，如中国先后恢复在国际货币基金组织的代表权和在世界银行的合法席位。未来，促进经济高质量发展仍然是首要任务。中国国际组织战略当前一个重要着力点是推进"一带一路"倡议实施。中国应积极与有关国际组织沟通，深化与国际组织合作，充分利用好国际组织平台推进"一带一路"倡议。

新时代中国国际组织战略的基本目标之二是扩大中国的国际朋友圈和伙伴关系网。要利用国际组织提升中国国家形象和影响力，即发展中国"软实力"。通过国际组织向世界展示中国和平、发展、公平、正义、民主、自由的国家形象，通过国际组织向世界传递构建新型国际关系和人类命运共同体的中国理念。通过国际组织平台让更多的国家认同中国的发展理念、道路和制度。通过国际组织扩大"朋友圈"，利用国际组织平台广交朋友、广结善缘，努力消除国际社会对中国的误解。

新时代中国国际组织战略的基本目标之三是维护和完善二战后建立的国际秩序和国际规则。中国发展也得益于现有国际秩序和国际体系，是在现有国际秩序内的崛起。中国领导人多次向国际社会承诺不会挑战现有国际秩序和国际体系，做现有国际秩序的维护者。因此，未来中国应继续坚定维护以联合国为核心的国际体系、以国际法为基础的国际秩序、以联合国宪章宗旨和原则为基础的国际关系基本准则，支持全球贸易和投资自由化、便利化，继续深度参与经济全球化进程。另一方面，维护现有国际秩序并不意味着国际秩序不需要改进。中国不仅是现存国际秩序的维护者，也是建设者和完善者。当前，国际政治经济秩序中还有很多不公平不合理的地方，这些地方主要表现在两个方面：一是一些国际规则仍然不利于中国和其他发展中国家的发展，尤其是国际经贸规则方面；二是一些国际组织的决策中，中国和广大发展中国家仍然处于相对边缘的地位,中国承担的责任和享受的权利不一致。

新时代中国国际组织战略基本目标之四是建设性引领全球治理体系变革。之所以要引领全球治理体系的变革,是因为当前的全球治理体系存在诸多问题,不能满足国际政治和经济形势发展的需要,特别是新兴发展中国家快速发展,导致了国际力量对比和国际格局发生了深刻变化。经济全球化把世界紧紧联系在一起,形成了人类命运共同体。同时,很多全球性问题也不断涌现,现有的国际协调机制存在弊端,全球治理体系和治理规则需要完善。习近平总书记在中央政治局第二十七次集体学习时强调,要推动变革全球治理体系中不公正不合理的安排,推动国际货币基金组织、世界银行等国际经济金融组织切实反映国际格局的变化,特别是要增加新兴市场国家和发展中国家的代表性和发言权,推进全球治理规则民主化、法治化,努力使全球治理体制更加平衡地反映大多数国家意愿和利益。要推动建设国际经济金融领域、新兴领域、周边区域合作等方面的新机制新规则,推动建设和完善区域合作机制,加强周边区域合作,加强国际社会应对全球性挑战的能力。[①]作为新兴发展中国家中具有世界影响力的大国,中国积极参与全球治理,引领国际体系和秩序变革方向。全球性重大问题的解决单靠主权国家的力量是不够的。国际组织在维护国际秩序和制定国际规则上具有重要话语权,是国际体系的重要行为体,也是推动国际政治发展的主要力量之一。引领国际体系和秩序变革方向,中国需要积极参与并发挥国际组织作用。

为了实现以上四个方面的基本目标,新时代中国国际组织战略目标可以统一为两个:其一是推动国际规则体系朝着更加有利于中国和多数发展中国家的方向发展,践行真正的多边主义,确保多极化进程总体稳定和具有建设性;其二是增加中国在国际组织体系中的制度性话语权,尽量在大多数中国可以参与、与中国利益紧密相关的国际组织中成为核心成

[①] 习近平在中共中央政治局第二十七次集体学习时强调　推动全球治理体制更加公正更加合理　为我国发展和世界和平创造有利条件[N].2015-10-14.

员,获得更多的制度性话语权,提高我国的国际影响力、感召力和塑造力。

第三节　新时代中国国际组织战略手段设计

习近平总书记在2016年9月27日中央政治局第三十五次集体学习上阐述了中国参与全球治理的两大原则:一是要坚持以经济发展为中心,积极参与全球治理,主动承担国际责任,但也要"尽力而为、量力而行";二是推动全球治理体系变革是国际社会的事,要坚持"共商、共建、共享"原则,把全球治理体系变革的主张转化为各方共识,形成一致行动。①习近平总书记关于全球治理的两大原则也是中国国际组织战略的基本原则,即一方面参与国际组织要有利于增强中国综合实力和国际影响力,但也要做到"量力而行";另一方面,中国要通过参与国际组织,引领国际体系和秩序变革方向,特别是要加强与发展中国家的合作。具体到实施层面,中国国际组织战略适宜采取积极参与的战略手段,从全球层面、地区层面和国家层面统筹协调推进国际组织战略布局。

一、全球层面的战略手段

(一)充分利用联合国平台,积极参与全球治理

联合国是世界反法西斯战争胜利的成果,寄托了人类对和平与发展的美好向往。联合国宪章宗旨和原则已经成为现代国际关系和国际秩序的基石,从联合国成立到今天都在发挥重要指引作用。当今世界格局正处在急剧变动和调整之中,经济全球化与逆全球化此起彼伏,新兴发展中国家群体性崛起,美国仍然坚守其霸权主义,国际力量对比发生深刻变

---

① 习近平谈治国理政(第二卷)[M].北京:外文出版社,2017:449.

化；与此同时，恐怖主义、传染病、气候变化、跨国犯罪、非法移民等非传统安全威胁不断，影响着世界和平与发展。站在新的起点上，习近平主席2017年在联合国日内瓦总部演讲中指出，人们对未来既寄予期待又感到困惑。世界怎么了、我们怎么办是整个世界都在思考的问题，要弄清楚我们从哪里来，现在在哪里，将到哪里去？①

中国作为联合国创始会员国和安理会常任理事国，是第一个在联合国宪章上签字的国家。中国一直以实际行动维护以联合国为核心的国际体系，坚定地支持联合国的权威地位和在国际事务中扮演核心作用。联合国及联合国系统专门机构是参与全球治理的重要力量。

中国应充分利用联合国平台积极开展多边外交。以《联合国宪章》为原则，推进联合国改革进程，包括大会、安理会、经社理事会、秘书长遴选程序等多个方面，使联合国更加公平、权威和高效，更能代表广大发展中国家利益，更好地应对国际形势变化需要；通过联合国平台设置国际议题，将中国主张转化为国际共识；加强人才的培养，使更多中国人出现在联合国各级别工作岗位上。中国应促进新兴发展中大国在全球治理中发挥更重要作用，推动国际秩序朝着更加公平、合理的方向发展。

（二）加强与多边金融、贸易机构合作，助力中国经济发展

七十年来，国际货币基金组织的职能已经从维护成员国固定汇率制度、为遭遇经济危机国家提供资金援助，以及建立多边货币支付体系，逐步发展成为维护世界金融体系稳定，其重要性日益凸显。中国已经成为国际货币基金组织的第三大股东国，人民币已经"入篮"成为世界货币。未来，中国应加强与国际货币基金组织在资本市场监管、系统性风险防范等领域的合作，促进中国资本市场健康发展和监管体系的完善。

近年来，美国单方面发起对中国贸易战，严重冲击了以WTO为基石的全球贸易秩序。特朗普政府认为美国在WTO内没有得到公平对待，

---

① 习近平谈治国理政(第二卷)[M].北京：外文出版社，2017：537.

甚至威胁要退出 WTO。拜登政府继续在单边主义和保护主义道路上一意孤行。2023 年初,世界贸易组织在瑞士日内瓦举行了美国贸易政策审议会议,欧盟、加拿大、土耳其等世贸组织成员也都纷纷严厉批评美国贸易政策。中国一贯主张维护以 WTO 为核心的多边贸易机制,推动巩固 WTO 在全球贸易发展中的重要地位,坚定支持 WTO 在世界贸易事务中发挥核心作用。对 WTO 提到中国需要改进的地方,如"保护知识产权""政府对国有企业补贴和援助""市场开放性"等应加以重视,逐步按照国际规则解决好上述问题。中国还应对"新全球化"和"逆全球化"保持清醒认识,做好防范和应对预案,力争掌握国际贸易规则制定主动权。

(三)推进"一带一路"倡议,打造新时代国际组织战略着力点

"一带一路"倡议自 2013 年提出后,吸引了越来越多国家的支持和参与。2017 年中国成功举办了"一带一路"国际合作高峰论坛,100 多个国家和国际组织的代表参与了这一盛会。2019 年第二届"一带一路"国际合作高峰论坛,150 个国家、92 个国际组织的 6000 余名外宾参加。在2022 年的亚太经合组织第二十九次领导人非正式会议上,习近平主席宣布,2023 年中国还将考虑举办第三届"一带一路"国际合作高峰论坛。习近平总书记提出,中国将同亚洲基础设施投资银行、金砖国家新开发银行、世界银行及其他多边开发机构合作支持"一带一路"项目。中国将向有关国际组织提供 10 亿美元落实一批惠及沿线国家的合作项目。[①]"一带一路"倡议是中国主动向国际社会提供公共产品,推动中国与世界共同发展的创举,对全球治理现状和未来都将产生深刻影响。

王毅外长提出,"一带一路"是中国向世界提供的公共产品,欢迎各国、国际组织、跨国公司、金融机构和非政府组织都能参与到具体的合作

---

① 习近平谈治国理政(第二卷)[M].北京:外文出版社,2017:516.

中来。①目前,"一带一路"倡议还没有建立专门的国际组织和机构,这并不是说不需要国际组织参与,而是先以双边合作为基础和抓手,带动区域合作。国际组织对"一带一路"建设具有重要辐射作用。联合国大会和安理会都分别通过了有关"一带一路"的决议。在2017年"一带一路"国际合作高峰论坛前夕,中国与联合国教科文组织签署了《谅解备忘录》。论坛期间,中国政府还与联合国儿童基金会、联合国贸发会议、联合国人居署、联合国人口基金会等分别签署了合作备忘录。中国与联合国亚太经社会、联合国开发计划署、世界卫生组织、世界银行、国际货币基金组织等也都签署过共建"一带一路"合作协议。2023年10月,包括23位外国领导人和联合国秘书长在内,150多个国家、40多个国际组织的上万名代表参加了第三届"一带一路"国际合作高峰论坛,会议发表了一份主席声明作为主要成果,形成一份文件清单和一份项目清单共计458项成果,其中很多也是与国际组织合作成果。中国要特别注意与"一带一路"沿线的东盟、阿盟、非盟、欧盟、海合会、南亚区域合作联盟、上海合作组织加强合作,凝聚"一带一路"朋友圈。还要重视通过中非合作论坛、中阿合作论坛、中国—拉美和加勒比国家共同体论坛、亚太经合组织论坛、中国—中东欧合作论坛、中国与东盟(10+1)论坛、亚信峰会、金砖国家领导人会晤等论坛、会议,积极推动"一带一路"倡议的实施。

随着"一带一路"倡议的务实推进,合作的机制化和组织化将会日益重要。中国应根据不同国际组织制定不同的合作方案,如选择一些重要的国际组织开展具有示范效应的合作项目,展现"一带一路"倡议促进共同发展的红利;在推动"一带一路"倡议过程中,将项目设计和规则制定巧妙结合,一方面促进经济共同发展,另一方面探索中国在贸易、投资、基础设施建设等方面制定规则的能力。可先从非正式的论坛和会议机制着手,逐步推动"一带一路"倡议的机制化和组织化建设;除经济领域外,可

① 王毅."一带一路"构想是中国向世界提供的公共产品[EB/OL].(2015-3-23)[2023-10-15].http://politics.people.com.cn/n/2015/0323/c70731-26737272.html.

在共建"一带一路"框架下与联合国教科文组织、联合国环境规划署等国际组织合作，加强与沿线国家在人文、生态和环保等领域合作，为"一带一路"倡议实施营造良好的外围环境。

（四）开拓全球新疆域治理，完善未来治理格局

科技进步和发展丰富了国际和平与安全的内涵和外延，深海、极地、太空、网络和数字、人工智能等成为全球治理新疆域。面对新形势新领域新挑战，要秉持和平、发展、普惠、共治原则，积极推动新疆域治理规则与时俱进，充分反映发展中国家意见、利益和诉求。充分保障发展中国家的参与权、话语权和决策权。中国制定国际组织战略除了要关注传统领域外，也要关注上述全球治理新疆域。中国"十四五"规划中明确提出要积极参与网络、深海、极地、外太空等新领域的规则制定。2017年1月18日，习近平主席在联合国日内瓦总部发表演讲时提道："要秉持和平、主权、普惠、共治原则，把深海、极地、太空、互联网等领域打造成各方合作的新疆域，而不是相互博弈的竞技场。"[①]当前新疆域的治理和发展尚处在逐步完善和各方博弈的阶段，国际制度和规则正处于建构阶段。作为负责任的大国，中国坚持"构建人类命运共同体"的全球治理理念，积极参与新疆域层面的治理。

中国是北极重要利益相关方。中国2013年成为北极理事会的正式观察员，积极参加了北极圈论坛等国际平台活动。从国际法看，中国有参与北极地区国际治理的法律基础。中国作为1982年《联合国海洋法公约》缔约国及在1925年签署的《斯瓦尔巴条约》，中国有权参与北极治理和保护事务。中国根据《斯瓦尔巴条约》于2004年建立了中国北极黄河站，进行北极科考。但中国在北极的影响力远远赶不上美国、俄罗斯和北欧国家。中国是《南极条约》协商国，开展了多年南极科考工作，是国际南

---

① 习近平出席"共商共筑人类命运共同体"高级别会议并发表主旨演讲[N].人民日报，2017-1-20.

极事务的积极参与方。未来中国应与南极有关国际组织和保护委员会保持密切合作,争取在南极和平利用和环境保护等领域发挥重要作用。

深海蕴藏着大量的战略和科考资源,各国都在海洋探索上争相角力。全球深海矿产资源管理和治理体系形成了以国际海底管理局为主导,各国政府、矿业公司和社会组织共同参与的治理体系。国际海底管理局是1994年伴随《联合国海洋法公约》正式生效而成立的。中国一直积极参与国际海底事务的管理,但囿于人才、话语权和技术等因素,中国在海底事务的影响力还很有限。未来中国要加强对国际海底事务的了解,加强对《联合国海洋法公约》和国际海底管理局运作体系和有关深海国际治理规则的研究。

中国高度重视外太空合作。在《2021中国的航天》白皮书中,中国政府认为和平开发利用外太空是各国的基本权利。外太空合作应该遵守联合国有关条约、宣言的基本原则,应维护联合国在外空事务中的核心作用,在联合国系统框架下开展和平利用太空活动。自2016年以来,中国与19个国家和地区、4个国际组织,签署46项空间合作协定或谅解备忘录;积极推动外空全球治理,重视在亚太空间合作组织发挥重要作用,重视在金砖国家合作机制、上海合作组织框架、二十国集团合作机制下的空间合作。[①]亚太空间合作组织是由中国、泰国、巴基斯坦发起成立的政府间区域合作组织,总部设在北京。目前该组织还较为松散,缺乏权威性和约束性。作为主要发起国,中国要加大对亚太空间合作组织支持力度,支持该组织在外太空区域性空间合作中发挥重要作用。

随着互联网技术的迅猛发展,网络空间治理已经成为国际社会面临的重大问题和挑战。网络既带来了人类生活的便利,促进了全球化的发展,也造成诸多网络灾难,威胁人类和平与发展。特别是超级大国美国主

---

① 《2021中国的航天》白皮书(全文)[EB/OL].(2022-01-28)[2023-10-16].http://www.scio.gov.cn/zfbps/32832/Document/1719689/1719689.htm.

张"网络公域说",挤压别国网络主权,谋求网络空间霸权。作为网络技术和空间大国,中国需要谨慎应对。中国倡导各国切实遵守《联合国宪章》宗旨与原则,主张发挥联合国在网络空间规则制定中的重要作用。上海合作组织也向联合国提交了《信息安全国际行为准则》文件。中国还通过举办世界互联网大会等国际会议,在东盟地区论坛、博鳌亚洲论坛、亚信会议、中非合作论坛等国际论坛中设立网络议题等,拓展网络对话合作平台。积极推进亚太经合组织、二十国集团等在互联网和数字经济等领域合作的倡议,探讨与其他地区组织在网络领域的交流对话。①中国主张与国际社会携起手来共同构建网络空间命运共同体。

二、地区层面的战略手段

全球层面战略非常重要,它关系到中国能否成为真正的世界大国,这种大国地位不仅体现在经济体量上,还表现在国民素质、文化软实力、外交能力等上。中国国际组织战略既要关注全球层面,全面参与全球性国际组织,扩大在全球性国际组织内的影响力,也需要立足地区和周边。从历史长河看,世界大国都是先在地区竞争中脱颖而出,然后成为世界大国。地区主义应该成为中国走向世界大国的战略选择。国际组织战略的全球层面和地区层面并不矛盾,而是互为补充。对中国而言,关注地区层面的国际组织可以分别从地区政治、安全和经济等领域着手。

(一)加强政治互信,发展与地区性政治国际组织关系

欧盟、非盟、东盟、阿盟等地区性国际组织在国际上有重要影响力。这些国际组织属于区域性国家联盟,对外维护本地区国家的共同利益,是该地区重要的国家间协调机构,特别是欧盟已经成为高度一体化的国际组织,对各成员国有较大影响。中国与上述区域国际组织都建立了良好

---

① 网络空间国际合作战略(全文)[EB/OL].(2017-3-1)[2023-10-19].http://www.mod.gov.cn/shouye/2017-03/01/content_4774069_2.htm.

的战略合作伙伴关系,在涉及全球和地区性重大事务和问题上开展了密切合作,双方的领导层面也保持着密切往来。未来,在涉及全球和地区重要政治问题上,此类国际组织依然拥有较大话语权和影响力,中国应加强与地区性政治类国际组织在国际重大问题上的沟通和协调,争取上述国际组织支持中国在主权、领土安全、发展等问题上的立场,尽可能支持中国在国际上提出的主张、理念和方案。

中国与东盟是一衣带水的近邻,尤其要重视与东盟的关系。通过中国—东盟领导人会晤机制,夯实双方高层互信,让东盟各国了解中国走和平发展道路的决心,消除东盟国家对中国发展强大的担心和忧虑;继续发挥经贸关系在中国—东盟关系中的引领作用,让东盟国家参与中国经济发展进程,分享中国发展红利,特别是要加强东盟国家与中国共建"一带一路"的战略对接,真正做到项目落地、合作做实;大力发展中国与东盟人文交流,加强双方在教育、旅游等民生领域的交流与合作,为双边关系打下坚实的民意基础;继续支持东盟在东亚地区合作中发挥"驾驶员"作用,乐于见到东盟在维护地区安全与稳定、促进地区繁荣与发展上扮演重要角色。中国还应系统规划中国与东盟之间、中日韩三国之间及东盟与中日韩(10+3)不同层面的合作关系,加强上述合作的制度化建设。

(二)重视地区安全合作,做地区和平的缔造者和维护者

作为亚太地区国家,中国的安全首先与地区安全息息相关。中国和周边很多国家,在领土争端、跨国犯罪、毒品交易、人口偷渡和贩卖、武器走私和洗钱等多方面都有安全合作需求。中国一直主张不结盟、不对抗、不针对第三方的安全合作模式。在地区安全合作上,中国应全面加强与上海合作组织、东盟地区论坛、亚信峰会等地区安全组织和机制的合作,打造地区安全共同体,做地区和平的缔造者和维护者。

上海合作组织覆盖地域面积广、人口多,是维护地区和平与发展的重要力量。中国应发挥自身在上海合作组织核心国的地位,协调好与俄罗斯和印度两个金砖大国的关系,尽可能汇聚共同利益,求同存异,凝聚共

识,提升上海合作组织影响力。着力打造上海合作组织枢纽平台,推动"一带一路"倡议、孟中印缅经济走廊、俄罗斯"欧亚经济联盟"、印度次大陆国家经济合作协议和环孟加拉湾多领域经济技术合作倡议的对接,集中研究如何在上海合作组织框架下推进能源合作,并拓展区域经贸合作,促进地区贸易便利化,打造地区命运共同体。加强上海合作组织与联合国、东盟、独联体、南亚次区域合作联盟等国际组织合作,将上海合作组织打造成为以区域安全合作为核心、具有世界影响力的综合性国际组织。

东盟地区论坛是在东盟框架下的政府间多边安全合作论坛。中国应继续秉持新安全观理念,积极参加东盟地区论坛的第一轨道和第二轨道各领域活动。利用东盟地区论坛加强与东盟国家和其他大国的沟通与对话,特别是在南海、台湾等敏感问题上磋商,有效管控分歧,增进彼此信任,为中国创造和平稳定的周边安全环境。继续支持东盟在东盟地区论坛内发挥主要作用,加强东盟地区论坛与其他全球和区域性国际安全组织的联系。要加强中国与东盟传统友好国家的关系,建立核心朋友圈,使部分国家在关键时候能站出来坚定支持中国在南海等问题上的立场。

(三)引领地区经济合作,适时创建新的地区经济合作组织

地区国际组织在经济、贸易和金融等领域为促进中国经济发展,推动地区经济繁荣做出了重要贡献。习近平总书记提出,要深化上海合作组织合作,加强亚信、东亚峰会、东盟地区论坛等机制建设,整合地区自由贸易谈判架构。[1]在周边地区,中国"一带一路"倡议可与"中巴经济走廊""中孟印缅经济走廊""澜沧江—湄公河合作机制"有效对接。必要时候,可尝试将上述合作机制发展成为实体性地区国际组织。

区域贸易方面,中国已经与东盟建成了世界上人口最多的自贸区。中国参与了由东盟主导的区域全面经济伙伴关系协定(RCEP),这一协定

---

① 习近平谈治国理政(第二卷)[M].北京:外文出版社,2017:450.

如果达成将涵盖约35亿人口,GDP总和高达23万亿美元,成为本地区乃至世界最大的自贸区。[①]缔结地区自贸协定是中国经济发展和对外开放的必然要求,对促进中国与地区经济共赢发展十分重要。

在金融领域,中国推进地区合作表现在成立亚投行、上合组织开发银行、金砖国家新开发银行及设立丝路基金等系列举措。中国发起成立上述金融机构不是对现有以世界银行、国际货币基金组织及亚洲开发银行等为基础的国际金融制度的颠覆和放弃,而是对现有国际金融制度的补充和完善,是为了增强新兴发展中国家在国际金融制度和机构的话语权。

目前亚投行与世界银行、亚洲开发银行都保持较好的合作关系。中国欢迎愿意接受亚投行协定并承担相应义务的国家加入。中国将继续落实好习近平主席按国际标准办好亚投行的指示,争取在完善和优化国际经济和金融秩序中发挥更大作用,承担与自身实力相一致的国际责任,探索国际多边金融机构治理新模式,使亚投行发展成为多边国际金融机构的典范。

三、国内层面的战略手段

(一)统筹和规划国际组织外交工作,形成新时代中国国际组织战略合力

国际组织是中国外交、特别是多边外交工作的重要阵地。当前中国与重要国际组织交往事务,根据工作内容和工作任务,分别由不同的政府部门在统筹协调,相应领域的国际组织事务一般都划归给相应的部委统筹协调,如与联合国合作事务主要由外交部牵头、与世界贸易组织合作事务由商务部牵头、与世界银行合作事务由财政部牵头、与国际货币基金组

---

① 新闻背景:区域全面经济伙伴关系协定谈判[EB/OL].(2019-11-2)[2023-10-26].http://www.xinhuanet.com/world/2019/11/02/c_1125184488.htm.

织合作事务由中国人民银行牵头、与联合国教科文合作事务由教育部牵头、与世界卫生组织合作事务由卫健委牵头，等等。要加强党中央对国际组织外交的统一领导、战略谋划和顶层设计，科学评估当前体制机制，调动各方面力量包括地方政府和私营部门共同参与国际组织外交，形成中央总揽全局、各部门互相配合的中国国际组织战略体系和工作合力。

（二）加强国际组织人才队伍建设，为新时代国际组织战略提供人才支撑

习近平提出，参与全球治理需要一大批熟悉党和国家方针政策、了解我国国情、具有全球视野、熟练运用外语、通晓国际规则、精通国际谈判的专业人才。要加强全球治理人才队伍建设，突破人才瓶颈，做好人才储备，为我国参与全球治理提供有力人才支撑。[1]当前，相比欧美发达国家，中国几乎在任何一个重要国际组织都面临着人员不足、力量薄弱的问题，较大地限制了中国在国际组织话语权和影响力的发挥。值得肯定的是，当前国内学界逐步加强了对国际组织的研究，目前国内北京大学、中国人民大学、北京外国语大学、北京体育大学等高校分别成立了国际组织学院，很多高校都开设了国际组织本科专业，开设国际组织研究课程的高校已经有六十多所，[2]这为我国国际组织人才培养打下了坚实的基础。国际组织人才培养除了学校教学层面，还应加强对学生实习和实践能力的培养和支持。参阅国家留学基金委网站，目前由国家牵头组织的国际组织实习项目仅涵盖了国际民航组织、联合国教科文组织、国际贸易中心、联合国开发计划署、联合国难民署、国际电信联盟、联合国粮农组织等七个国际组织，另有一些高校与国际组织单独签署了实习项目（如中国政法大学与国际金融公司合作项目），但还不能满足中国国际组织外交的人才需要。下一步应扩大国际组织实习生计划规模和合作机构范围，增加派出

---

① 习近平谈治国理政(第二卷)[M].北京：外文出版社，2017:450.

② 张君荣.积极提升国际组织研究水平[N].中国社会科学报，2020-3-25.

实习或者工作人员数量,对一些工作表现优异的人员给予重点关注和支持,支持他们竞聘国际组织正式岗位或重要职务等。

(三)拓展与政党国际组织关系,扩大中国对外交流朋友圈

主权国家政府间外交活动构成了传统意义上国际关系的主要内容。在政府外交之外,政党外交同样发挥着重要影响力。与政府外交相比,政党外交更具有灵活性,是政府间外交的重要补充。习近平总书记提出的推动构建新型国际关系、构建人类命运共同体等理念也需要我们整合政党资源,充分利用好政党外交的作用。各类政党国际组织合作日益增多,政党交往已经成为中国共产党宣示理念政策、扩大国际影响力的重要手段。在2020年这场席卷全球的新冠疫情防控过程中,中国得到了亚洲政党国际会议、社会党国际、非洲政党理事会、美洲基民组织、拉美政党常设大会,以及包括在欧洲一些跨国的政党组织和政党联合体共十多个政党国际组织的慰问和支持。其中,亚洲政党国际会议常设委员会主席德贝内西亚在来函中说,他代表52个亚洲国家的350多个政党慰问和声援中国的抗疫工作,表示坚信在习近平总书记的杰出领导下,中国政府和人民一定能够战胜此次疫情。[①]未来,中国应该进一步加强与政党国际组织的交流与合作,构建国际政党交流合作网络。习近平总书记在中国共产党与世界政党高层对话会上也表示,未来5年,中国共产党将向世界各国政党提供1.5万名人员来华交流的机会。我们倡议将中国共产党与世界政党高层对话会机制化,使之成为具有广泛代表性和国际影响力的高端政治对话平台。[②]中国应积极打造以中国共产党与世界政党高层对话会为代表的国际政党对话机制,合力搭建国际政党交流合作网络,为世界各国

① 中联部:国际政党组织慰问声援中国抗疫工作[EB/OL].(2020-3-6)[2023-10-29].http://www.scio.gov.cn/video/42502/42511/Document/1674803/1674803.htm.

② 习近平.携手建设更加美好的世界——在中国共产党与世界政党高层对话会上的主旨讲话[N].人民日报,2017-12-2.

政党定期开展对话交流、增进理解信任、共商合作大计提供平台。①

（四）鼓励多方力量参与国际组织，增强中国在国际组织的话语权

除了政府层面积极参与国际组织活动，中国的企业、学者、社会组织也应参与到国际组织战略中，为中国获取在国际组织更大话语权贡献力量。国际标准化组织主席张晓刚认为，中国企业应在制定"国际标准"过程中更加积极主动、掌握话语权。在他刚上任时，国际标准化组织（ISO）涉及两万多个大标准，然而在这两万多个大标准的制定中，有中国参与的不足1%，这跟中国现在在世界的地位非常不相称。②值得鼓励的是，新时代中国企业已经逐步更多地参与国际组织活动，支持国际组织发展。2020年3月30日，联合国宣布腾讯公司将成为联合国的全球合作伙伴，为联合国成立75周年活动提供相关视频和数字通信技术支持，并将通过腾讯技术系统在线举办数千场会议。在此之前，联合国教科文组织也在3月13日呼吁全球39个国家和地区的4.21亿学生开展远程上课，阿里巴巴旗下的钉钉成为了联合国教科文组织首推视频上课平台。这表明，中国互联网科技企业已经运用自身的技术优势参与到国际组织合作。中国企业行为助力中国国际组织外交，也为自身经营和发展创造机会。国家还需要重视推动中国学者、智库及社会组织参与国际组织活动，特别是参与具有官方背景的"第二轨道"活动，向国际组织传递中国声音和中国思想。这一点在东亚合作中成效突出，中国学者通过东亚思想库网络和东盟战略与国际研究所等平台参与东亚合作的第二轨道活动，建构了规范，增强了互信，为促进东亚合作和扩大中国在东亚影响力做出了独特贡献。

---

① 彭修彬.新型政党关系:内涵与建设路径[J].国际问题研究,2018(3):7—20.
② 国际标准化组织主席:中国企业应积极参与国际标准制定[EB/OL].(2015-3-18)[2023-10-29].http://world.people.com.cn/n/2015/0318/c157278-26709973.html.

小结

本章对新时代中国国际组织战略作出了进一步设计和展望。首先提出了战略指导思想,即新时代中国国际组织战略的指导思想应该以习近平外交思想为根本遵循,以构建人类命运共同体为终极理念,促进中国与国际组织的良性互动关系,通过国际组织在中国和世界之间架起一座连接桥梁,实现中国与世界的共赢发展。本章主要对新时代中国国际组织战略目标和战略手段作了进一步设计。新时代中国国际组织战略目标可以概括为两个:其一是推动国际规则体系朝着更加有利于中国和多数发展中国家的方向发展,践行真正的多边主义,确保多极化进程总体稳定和具有建设性;其二是增加中国在国际组织体系中的制度性话语权,尽量在大多数中国可以参与、与中国利益紧密相关的国际组织中都成为核心成员,获得更多的制度性话语权,提高我国的国际影响力、感召力和塑造力。在战略手段选择上,中国应选择积极参与手段和方式,从全球层面、地区层面和国家层面有针对性对国际组织进行战略规划和设计,形成新时代中国国际组织战略体系。

结　论

中国国际组织战略研究具有重要的理论意义和现实意义。国家对外战略需要学术界更多关注国际组织的作用,制定科学的国际组织战略。本书在这方面的贡献主要体现在三个方面。

第一,确立了国际组织战略研究理论基础和分析框架。本书通过对战略、大战略、国家战略、国际战略概念分析,提出了国际组织战略的意义和含义,分析了国际组织战略的可行性和必要性。通过对美国、俄罗斯(苏联)国际组织战略分析,为国家制定国际组织战略提供借鉴。通过对国际关系主流理论中有关国际组织理论进行分析,认为现有国际组织理论多是在国际关系和国际政治学理论框架下开展,针对的是国际组织建立、运作与解体,并不是国家的国际组织战略。这些国际组织有关理论只是为分析国家参与国际组织的战略提供了一些理论基础,国家的国际组织战略本质上是国家外交政策的组成部分。在上述分析基础上,本书确立了国际组织战略的分析框架,包括战略指导思想、战略形势判断、战略目标假设、战略手段选择及战略效果评估等。

国家的国际组织战略主要与国家在国际体系中的相对实力及国家与现存国际秩序和国际组织的关系有关。即国家的相对实力决定了国家能够追求什么样的国际组织战略目标;现存国际组织的规则和权力分配是否有利,决定了一个国家参与该国际组织的方式。在这一论述基础上,本书就中国国际组织战略目标提出两个科学假设。要通过参与国际组织提高我国的国际影响力、感召力和塑造力。全书围绕这两个假设展开了具体论述。

第二,系统梳理了中国国际组织战略演变过程。本书将中国国际组织战略演变历史划分为了三个阶段。第一个阶段是1992年以前,作为本书的研究背景进行回顾。对1992年以前中国参与国际组织的特征可以概括为从尝试接触到有限参与阶段。第二个阶段是1992—2002年,这是东欧剧变、苏联解体后,也是邓小平同志南方谈话之后中国主动融入与积极参与国际组织的阶段。第三阶段是2002—2012年,中国与国际组织关系迈向了全面参与阶段。通过对三个阶段的历史梳理,可以看出中国国际组织战略的演变过程集中体现了国际组织、国家实力及现存国际秩序三者之间的互动关系,也是对上述两个目标假设的逻辑验证。

第三,对新时代中国国际组织战略进行了评估和进一步设计。本书从新时代中国国际战略布局着手,总结新时代中国国际组织战略选择,梳理中国与主要国际组织的关系,对新时代中国国际组织战略进行简要评估,认为中国作为世界第二大经济体,在经济体量上已经成为世界大国,国际组织战略也逐渐走向积极有为型。新时代中国国际战略指导思想需坚定地以习近平外交思想为指引,在推进全球治理体系变革、构建新型国际关系和构建人类命运共同体的互动中实现中国与世界的共赢发展。总结中国的国际组织战略选择,不积极参与和积极参与都是新时代中国国际组织战略的实现手段,但中国对待国际组织的最终目的仍然是引领国际组织发展,因此积极参与是主要手段。新时代中国国际组织战略推进了中国改革开放进程、提升了中国国际地位,维护和拓展了中国国家利益。但新时代中国国际组织战略也存在缺乏统筹规划、国际组织代表性不足、国际组织人才缺乏和对国际组织总部落户吸引力不足等缺陷。在进一步战略设计层面,本书将新时代中国国际组织战略目标概括为两个:其一是推动国际规则体系朝着更加有利于中国和多数发展中国家的方向发展,践行真正的多边主义,确保多极化进程总体稳定和具有建设性;其二是增加中国在国际组织体系中的制度性话语权,尽量在大多数中国可以参与、与中国利益紧密相关的国际组织中都成为核心成员,获得更多的制度性话语权,提高我国的国际影响力、感召力和塑造力。在战略手段选择上,中国应选择积极参与手段和方式,从全球层面、地区层面和国家层面有针对性地对国际组织进行战略规划和布局,形成新时代中国国际组织战略体系。

下一步努力方向为:

第一,分析框架可以更细致。本书在学术前贤之大战略、国际战略研究的基础上,试图构建中国国际组织战略的分析框架,但这一框架仍然显得过于宏观。应该对这一研究框架进行更具体和细致的剖析,如对现有国际组织战略的评估、对西方大国国际组织战略比较研究、中国国际组织战略指导思想与中国传统文化的结合、中国国际组织战略目标的细化、国际组织战略手段多样化、国际组织战略路径的诠释等都有待深入阐述。

第二,本书的理论性还有待加强。总体来说,本书的理论基础还不够牢固,在建构分析框架上做了一些努力,但在建立中国国际组织战略理论上还有欠缺。现有的理论也更多是对主流国际关系理论、国际组织理论的描述和反思,还没能建立起属于中国自身的国际组织战略理论。理论建构是很复杂且严谨的过程,需要在未来下更多的功夫。

第三,研究方法还需要进一步丰富。本书更多是定性研究,对中国国际组织战略的定量分析不够。未来应在战略评估、战略目标、战略手段等方面更多采用数据来衡量,对国际组织战略未来发展也可用定量手段来进行科学分析和预测。在案例选择上可以考虑进行分类和深入研究,既从宏观上进行分类指导,也应选取个别国际组织进行深层次的案例分析。

参考文献

中文译著

[1][德]赫尔戈·哈夫滕多恩,[美]罗伯特·基欧汉,[美]西莱斯特·沃兰德.不完美的联盟:时空维度的安全制度[M].北京:世界知识出版社,2015.

[2][加拿大]罗伯特·杰克森,[丹]乔格·索伦森.国际关系学理论与方法[M].吴勇,宋德星译.北京:中国人民大学出版社,2012.

[3][美]W.菲利普斯·夏夫利.政治科学研究方法(第8版)[M].郭继光译.东方编译所,2012年.

[4][美]阿尔瓦雷茨.作为造法者的国际组织[M].蔡从燕等译.北京:法律出版社,2011.

[5][美]奥兰·扬.世界事务中的治理[M].陈玉刚,薄燕译.上海:上海人民出版社,2007.

[6][美]彼得·卡赞斯坦,[美]罗伯特·基欧汉,[美]斯蒂芬·克拉斯纳编.世界政治理论的探索与争鸣[M].上海:上海人民出版社,2006.

[7][美]彼特·J.卡赞斯坦,[美]罗伯特·基欧汉.谁在反对美国[M].北京:中国人民大学出版社,2015.

[8][美]布热津斯基.大棋局:美国的首要地位及其地缘战略[M].中国国际问题研究所译.上海:上海人民出版社,1997.

[9][美]海伦·米尔纳.利益、制度与信息:国内政治与国际关系[M].曲博译.上海:上海人民出版社,2010.

[10][美]汉斯·摩根索著,[美]肯尼思·汤普森 戴维·克林顿修订.国家间政治:权力斗争与和平(第七版)[M].徐昕,郝望,李保平译.北京:北京

大学出版社,2005.

[11][美]亨利·基辛格.论中国[M].北京:企鹅出版社,2012.

[12][美]亨利·基辛格.世界秩序[M].北京:中信出版集团,2015.

[13][美]肯尼思·华尔兹.国际政治理论[M].上海:上海人民出版社,2008.

[14][美]莉萨·马丁等.国际制度[M].黄仁伟等译.上海:上海人民出版社,2006.

[15][美]罗伯特·阿特.美国大战略[M].郭树勇译.北京:北京大学出版社,2005.

[16][美]罗伯特·吉尔平.世界政治中的战争与变革[M].宋新宁,杜建平译.上海:上海人民出版社,2007.

[17][美]罗伯特·基欧汉,[美]约瑟夫·奈.权力与相互依赖[M].洪华译.北京:北京大学出版社,2012.

[18][美]罗伯特·基欧汉.霸权之后:世界政治经济中的合作与纷争(增订版)[M].苏长和,信强,何曜译.上海:上海人民出版社,2012.

[19][美]玛莎·费丽莫.国际社会中的国家利益[M].杭州:浙江人民出版社,2001.

[20][美]迈克尔·巴尼特,玛莎·芬尼莫尔编著.为世界定规则:全球政治中的国际组织[M].上海:上海人民出版社,2009.

[21][美]诺姆·乔姆斯基.新自由主义和全球秩序[M].徐海铭,季海宏译.南京:江苏人民出版社,2000.

[22][美]萨缪尔·亨廷顿.文明的冲突与世界秩序的重建[M].周琪等译.北京:新华出版社,2010.

[23][美]斯蒂芬·克拉斯纳主编.国际机制[M].北京:北京大学出版社,2005.

[24][美]小约瑟夫·奈著.理解国际冲突:理论与历史[M].张小明译.上海:上海人民出版社,2003.

[25][美]熊玠.无政府状态与世界秩序[M].余逊达,张铁军译.杭州:浙

江人民出版社,2001.

[26][美]亚历山大·温特.国际政治的社会理论[M].秦亚青译.上海:上海人民出版社,2010.

[27][美]约翰·伊肯伯里.大战胜利之后制度、战略约束与战后秩序重建[M].门洪华译.北京:北京大学出版社,2008.

[28][美]约翰·伊肯伯里编.美国无敌均势的未来[M].韩召颖译.北京:北京大学出版社,2005.

[29][美]约翰·鲁杰.多边主义[M].苏长和等译.杭州:浙江人民出版社,2003.

[30][美]詹姆斯·多尔蒂,小罗伯特·普法尔茨格拉夫.争论中的国际关系理论(第5版)[M].北京:北京大学出版社,2004.

[31][英]利德尔·哈特.战略论[M].北京:解放军出版社,1981.

[32][英]保罗·肯尼迪.战争与和平的大战略[M].时殷弘,李庆四译.北京:世界知识出版社,2005.

[33][英]保罗·肯尼迪.大国的兴衰[M].王保存译.北京:中信出版社,2013.

[34][英]安东尼·麦克,[英]戴维·赫尔德.治理全球化——权力、权威与全球治理[M].曹荣湘,龙虎译.北京:社会科学文献出版社,2004.

[35]克劳塞维茨.战争论[M].北京:商务印书馆,1978.

中文著作

[1]蔡拓主编.和谐世界与中国对外战略[M].哈尔滨:黑龙江人民出版社.2006.

[2]成键等.区域性国际组织与中国战略选择[M].贵阳:贵州人民出版社,2004.

[3]崔开云.国际制度环境下中国政府与非政府组织关系研究[M].南京:南京师范大学出版社.2011.

[4]丁文阁.全球治理变革新时代中国的国际经济组织参与[M].北京:

国家行政学院出版社,2018.

[5]高金钿.国际战略学概论[M].北京:国防大学出版社,2001.

[6]宫力等.和平为上:中国对外战略的历史与现实[M].北京:九州出版社.2007.

[7]郭树勇.国际关系:呼唤中国理论[M].天津:天津人民出版社,2005.

[8]胡鞍钢.中国大战略[M].浙江:浙江人民出版社,2003.

[9]黄璐.国际体育组织治理改革与中国镜鉴[M].北京/西安:世界图书出版公司,2016.11.

[10]焦世新.利益的权衡——美国在中国加入国际机制中的作用[M].北京:世界知识出版社.2009.

[11]解超,胡键.国际政府组织与中国的外交战略[M].贵阳:贵州人民出版社,2004.

[12]康绍邦,宫力等.国际战略新论[M].北京:解放军出版社,2010.

[13]李大光.国际机制与区域安全——兼论东北亚区域安全机制构建[M].北京:军事科学出版社.2010.

[14]李华.国际组织公共外交[M].北京:时事出版社,2014.

[15]李少军.国际关系学研究方法[M].北京:中国社会科学出版社,2008.

[16]李少军.国际战略报告:理论体系、现实挑战与中国的选择[M].北京:中国社会科学出版社,2005.

[17]李少军.国际政治学概论(第三版)[M].上海:上海人民出版社,2009.

[18]李巍.制度变迁与美国国际经济政策[M].上海:上海人民出版社.2010.

[19]李一文,马风书编著.当代国际组织与国际关系[M].天津:天津人民出版社,2002.

[20]梁守德,刘义虎主编.全球大变革与中国对外大战略[M].北京:世界知识出版社.2009.

[21]刘杰等.多边机制与中国的定位:国际关系研究·第4辑[M].北京:时事出版社.2007.

[22]刘青建.发展中国家与国际制度[M].北京:中国人民大学出版社,2010.

[23]刘铁娃.霸权地位与制度开放性——美国的国际组织影响力探析(1945—2010)[M].北京:北京大学出版社,2013.

[24]门洪华.霸权之翼:美国国际制度战略[M].北京:北京大学出版社,2005.

[25]门洪华.东亚秩序论:地区变动、力量博弈与中国战略[M].上海:上海人民出版社,2015.

[26]门洪华.构建中国大战略的框架:国家实力、战略观念、与国际制度[M].北京:北京大学出版社,2005.

[27]门洪华.关键时刻:美国精英眼中的中国、美国与世界[M].北京:北京大学出版社,2012.

[28]门洪华.开放与国家战略体系[M].北京:人民出版社,2008.

[29]门洪华.中国国际战略导论[M].北京:清华大学出版社,2009.

[30]倪世雄等.当代西方国际关系理论[M].上海:复旦大学出版社,2004.

[31]钮先钟.西方战略思想史[M].广西:广西师范大学出版社,2003.

[32]钮先钟.战略研究入门[M].上海:文汇出版社,2016.

[33]钮先钟.中国古代战略思想新论[M].合肥:安徽教育出版社,2005.

[34]蒲俜.中国和平发展与国际制度[M].北京:社会科学文献出版社.2016.

[35]亓成章等.中国周边国际环境.济南:山东人民出版社,1996.

[36]仇华飞.国际秩序演变中的中国周边外交与中美关系.北京:人民出版社,2015.

[37]秦亚青.权力、制度、文化:国际关系理论与方法研究文集[M].北京:北京大学出版社,2005.

[38]渠梁.韩德主编.国际组织与集团研究[M].北京:中国社会科学出版社,1989.

[39]阮宗泽.中国崛起与东亚国际秩序的转型[M].北京:北京大学出版社,2007.

[40]时殷弘.从拿破仑到越南战争——现代国际战略十一讲[M].北京:团结出版社,2003.

[41]时殷弘.国际政治与国家方略[M].北京:北京大学出版社,2006.

[42]时殷弘.战略问题三十篇——中国对外战略思考[M].北京:中国人民大学出版社,2008.

[43]苏长和.全球公共问题与国际合作一种制度的分析[M].上海:上海人民出版社,2011.

[44]田野.国际关系中的制度选择一种交易成本的视角[M].上海:上海人民出版社,2002.

[45]田野.中国参与国际合作的制度设计[M].北京:社会科学文献出版社,2016.

[46]王杰主编.国际机制论[M].北京:新华出版社,2002.

[47]王玮.跨越制度边界的互动——国际制度与非成员国关系研究[M].上海:上海人民出版社,2013.

[48]王学东.外交战略中的声誉因素研究——冷战后中国参与国际制度的解释[M].天津:天津人民出版社,2007.

[49]王逸舟.全球政治和中国外交[M].北京:世界知识出版社,2003.

[50]王逸舟主编.磨合中的建构:中国与国际组织关系的多视角透视[M].北京:中国发展出版社,2003.

[51]吴建民.外交案例[M].北京:中国人民大学出版社,2007.

[52]武心波主编.大国国际组织行为研究[M].上海:上海人民出版社,2010.

[53]习近平.决胜全面建成小康社会夺取新时代中国特色社会主义伟大胜利.党的十九大报告辅导读本[M].北京:人民出版社,2017.

[54]习近平谈治国理政(第二卷)[M].北京:外文出版社,2017.

[55]谢喆平.中国与联合国教科文组织的关系演进:关于国际组织对会员国影响的一项经验研究[M].北京:教育科学出版社,2010.

[56]熊李力.专业性国际组织与当代中国外交:基于全球治理的分析[M].北京:世界知识出版社,2010.

[57]阎学通,孙学峰.国际关系研究实用方法[M].北京:人民出版社,2007.

[58]阎学通.历史的惯性:未来十年的中国与世界[M].北京:中信出版社,2013.

[59]杨洁勉主编.国际体系转型和多边组织发展——中国的应对和抉择[M].北京:时事出版社,2007.12.

[60]叶宗奎,王杏芳主编.国际组织概论[M].北京:中国人民大学出版社,2001.

[61]仪名海.中国与国际组织[M].北京:新华出版社,2004.

[62]俞新天主编.在和平、发展、合作的旗帜下——中国战略机遇期的对外战略纵论[M].北京:中共中央党校出版社.2005.

[63]张贵洪.国际组织与国际关系[M].杭州:浙江大学出版社,2004.

[64]张丽华主编.国际组织概论[M].北京:科学出版社,2015.

[65]张丽君编著.全球政治中的国际组织(IGOs)[M].上海:华东师范大学出版社,2017.

[66]赵桂兰.中国与国际组织关系简史[M].北京:中国言实出版社,2007.

[67]朱杰进.国际制度设计:理论模式与案例分析[M].上海:上海人民出版社,2011.

中文论文

[1][美]安德斯·阿斯兰.苏联对各国际经济组织的新政策[J].刘经浩译.中共中央党校学报,1989(3):17—20.

[2]薄贵利.论国家战略的科学内涵[J].中国行政管理,2015(7):70—75.

[3]彼得·阿科波夫.苏联解体给俄外交带来深刻教训[J].世界社会主义研究,2019,4(11):89.

[4]陈寒溪.中国如何在国际制度中谋求声誉——与王学东商榷[J].当代亚太,2008(4):143—158.

[5]陈积敏.特朗普政府对华战略定位与中美关系[J].国际关系研究,2018(1):29—34.

[6]陈积敏.美国对华战略认知的演变与中美关系[J].外交评论(外交学院学报),2011,28(4):131—142.

[7]崔荣伟.中国参与塑造国际规范:需求、问题与策略[J].国际关系研究,2015(3):38—47.

[8]郭海峰,崔文奎.功能主义与永久和平:试析戴维·米特兰尼的世界共同体思想[J].国际论坛,2017,19(2):53—57.

[9]郭树勇.区域治理理论与中国外交定位[J].教学与研究,2014(12):47—54.

[10]江忆恩.美国学者关于中国与国际组织关系研究概述[J].世界经济与政治,2001(8):12—17.

[11]江忆恩.中国参与国际体制的若干思考[J].世界经济与政治,1999(7):5—11.

[12]江忆恩.中国对国际秩序的态度[J].国际政治科学,2005(2):26—67.

[13]金鑫.第三代领导集体与当代中国的全方位外交述评[J].国际论坛,2000(4):31—36.

[14]康晓.利益认知与国际规范的国内化——以中国对国际气候合作规范的内化为例[J].世界经济与政治,2015(3):38—47.

[15]李华,杨娇娇.国际组织与中国的公共外交[J].上海大学学报(社会科学版),2016,33(3):31—43.

[16]李华.从工具性利用到决策性参与——中国国际组织公共外交评估[J].教学与研究,2014(1):58—64.

[17]李少军.论国际关系中的案例研究法[J].当代亚太,2008(3):111—123.

[18]李少军.论国家利益[J].世界经济与政治,2003(1):4—9.

[19]李少军.探讨国际战略的研究框架[J].国际政治研究,2007(4):14—17.

[20]李少军.战略评估的理论视角[J].现代国际关系,2003(8):1—3.

[21]李少军,王玮.理解国际制度的几个问题[J].国际观察2011(4):31—38.

[22]李世义.中国,仍然是发展中国家——国家统计局公布《九二中国发展报告》[J].瞭望周刊,1993(26):4—9.

[23]李云飞.法国的国际组织外交[J].国际观察,2009(6):9—15.

[24]郦莉.国际组织代表性不足,中国如何破题?[J].神州学人,2018(9):24—27.

[25]林民旺,朱立群.国际规范的国内化:国内结构的影响及传播机制[J].当代亚太,2011(1):136—160.

[26]刘丰.定性比较分析与国际关系研究[J].世界经济与政治,2015(1):90—110.

[27]刘宏松.中国的国际组织外交:态度、行为与成效[J].国际观察,2009:(6)1—8.

[28]刘莲莲.国际组织理论:反思与前瞻[J].厦门大学学报(哲学社会科学版),2017(5):14—26.

[29]刘鸣.建立新型大国关系的一项议题:国际规范与对外安全战略关系的协调.国际关系研究,2013(6):3—14.

[30]刘鹏超.近代外交的谐音:中国首次参与国际会议——以1899年中国参与海牙和会事件为考察对象[J].中国城市经济,2011(18):329—330.

[31]刘兴华.国际规范、团体认同与国内制度改革——以中国加入

FATF 为例[J].当代亚太,2012(4):4—32.

[32]毛瑞鹏.美国与联合国安理会扩大议题——基于国家在国际组织中决策权的视角[J].世界经济与政治,2010(12):54—68.

[33]门洪华.霸权之翼:国际制度的战略价值[J].开放导报,2005(5):57—62.

[34]门洪华.地区秩序构建的逻辑[J].世界经济与政治,2014(7):4—23.

[35]门洪华.国际机制与美国霸权[J].美国研究,2001(1):74—88.

[36]门洪华.国际机制与中国的战略选择[J].中国社会科学,2001(2):178—187.

[37]门洪华.压力、认知与国际形象——关于中国参与国际制度战略的历史解释[J].世界经济与政治,2005(4):17—22.

[38]门洪华.中国与国际秩序:国家实力、国际目标与战略设计[J].黄海学术论坛,2016:1.

[39]聂文娟.中国与东盟地区论坛(ARF):从积极参与到创新实践[J].东南亚纵横,2013(11):16—22.

[40]努尔朗·耶尔梅克巴耶夫,张宁.亚洲安全问题[J].俄罗斯中亚东欧研究,2007(5):92—94.

[41]潘光.从"上海五国"到上海合作组织[J].俄罗斯研究,2002(2):31—34.

[42]潘一禾,张丽东.作为国际组织建设思想资源的中国文化传统[J].世界经济与政治,2001(9):46—50.

[43]潘一禾.中国加入当代国际组织的文化定位探索[J].浙江大学学报(人文社科版),2001(2):50—55.

[44]潘一禾.中国加入国际组织建设的"理论缺失"思考[J].浙江大学学报(人文社会版),2002(3)95—101.

[45]彭霞.日本在国际组织中推动知识产权保护措施研究[J].北京理工大学学报(社会科学版),2010,12(2):91—94.

[46]彭修彬.新型政党关系:内涵与建设路径[J].国际问题研究,2018,
(3):7—20.

[47]蒲俜.全球化时代的国际组织变迁与中国的战略选择[J].教学与
研究,2012(1):47—54.

[48]亓成章.关于"和谐世界"的几个问题[J].理论视野,2006(5):
51—54.

[49]亓成章.论邓小平国际战略思想内涵[J].外交学院学报,2000(4):
12—17.

[50]祁怀高.中国发展理念的全球共享与国际组织的作用[J].国际观
察,2014(6):18—29.

[51]秦亚青.多边主义研究:理论与方法[J].世界经济与政治,2001
(10):9—14.

[52]秦亚青.国际体系秩序与国际社会秩序[J].现代国际关系,2001,
15(1):74—88.

[53]秦亚青.国际制度与国际合作——反思自由制度主义[J].外交学
院学报,1998(1):40—47.

[54]秦亚青.制度霸权与合作治理[J].现代国际关系,2002(7):10—12.

[55]仇华飞.当代美国学者中国外交战略研究的多元视角考察[J].同
济大学学报:社会科学版,2011(4):54—63.

[56]仇华飞.美国智库与当前中国问题研究[J].国外社会科学,2012.

[57]饶戈平.论全球化进程中的国际组织[J].中国法学,2001(6):
126—136.

[58]任羽中,李尧星,李勰.开展"UNESCO外交"的日本经验与中国作
为[J].四川师范大学学报(社会科学版),2015,42(6):24—30.

[59]时殷弘,于海峰.论大战略的目的及其基本原则[J].中国人民大学
学报,2008(5):110—116.

[60]时殷弘.国际政治的世纪性规律及其对中国的启示[J].战略与管
理,1995(5):1—3.

[61]时殷弘.国家大战略理论论纲[J].国际观察,2007(5):15—21.

[62]时殷弘.历史·道德·利益·观念———关于国际关系理论思想的谈话[J].欧洲研究,2003(5):143—149.

[63]时殷弘.战略观念与大战略基本问题[J].国际政治研究,2007(4):18—21.

[64]时殷弘.中国大战略:问题与思路[J].学术界,2006(2):7—25.

[65]宋红岗.《1992年世界发展报告》中的中国[J].调研世界,1993(4):99—100.

[66]宋伟.自由主义的国际规范对中国是否有利？[J].国际政治研究,2014(1):84—103.

[67]苏浩.东亚开放地区主义的演进与中国的作用[J].世界经济与政治,2006(9):43—51.

[68]苏长和.发现中国新外交——多边国际制度与中国外交新思维[J].世界经济与政治,2005(4):11—16.

[69]苏长和.中国的软权力——以国际制度与中国的关系为例[J].国际观察,2007(2):27—35.

[70]苏长和.中国与国际制度[J].世界经济与政治,2002:(10):5—10.

[71]苏长和.重新定义国际制度[J].欧洲研究,1999(6):22—27.

[72]苏长和.周边制度与周边主义:东亚区域治理中的中国途径[J].世界经济与政治,2006:1.

[73]孙辉,禹昱.国际政府组织与全球治理[J].同济大学学报(社会科学版),2004(5):48—53.

[74]孙洁琬.中国与国际组织"亲密接触"[J].人民论坛,2007(11):48—49.

[75]孙仲.国际组织理论研究评析[J].浙江大学学报(人文社会科学版),2001(2):51—60.

[76]唐永胜.国际战略的内涵[J].国际政治研究,2007(4):25—27.

[77]唐永胜教授专访.当代中国的国际战略研究:进展与创新[J].国际

政治研究,2015(6):132—150.

[78]陶季邑.美国学术界关于冷战后中国全面参与国际组织战略的研究述评[J].国际论坛,2010,12(6):12—18.

[79]田野.国际制度研究:从旧制度主义到新制度主义[J].教学与研究,2005(3):52—58.

[80]田野.国际制度与国家自主性项目研究框架[J].国际观察,2008(2):26—32.

[81]田野.建构主义视角下的国际制度与国内政治:进展与问题[J].教学与研究.2011:2.

[82]汪宁.俄罗斯国际组织外交的几个特点[J].国际观察,2010(2):36—43.

[83]王红续.新中国外交的价值取向与战略抉择[J].国际关系学院学报,2011(6):9—16.

[84]王红续.中国共产党领导人的外交理念及其文化渊源[J].当代世界,2011(8):11—15.

[85]王缉思.关于构筑中国国际战略的几点看法[J].国际政治研究,2007(4):1—5.

[86]王玲.世界各国参与国际组织的比较研究[J].世界经济与政治,2006(11):41—54.

[87]王明国.国际制度理论研究新转向与国际法学的贡献[J].国际政治研究,2013(3):131—151.

[88]王文.王鹏.G20机制20年:演进、困境与中国应对[J].现代国际关系,2019(5):1—9.

[89]王学东.国家声誉与国际制度[J].现代国际关系,2003(7):13—18.

[90]王逸舟.国际制度对国家利益的影响[J].国际展望,2006(14):78—79.

[91]王逸舟.中国与国际组织关系研究的若干问题[J].社会科学论坛,2002(8):4—13.

[92]王毅.党的十八大以来中国外交的新成就新经验[J].党建研究，2017（6）：23—27.

[93]吴志成，王慧婷.全球治理能力建设的中国实践[J].世界经济与政治，2019（7）：4—23.

[94]吴志成，王亚琪.国际战略研究的历史演进及其当代启示[J].世界经济与政治，2016（10）：75—93.

[95]谢喆平.中国与联合国教科文组织的关系演进——关于国际组织对成员国影响的实证研究[J].太平洋学报，2010，18（2）：28—40.

[96]许嘉、蔡玮.国际制度与中国的选择[J].国际政治研究，2007（4）：135—145.

[97]阎学通.国际领导与国际规范的演化[J].国际政治科学，2011（1）：1—28.

[98]杨闯.浅论苏联国际关系理论[J].外交学院学报，1989（2）：45—54.

[99]杨颖、韩景云.论中国与国际组织的关系演进历程[J].社科纵横，2015，30（3）：106—109.

[100]叶小青.崛起的中国与国际组织：一种互动关系的分析[J].西安电子科技大学学报（社会科学版），2007（4）：83—88.

[101]余潇枫，许丽萍.国际组织的伦理透视[J].世界经济与政治，2002（2）：38—43.

[102]张贵洪.国际组织：国际关系的新兴角色[J].欧洲，2000（4）：4—10.

[103]张芃菲.论英国国际组织外交的特点[J].学理论，2014（5）：24—25.

[104]张小波.国际组织研究的发展脉络和理论流派争鸣[J].社会科学，2016（3）：30—40.

[105]张小明.中国的崛起与国际规范的变迁[J].外交评论（外交学院学报），2011：1.

[106]郑春荣.欧盟逆全球化思潮涌动的原因与表现[J].国际展望，

2017,9(1):34—51.

[107]郑春荣.欧盟未来的发展前景预判[J].人民论坛,2016(20):26—27.

[108]钟飞腾.超越地缘政治的迷思:中国的新亚洲战略[J].外交评论(外交学院学报),2014,31(6):16—39.

[109]周大亚.2002年—2003年中国社会形势分析与预测[J].民主与科学,2003(1):21—24.

[110]周龙.国际组织对湄公河地区跨国人口贩运的参与治理——基于UNIAP的案例分析[J].东南亚研究,2019(5):41—57.

[111]周丕启.国家大战略:概念与原则[J].现代国际关系,2003(7):56—61.

[112]朱杰进.国际制度设计中的规范与理性[J].国际观察,2008(4):53—59.

[113]朱杰进.国际制度缘何重要——三大流派比较研究[J].外交评论,2007(2):92—97.

[114]朱立群、黄超.中国参与国际体系的评估指标及相关分析[J].江海学刊,2009(5):160—169.

[115]左凤荣.吸取前苏联在国际战略上失误的教训[J].科学社会主义,1996(1):53—57.

[116]左凤荣.俄罗斯的亚太新战略及其对中俄关系的影响[J].国际政治研究,2013,34(2):117—127.

英文著作

[1]Alastair Iain Johnston, Paul Evans. China's Engagement with Multilateral Security Organizations//Johnston and Robert S.Ross eds. *Engaging China:The Management of an Emerging Power* (New York:Routledge, 1999).

[2]Avery Goldstein, *Rising to the Challenge: China's Grand Strategy and International Security* (Stanford, California: Stanford University Press,

2005）.

[3]Carla Norrlof, *America's Global Advantage: US Hegemony and International Cooperation*(New York: Cambridge University Press, 2010).

[4]Chin-Hao Huang, *Status, Security, and Socialization: Explaining Change in China's Compliance in International Institutions* (Published by ProQuest LLC, 2014).

[5]Edward Steinfeld, *Playing Our Game: Why China's Rise Doesn't Threaten the West* (New York, NY: Oxford University Press,2010).

[6]Evan S. Medeiros, *China'sinternational behavior : activism, opportunism, and diversification* (Published by the RAND Corporation,2009).

[7]Finnemore, Martha and Michael Barnett, *Rules for the World: International Organizations in Global Politics* (Ithaca, NY: Cornell University Press,2004).

[8]G. John Ikenberry and Takashi Inoguchi, *The Uses of Institutions:The U.S, Japan, and Governance in East Asia* (New York: Palgrave Macmillan, 2007).

[9]Gerald Chen, *China and International Organizations: Participation in Non - Governmental Organizations Since 1971* (Oxford University Press , 1989) .

[10]Gill, Bates. *Rising Star, China's New Security Diplomacy* (Washington, DC: Brookings Institution Press, 2007).

[11]Harold Jacobson and Michael Oksenberg, *China's Participation in the IMF , the World Bank , and GATT:Toward a Global Economic Order* (University of Michigan Press ,1990) .

[12]Joel Wuthnow, *Beyond the Veto: Chinese diplomacy in the United Nations Security Council.* Ph.D. Dissertation (Columbia University, Chapter 4, 2011).

[13]Johnston, A., *Explaining Chinese Cooperation in International Secu-*

rity Organizations ' in ed. Ollapally D. Weapons of Mass Destruction (Washington: USIP, 2001).

[14]Johnston, A. I, *Social states: China in International Institutions, 1980 - 2000* (Princeton: Princeton University Press, 2008).

[15]Kent, Ann, *Beyond Compliance: China, International Organizations, and Global Security* (Palo Alto: Stanford University Press, 2007).

[16]Lisa L Martin and Beth A. Simmons eds., *International Institutions: An International Organization Reader* (Boston: the MIT Press, 2001).

[17]Marc Lanteigne, *China and international institutions : alternate paths to global power*(New York: Routledge,2005).

[18]Michael Barnett and Martha Finnemore, *Rules for the world: International Organizations in Global Politics* (Ithaca: Cornell University Press, 2004).

[19]Nina Hachigian, Winny Chen, and Christopher Beddor, *China's New Engagement in the International System* (Washington, D.C.: Center for American Progress, 2009).

[20]Peter J. Katzenstein, ed. *The Culture of National Security: Norms and Identity in World Politics* (New York: Columbia University Press, 1996).

[21]Robert Gilpin, *Global Political Economy: Understanding the International Economic Order* (Princeton: Princeton University Press, 2001).

[22]Robert O. Keohane, *International Institutions and State Power: Essays in International Relations Theory* (Boulder: Westview Press, 1989).

[23]Robert Ross and Zhu Feng, *Power Transition Theory and the Rise of China, in China's Ascent: Power, Security, and the Future of International Politics*, ed. (Ithaca: Cornell University Press, 2008)

[24]Ruggie, John G, *Constructing the World Polity: Essays on International Institutionalization* (London: Routledge,1998).

[25]Stephen Olson, *The Evolving Role of China in International Institu-*

tions (The U.S.-China Economic and Security Review Commission, January 2011).

[26]Stewart Banner, *How the Indians Lost Their Land: Law and Power on the Frontier*(Cambridge: Harvard University Press , 2005).

[27]Wendt, Alexander, *Social Theory and International Politics* (New York: Cambridge University Press,1999).

[28]Xinyuan Dai, *International Institutions and National Policies*(Cambridge, New York: Cambridge University Press,2007).

[29]Zheng Yongnian and Wang Gungwu, *China and the New International Order* (New York: Routledge,2008).

英文论文

[1]Acharya, Amitav. "How Ideas Spread: Whose Norms Matter? Norm Localization and Institutional Change in Asian Regionalism." *International Organization* 58, No. 2(2004).

[2]Avery Goldstein, "Power Transitions, Institutions, and China's Rise in East Asia: Theoretical Expectations and Evidence," *The Journal of Strategic Studies* 30, No.4-5 (2007), pp.639-682.

[3]Checkel, Jeffrey T, "International Institutions and Socialization in Europe: Introduction and Framework", *International Organization* (2005), Vol. 59, No. 4, pp. 801-826.

[4]Daniel Lynch, "Envisioning China's Political Future: Elite Responses to Democracy as a Global Constitutive Norm," *International Studies Quarterly* 51 (2007), pp. 701-722.

[5]Douglas D. Heckathorn, "Collective Sanctions and Compliance Norms: A Formal Theory of Group Mediate Social Control," *American Sociological Review* 55 (1990): 370.

[6]Fravel, M. Taylor. "China's Strategy in the South China Sea." *Con-*

temporary Southeast Asia 33，No. 3 (2011).

[7]Goldstein，Avery，"Power Transitions，Institutions，and China's Rise in East Asia：Theoretical Expectations and Evidence." *The Journal of Strategic Studies* 30，No.4 (2007).

[8]Hirono，Miwa and Marc Lanteigne，"Introduction：China and UN Peace-keeping，International Peacekeeping"，*International Peacekeeping* (2011)，Vol. 18，No. 3，pp. 243-256.

[9]Jack S. Levy，"Power Transition，Challenge，and the (Re) Emergence of China，" *International Interactions* 29 (2003)，p. 325.

[10]John Gerard Ruggie.International responses to technology：Concepts and trends. *International Organization*.1975，Vol.29(No.3)：557.

[11]Joel Wuthnow，Xin Li & Lingling Qi，"Diverse Multilateralism：Four Strategies in China's Multilateral Diplomacy"，*Journal of Chinese Political Science/Association of Chinese Political Studies*，published online 20 July，2012.

[12]Johnston，Alastair Iain. "How New and Assertive Is China's New Assertiveness?" *International Security* 37，No. 4 (Spring 2013).

[13]Justin S. Hempson-Jones，"The Evolution of China's Engagement with International Governmental Organizations：Toward a Liberal Foreign Policy?" *Asian Survey*，Vol. 45，No. 5 (September/October 2005)：702-721.

[14]Margaret Pearson，"China and the Norms of the Global Economic Regime"，*China Studies* (2000)，No.6：145-172.

[15]Martin，Lisa L and Beth A. Simmons，"Theories and empirical studies of international institutions." *International Organization* 52，No.4 (1998)：729-757.

[16]Milner，Helen，"The Assumption of Anarchy in International Politics：A Critique"，*Review of International Studies* (1991)，Vol. 17，No. 1，pp. 67-85.

[17]Nele Noesselt, "China's Foreign Strategy After the 18th Party Congress: Business as Usual?" *Journal of Chinese Political Science* 20 (2015): 17 - 33.

[18]Pak K. Lee, Gerald Chan, "Legitimacy and International Organization Governance: China as a Solution or a Challenge?", Paper prepared for The British International Studies Association Annual Conference 2011, 27- 29 April 2011.

[19]Keohae, Robert O., Global governance and legitimacy, " *Review of International Political Economy* 2011.18 (1): 99-109.

[20]Keohane, Robert O., "Beyond the Tragedy of the Commons: A Discussion of Governing the Commons: The Evolution of Institutions for Collective Action", *Perspectives on Politics* (2010), Vol. 8, No. 2, pp. 577-580.

[21]Reilly, James, "A Norm-Taker or a Norm-Maker? China's ODA in Southeast Asia", *Journal of Contemporary China* (2012), Vol. 21, No. 3, pp. 71-91.

[22]Stahle, Stefan, "China's Shifting Attitude towards United Nations Peacekeeping Operations", *China Quarterly* (2008), Vol. 195, pp. 631-655.

[23]Stephen Olson, Clyde Prestowitz, "The Evolving Role of China in International Institutions", work report Prepared by The Economic Strategy Institute, Washington DC: January 2011.

[24]Stephen D. Krasner.Structural causes and regime consequences: regimes as intervening variables. *International Organization*. 1982, Vol. 36 (No.2):185-205.

[25]Strand, Jonathan R. and John P. Tuman, "Foreign Aid and Voting Behavior in an International Organization: The Case of Japan and the International Whaling Commission", *Foreign Policy Analysis* (2012), Vol. 8, No. 4, pp. 409-430.

[26]Scholte, Jan Aart.Towards greater legitimacy in global governance,

"Review of International Political Economy"2011. 18（1）：110-20.

[27]Tsai，Kellee S.，"Adaptive Informal Institutions and Endogenous Institutional Change in China"，*World Politics*（2006），Vol. 59，No. 1，pp. 116-141.

[28]William Callahan，"Chinese Visions of World Order：Post-Hegemonic or a New Hegemony?"*International Studies Review* 10，no.4（2008）：749-761.

报纸文章

[1]王毅.谱写中国特色大国外交的时代华章[N].人民日报,2019,09（23）:07.

[2]习近平.加强合作推动全球治理体系变革,共同促进人类和平与发展崇高事业[N].人民日报,2016,09（29）:01.

[3]李强.为国际组织输送更多中国人才[N].人民日报,2018,08（17）:23.

[4]跨越66年的握手[N],人民日报海外版.2015,11（8）:1

[5]习近平.中国发展新起点全球增长新蓝图——在二十国集团工商峰会开幕式上的主旨演讲[N].人民日报.2016,9（4）:3.

[6]李保东.中国加入亚太经合组织二十五周年回顾与展望[N].人民日报,2016,11（10）:21

[7]李鹏出席联合国安理会首脑会议[N].人民日报.1992,2（1）:1.

[8]江泽民.在联合国千年首脑会议上的讲话[N].人民日报.2000,9（7）:1.

[9]江泽民.全面建设小康社会,开创中国特色社会主义事业新局面[N].人民日报.2002,11（18）:1.

[10]温家宝在十二届全国人大一次会议上作政府工作报告[N].人民日报.2013,3（6）:1.

[11]胡锦涛会见联合国秘书长[N].人民日报海外版,2012,7（19）:1.

[12]俞正声.在中国2010年上海世博会总结表彰大会上的发言[N].人民日报,2010,12(28):5.

[13]胡锦涛.坚定不移沿着中国特色社会主义道路前进.为全面建成小康社会而奋斗——在中国共产党第十八次全国代表大会上的报告[N].人民日报.2012,11(18):1.

[14]习近平.决胜全面建成小康社会 夺取新时代中国特色社会主义伟大胜利——在中国共产党第十九次全国代表大会上的报告党的十九大报告[N].人民日报.2017,10(28):1.

[15]罗伯特·佐利克.中美仍互为"利益攸关方"[N].参考消息.2020,2(27):14.

[16]习近平会见候任联合国秘书长古特雷斯[N].人民日报.2016,11(29):1.

[17]中国正式采纳国际货币基金组织数据公布特殊标准[N].人民日报.2015,10(9):21.

[18]李克强会见国际货币基金组织总裁拉加德[N].人民日报海外版.2017,5(15):2.

[19]习近平会见世界卫生组织总干事谭德塞[N].人民日报.2020,1(29):1.

[20]中央外事工作会议在京举行[N].人民日报.2014,11(30):1.

[21]中国发布网络空间国际合作战略[N].人民日报.2017,03(2):3.

[22]习近平.携手建设更加美好的世界——在中国共产党与世界政党高层对话会上的主旨讲话[N].人民日报.2017,12(2):2.

网络资料

[1]新华网:《习近平在莫斯科国际关系学院的演讲》,http://news.xin-huanet.com/world/2013-03/24/c_124495576_3.htm

[2]Ikenberry, John. "The Rise of China and the Future of the West." Foreign Affairs. January 1, 2008. Accessed May 19, 2014. http://www. foreignaf-

fairs.com/articles/63042/g-john-ikenberry/the-rise-of-chinaand-the-future-of-the-west.

[3]新华网:《港媒:中国雇员在国际机构比例低与全球影响力不匹配》,http://www.xinhuanet.com//world/2016-03/21/c_128816785.htm

[4]人民网:《国际主要机构中的中国雇员比例不到3%》,http://world.people.com.cn/n1/2016/0322/c1002-28218604.html

[5]求是网:《董川:从赶上时代到引领时代》,http://www.qstheory.cn/wp/2018-02/23/c_1122438939.htm

[6]商务部网站:《中国关于世贸组织改革的建议文件》,http://sms.mof-com.gov.cn/article/cbw/201905/20190502862614.

[7]国务院新闻办网站:《中国与世贸组织白皮书》,http://www.scio.gov.cn/ztk/dtzt/37868/38521/index.htm

[8]人民网:《中国—东盟关系进入全方位发展的新阶段》,http://world.people.com.cn/n1/2019/0731/c1002-31268075.html

[9]中国政府网:《1992年政府工作报告》,http://www.gov.cn/test/2006-02/16/content_200922.htm

[10]人民网:《1992年李鹏总理出席安理会首脑会议、达沃斯论坛年会并访问西欧》,http://book.people.com.cn/GB/69399/107424/113248/113249/6725204.html

[11]中国新闻网:《胡锦涛:中国积极参与联合国活动践行多边主义》,http://www.chinanews.com/gn/2012/07-18/4042247.shtml

[12]经济日报:《胡锦涛主席即将出席联合国系列会议和二十国集团领导人第三次金融峰会》http://paper.ce.cn/jjrb/html/2009-09/16/content_81096.htm

[13]中国政府网:《联合国变"中国主场":潘基文和16家国际组织领导人倾听李克强"中国主张"》http://www.gov.cn/xinwen/2016-09/20/con-tent_5110102.htm

[14]新华网:发展中的中国和中国外交——王毅在美国战略与国际

问题研究中心的演讲(全文)http://www.xinhuanet.com/world/2016-02/26/c_1118171527.htm

[15]人民网:《特稿:人类命运共同体何以获得全球认同》,2018年1月23日 http://world.people.com.cn/n1/2018/0123/c1002-29781137.html

[16]新华网:《王毅在第四届世界和平论坛午餐会上的演讲(全文)》,2015年6月27日 http://www.xinhuanet.com/world/2015-06/27/c_127958149.htm

[17]外交部网站:《2016中国的航天》白皮书(全文),国务院新闻办2016年12月28日发布。http://www.fmprc.gov.cn/ce/cgvienna/chn/zgbd/t1427271.htm

[18]外交部网站:《二十国集团》,http://www.fmprc.gov.cn/web/gjhdq_676201/gjhdqzz_681964/ershiguojituan_682134/jbqk_682136/

[19]人民政协网:《周汉民:吸引国际组织总部落户中国》,http://cppcc.people.com.cn/GB/34961/59086/59089/4170654.html

[20]习近平:加强合作推动全球治理体系变革 共同促进人类和平与发展崇高事业,中国共产党新闻网 http://cpc.people.com.cn/n1/2016/0928/c64094-28747882.html

[21]新华网:《习近平出席"共商共筑人类命运共同体"高级别会议并发表主旨演讲》http://www.xinhuanet.com/world/2017-01/19/c_1120340049.htm

[22]中国国防部网站:《网络空间国际合作战略(全文)》,http://www.mod.gov.cn/shouye/2017-03/01/content_4774069_2.htm

[23]人民网:《王毅:"一带一路"构想是中国向世界提供的公共产品》,http://politics.people.com.cn/n/2015/0323/c70731-26737272.html

[24]商务部网站:《世界银行成为中国重要和成熟的合作伙伴》,http://www.mofcom.gov.cn/article/resume/n/200207/20020700024007.shtml

[25]商务部网站:《中国关于世贸组织改革的建议文件》,http://sms.mofcom.gov.cn/article/cbw/201905/20190502862614.

[26]亚洲开发银行官方网站:《亚洲开发银行成员体事实与数据》，https://www.adb.org/sites/default/files/publication/29018/prc-2016-zh.pdf

[27]亚洲开发银行报告《满足亚洲基础设施建设需求》"Meeting Asia's Infrastructure Needs"，https://www.adb.org/publications/asia-infrastructure-needs

[28]数据来源:世界银行集团《2017年度报告》，http://www.shihang.org/zh/about/annual-report/fiscal-year-data

[29]数据来源:亚洲开发银行《年度报告》，"Statement of the Asian Development Bank's Operations in 2017"，https://www.adb.org/sites/default/files/institutional-document/403381/in33-18.pdf

[30]中国新闻网:《中国商务部长钟山出席世贸组织第十一届部长级会议并发言》，http://www.chinanews.com/gn/2017/12-12/8398042.shtml

[31]国务院新闻办网站:《中国与世贸组织白皮书》，http://www.scio.gov.cn/ztk/dtzt/37868/38521/index.htm

[32]中国-东盟中心网站:http://www.asean-china-center.org/2010-04/23/c_13264207.htm

[33]中国新闻网:《中国驻欧盟使团团长解读十九大与中欧关系》，http://www.chinanews.com/gn/2017/11-09/8371854.shtml

[34] 世界卫生组织网站:《中国—世卫组织国家合作战略(2016—2020)》，http://www.who.int/countries/chn/zh/。